Starting Strong IV
**Monitoring Quality in Early Childhood
Education and Care**

强壮开端IV
早期教育与保育的质量监测

经济合作与发展组织（OECD）教育团队　编
胡文娟　等　译
陈学锋　胡文娟　审校

译者序

2010年《国家中长期教育改革和发展规划纲要（2010—2020年）》和《国务院关于当前发展学前教育的若干意见》出台后，中国学前教育事业呈快速发展的势头。截至2016年，全国学前教育学校共24万所，学前教育专任教师223.2万人，学前教育在校学生4413.9万人，分别比2010年增长59.4%、95.1%和48.3%，全国学前三年毛入园率为77.4%，比2010年提高了20.8个百分点，初步建立了"广覆盖、保基本"的学前教育公共服务体系，在一定程度上缓解了教育公平的问题。与此同时，学前教育质量成为教育改革发展的核心。《国家中长期教育改革和发展规划纲要（2010—2020年）》提出树立以质量为核心的教育发展观。《国务院关于当前发展学前教育的若干意见》提出保障适龄儿童接受基本的、有质量的学前教育。对高质量学前教育的追求，以及学前教育还不完善的现状，使得将"粗放式"的数量扩张转变为"内涵式"的质量提升成为我国当前学前教育事业发展的迫切需求。

学前教育质量也是当前全球政策制定者和公众关注的热点问题。国内外大量研究已经证实学前教育质量水平对儿童的发展与学习成果具有重要的影响。高质量学前教育不仅能够促进儿童身体运动、认知、社会性、情感等各领域的学习与发展，缩小早期发展的差距并提高后续教育的效果与效益，而且能够有效改善家庭、社区功能，对维护社会稳定、促进社会公平具有重要的贡献。2015年联合国教科文组织大会审议通过了《2030教育行动框架》，将提供优质的学前教育列为联合国可持续发展目标的子领域，纳入包容、公平和优质的全民终身教育体系。在此背景下，学前教育质量及其评价与监测问题日益受到广泛关注，因此确保所有儿童都有机会接受高质量的学前教育成为世界各国发展学前教育的首要目标。

针对各类托幼机构建立教育质量监测体系，是提高学前教育质量以及解决质量与公平的有效措施。促进数据收集、研究和监测是提升早期教育与保育质量、确保儿童及家庭受益最大化的五个关键政策杠杆之一。①20世纪80年代我国各省市开始开展幼教机构的分级分类验收，90年代末各省市又相继开展了省市级示范园的评定工作。《国家中长期教育改革和发展规划纲要（2010—2020年）》《国务院关于当前发展学前教育的若干意见》也提出了有关教师队伍建设和办学准入的管理内容，但是国家层面尚未形成统一的质量监测框架和体系。随着《幼儿园教育指导纲要（试行）》《3~6岁儿童学习与发展指南》以及《幼儿园工作规程》陆续发布，我国势必要进一步明确质量内涵，以完善托幼机构的质量监测体系。在当今世界越来越平的全球背景下，充分了解国际社会其他国家的学前教育质量监测体系会使我们受益匪浅。《强壮开端Ⅳ：早期教育与保育的质量监测》（*Starting Strong IV: Monitoring Quality in Early Childhood Education and Care*）（以下简称《强壮开端Ⅳ》）是学前教育质量监测的专项报告，是一份了解经济合作与发展组织（Organization for Economic Co-operation and Development，OECD，以下简称"经合组织"）各成员国（24个国家或地区）学前教育质量监测的宝贵材料。

《强壮开端Ⅳ》首先明确"在学前教育放权的背景下，一个运作良好、有充足资金支持的学前教育监测系统对于提高学前教育的质量来说是非常重要的"。报告紧接着围绕学前教育质量监测的关键问题进行了讨论：质量是什么？为什么要进行质量监测？质量监测应该如何管理？信息数据资源的来源？监测领域？如何开展监测？评估者如何培训？这些问题可以说是健全学前教育质量监测体系不可忽略的问题。经合组织各成员国开展的监测实践各异，但体现了一些共同的趋势：（1）监测越来越受到各个国家或地区的重视。这在很大程度上归结于它们对早期教育与保育公共投资的问责，以及确定早期教育与保育体系的优势、劣势以提高质量的兴趣。（2）各个国家或地区不断致力于改进监测的方法和程序。它们经常监测结构质量，对过程质量的兴趣也在不断提高，因此，员工和儿童的互动，作为员工质量的组成部分，更频繁地被监测。儿童发展和学习成果也越来越多地被监测。（3）监测领域往往被整合起来，如服务质量、员工质量和儿童学习成果通常无法分开监测。（4）学前监测与小学的监测系统相互衔接，原因是儿童的发展离不开持续的早期经验。（5）质量监测的结果，尤其是服务质量，日益公

---

① 《强壮开端Ⅲ：儿童早期教育与保育质量工具箱》提出了质量提升的五个关键政策杠杆：质量目标和最低标准；课程和学习标准；员工/教师质量；家长和社区参与；数据、研究和监测。具体参见陈学锋等译，《强壮开端Ⅲ：儿童早期教育与保育质量工具箱》，北京，北京师范大学出版社，2015。

开化并与公众共享。

从经合组织各成员国的实践来看，服务质量、员工质量以及儿童发展和学习成果三个领域的监测力度要大过其他领域。服务质量和员工质量是学前教育监测中最常见的领域，所有参加本调查的国家或地区都会对这两个领域进行监测。儿童发展和学习成果的监测不像机构质量监测那样常见，不过现在也日益受到人们的关注。对21个国家或地区的调查显示，监测儿童的发展和学习成果，可以更好地满足儿童的需求，改善保教机构的服务，支持早期教育和保育政策的制定，改善儿童的发展。不少研究也表明，监测儿童发展和学习成果对完善教育教学和服务有积极作用，并能改善儿童的发展。具体而言，对儿童发展和学习成果的监测能够帮助教师识别儿童的需要，进而支持他们的发展。本报告以三章的篇幅重点介绍了这三个领域的监测实践。

服务质量的监测： 24个国家或地区都认为有法律义务开展服务质量的监测，主要目的是收集服务改进的信息，确保儿童从他们接受的早期教育与保育经历中受益。

（1）监测主体与形式。监测往往由国家或地区政府的督导机构执行，机构开展的内部自评作为补充。虽然还不能确定监测对质量改进的影响，但监测和评估是高质量早期教育与保育服务的关键，对这一点已达成了共识。服务质量的监测采用外部评估（如使用等级量表的督导，或者使用核查表的调查和问卷）与内部评估（如自我评估报告或档案袋）相结合的方式。

（2）监测领域与内容。督导主要聚焦师幼比、安全规定、学习与游戏材料配置、教师基本资质、卫生保健状况、室内外空间、工作计划、工作条件、课程实施、人力资源管理和机构财政管理等。自我评估主要包括对服务质量的满意度、班级质量、遵守法律、员工交流、家园交流、材料使用状况、课程实施、管理能力和工作状况等。家长问卷主要包含服务质量、员工质量和对管理的总体满意度、游戏室/班级/建筑的质量、员工指导/教学/保育质量、员工或管理者获取或分享信息、早期教育与保育课程与家庭学习环境的相关性等。

（3）监测结果的公布。大多数国家或地区会向公众公开机构服务质量监测的结果，如新西兰会把评估报告分享在网络上。有些国家或地区会公开整体的监测结果，但是每个机构的监测结果则不予公开。

（4）监测的影响。最常见影响是，如果监测发现了问题，机构必须采取措施解决存在的不足（如哈萨克斯坦、卢森堡和荷兰），必须接受后续的跟进检查或采取其他监测措施（如新西兰），极端情况是关闭机构或不再更新机构的经营许可证（如比利时荷语和法语文化区、意大利、挪威和瑞典等）。

员工质量的监测：所有参与调查的24个国家或地区都对员工质量进行监测，并认同对员工进行有效监测是持续改进托幼机构服务质量的关键。

（1）监测主体和形式。几乎所有国家或地区对员工质量进行监测都是建议性的，而非强制性的。员工质量的外部监测通常在地区/州或市一级进行，而内部监测则在机构层面进行。质量监测的方法由地方政府或机构自行选择，通常采用外部监测和内部评估相结合的方法。外部监测的常见做法有督导、家长调查和同行评审。内部监测包括自我评价/评估、同行评审、员工测试，其中自我评估应用最为广泛。

（2）监测领域和内容。督导一般监测员工资质、时间管理或活动规划、材料的使用以及过程质量；家长调查的重点是家长对员工、课程以及与工作人员沟通的看法等。同行评审主要监测员工实践和课程实施的整体质量、团队合作和沟通以及过程质量等。自我评估主要侧重于员工之间和与家长的沟通技巧、材料使用和课程实施。过程质量监测是员工质量监测的一个重要领域，包含师幼关系和互动、教师和家长的合作、同事之间的合作、敏感度、对儿童个别需求的反应、年龄适宜性的实践、教学法和课程实施。其中师幼互动是核心，常用工具是"课堂互动评估系统"（Classroom Assessment Scoring System，CLASS）。

（3）监测结果的公布。在大多数国家或地区，包括澳大利亚、智利、捷克和爱尔兰，员工质量监测的结果必须公布。员工质量监测的总体结果一般可以公之于众，但个人表现的评估结果因保密缘故而不能公开。

（4）监测的影响。最常见的是根据监测结果要求机构或员工采取措施改正不足，进行后续评估和监测，或要求管理者或员工接受进一步的培训。员工质量监测可能会带来其他影响，如推动政策的制定、员工培训的参与，以及促进员工与家长之间的合作等，但是也产生了一些意想不到的影响，如澳大利亚认为监测给早期教育与保育机构带来了更大的监管负担。

儿童发展和学习成果的监测：儿童发展和学习成果的监测越来越受到重视。监测儿童的发展和学习成果，可以更好地满足儿童的需求，改善保教机构的服务，支持早期教育和保育政策的制定，改善儿童的发展。分析儿童学习成果的监测结果时应牢记一点，尽管高质量早期教育与保育服务起关键作用，但学习成果部分是由背景因素决定的，如家庭学习环境、社会经济背景以及父母和社区的参与程度。

（1）监测主体和形式。一般来说，监测在地区而不是在国家层面开展。儿童发展和学习成果监测的工具各异，基本上覆盖了儿童发展的各个领域。儿童发展和学习成果的监测主要采用直接评估、叙事评估和观察评估的方式。直接评估分为儿童测查和儿童筛查，使用直接评估工具的国家或地区很少。叙事评估包括故事讲述和档案袋。相比直接评估和叙事评估，观察评估是用得最多的方法。

（2）监测领域和内容。常见的评估领域包括语言和读写能力、数学能力、社会情感能力、运动能力、自我管理能力、创造能力、实践技能、健康发展、幸福感、科学能力、信息和通信能力。除此之外，对儿童观点的监测也是有意义的，因为它反映了很多儿童在早期教育与保育机构和更广泛社会生活中的经历。

（3）监测结果的使用。儿童学习成果的监测结果应谨慎使用，可能会影响儿童的入学并对他们的发展产生负面影响。还需要注意"小学化倾向"的问题，避免评估只局限于狭窄的认知领域，从而影响早期教育与保育的实践。为了保证幼小衔接并支持儿童的发展，大多数地区会和小学共享学前儿童的评估记录。

报告最后总结了当前质量监测面对的挑战和应对策略。各个国家或地区遇到的共同挑战来自整体质量、服务质量、员工质量、儿童发展和学习成果这些领域，具体如下：（1）整体质量。定义质量，确保建立一个连贯的监测体系，全面了解监测质量，确保监测能推动政策改革。（2）服务质量。确定服务质量监测的领域，持续落实监测流程和实施，保证员工了解质量标准。（3）员工质量。保证员工质量监测带动整体质量的改善，监测课程实施。（4）儿童发展和学习成果。全面准确地描述儿童发展轨迹图，关注儿童的个体发展。学习其他国家或地区的成功经验，了解它们面临的挑战，有助于促进质量的提升。虽然挑战依然存在，但它们积累的经验具有指导意义。报告总结了9条经验：（1）平衡监测目标；（2）突出好的实践从而理解什么是质量；（3）制定面向不同机构的连贯性监测框架；（4）让地方部门承担质量监测责任时，需考量潜在的优点和缺点；（5）设计一个既能促进政策制定又能让大众了解信息的监测系统；（6）监测员工质量与员工专业发展挂钩；（7）不能低估监测对评估人员的要求；（8）倾听员工、父母和儿童的心声；（9）持续监测支持儿童发展的教学和学习策略。

《强壮开端》系列是经合组织不定期发布的一个研究报告，2001年至今共发布了五个研究报告。《强壮开端》系列报告开创了早期教育与保育政策的国际比较研究。《强壮开端Ⅰ》（2001）提出了决策者制定更公平获取优质早期教育和保育服务的八个关键政策要素。[①]《强壮开端Ⅱ》（2006）结合各地的实例提供了十个政府应重视的政策领域。[②]《强壮开端Ⅲ》（2012）从政策的视角来定义"质量"，并确定了五个有效的政策杠杆及具体的行动领域。在五个政策杠杆中，数据、研究和监测方面的国际比较研究比较少。2017年，经合组织又发布了最新的报告《强壮开端Ⅴ》，聚焦早期教育与保育和小学的衔接。从已发布报告的主题来看，经合组织密切关注早期教育与保育的热点和焦点问题，对各个国家或地区的早期教育与保育政策进行了横向的比较研究，从事质量监测研究或感兴趣的研究人员、政策制定者及其他人员应该关注《强壮开端》系列报告。

　　本书的翻译团队主要由从事幼儿教育研究及相关项目工作的专业人员组成。陈学锋负责翻译统筹和协调的工作，而且她在2014年翻译了《强壮开端Ⅲ》，为翻译团队提供了有力的专业支持。前言、致谢、目录、缩略语表、概要和术语表由胡文娟翻译，第一章由覃文路翻译，第二章由李佩韦翻译，第三章由胡文娟翻译，第四章由齐晓恬翻译，第五章由张凤翻译，第六章由汪明明翻译。陈学锋、胡文娟对全书进行了统稿与校对。这是一个年轻的翻译团队，译文如果有疏漏的地方，欢迎大家批评指正。本书的出版会为我国学前教育质量监测的研究和实践提供可供参照的国际经验，希望我国学前教育质量监测的研究和实践不断向前推进，从而促进学前教育事业的发展，为儿童提供更有质量的人生开端。

---

① 综合的、系统的政策制定和实施方法；和其他教育系统建立有力的、平等的合作关系；普及早期教育与保育，特别关注需特别支持的儿童；持续性的服务和基础设施公共投资；改进和保证质量的参与式方法；为各类机构的工作人员提供适宜的培训和工作条件；系统关注监测和数据收集；建立稳定的框架和长期的研究和评估议程。

② 关注儿童早期发展的社会背景；把儿童身心发展、早期发展和学习作为早期教育与保育的工作重心，同时尊重儿童的主体性和自然学习策略；建立系统问责和与质量保证体系对应的政府管理结构；与利益相关者共同开发针对所有早期教育与保育机构的一般性准则和课程标准；基于教学质量目标预估公共财政投入；通过中央财政、社会和劳工政策减少儿童贫困和排斥，增加资源实现各类儿童的学习权利；鼓励家庭和社区参与早期教育服务；改进早期教育与保育工作人员的工作条件和专业教育；给予早期教育服务自由、资金投入和支持；希望早期教育与保育系统支持广泛的学习、参与和民主。

前　言

综合研究，尤其是近年来的脑科学表明，早期教育与保育（Early Childhood Education and Care，ECEC）为未来学习提供重要基础。早期教育促进认知能力和非认知能力的发展，这些能力是影响今后成功的重要因素。经合组织国家采取相关措施，提高所有儿童注册接受早期教育与保育的比例，例如赋予父母享有送子女接受早期教育与保育服务的法律权利，增加早期教育与保育的公共支出，降低义务教育的起始年龄等。

超越"早期教育与保育很重要"的简单认知，研究还表明，早期教育与保育对儿童未来学习和发展的有利影响还取决于保教的质量。现在人们已经认识到，接受高质量早期教育与保育之后如果没有继续接受高质量的小学教育，高质量早期教育与保育（尤其是出生后最初几年）所产生的有利影响会消失殆尽。

为了匹配已取得的早期教育与保育入学率①，经合组织出版了《强壮开端 III》，确定了五个质量目标，更好地促进儿童的发展：（1）质量目标和最低标准；（2）课程和学习标准；（3）员工/教师质量；（4）家长和社区参与；（5）数据、研究和监测。

在上述五个政策杠杆中，监测方面的国际比较研究比较少。现有研究表明，监测体系通过投入和产出的评估建立激励机制，有可能确定需进一步改进的表现不佳的机构，以改进质量和表现（Booher-Jennings，2007）。尽管绝大多数国家或地区指出，早期教育与保育质量监测工具并不完善，但是早期教育与保育体系的质量监测与评估工具正在大量开发，以实现提高质量和促进早期儿童发展和学习成果的目的。2012年1月23日至24日经合组织挪威高级圆桌会议召开，主题是"强壮开端：落实高质量早期教育与保育的政策"，与会政府官员、研究者和利益相关人再次强调了质量的问题。本书是经合组织教育政策委员会工作和预算方案的组成部分，目的是努力缩小各个国家或地区之间关于早期教育与保育质量的知识差距。

---

① 各个国家或地区的早期教育与保育机构类型各异，本书统一用入学率表示儿童注册登记进入各类机构接受早期教育与保育服务的比例。

致　谢

　　本书由经合组织早期教育与保育团队执笔撰写。主要作者是Miho Taguma（项目负责人），教育和技能局的Ineke Litjens和Arno Engel，并得到了Rowena Phair和外部顾问Stephanie Wall为第二章和第六章提供的支持。Christa Crusius和Masafumi Ishikawa担任研究助理，Étienne Albiser准备了图表。项目还得到了Kelly Makowiecki和Claude Annie Manga Collard的支持。本书最终完成还得到了Emilie Feyler、Sophie Limoges、Victoria Elliott和Anne-Lise Prigent等人的帮助。经合组织早期教育与保育网络联盟（OECD Network on Early Childhood Education and Care）的成员提供了各国家或地区的信息和数据，并为本书的撰写提供了指导（参见附录"网络工作人员致谢名单"）。经合组织教育与技能局早期教育和学校部门负责人Yuri Belfali为本书提供了全面的指导。

　　国际专家帮助审阅了各章，并提出了宝贵的意见。Sandra Antulić（克罗地亚）、Tijne Berg（荷兰）、Kathrin Bock-Famulla（德国）、Bart Declercq（比利时）、Ramón Flecha（西班牙）、Anne Greve（挪威）、Christa Japel（加拿大）、Sharon Lynn Kagan（美国）、Leslie Kopf-Johnson（加拿大）、Ferre Laevers（比利时）、Eunhye Park（韩国）、Eunsoo Shin（韩国）和Michel Vandenbroeck（比利时）等专家对报告的草稿进行了审阅，经合组织早期教育与保育团队基于上述专家提出的修改意见最终完成了本书。还要感谢与欧律狄刻网络联盟（Eurydice Network）和欧洲委员会同伴学习网络（Peer Learning Network of the European Commission）的相互合作，确保了本研究中各地回复时所使用的定义和范围的一致性和可比性。

　　有关经合组织早期教育与保育网络联盟的信息可以登录以下网址获取：www.oecd.org/edu/earlychildhood。

目　录

Contents

图表目录

Contents

C o n t e n t s

经合组织出版物：

 http://twitter.com/OECD_Pubs

 http://www.facebook.com/OECDPublications

 http://www.linkedin.com/groups/OECD-Publications-4645871

 http://www.youtube.com/oecdilibrary

 http://www.oecd.org/oecddirect/

本书有……　　　　　　　　　　　　　　　**StatLinks**

A service that delivers Excel® files from the printed page!

寻找本书图表下面的 ▥ᴴ̶ᴸ 标志，在网页地址栏里输入对应的链接，即可下载Excel表。

缩略语表

ADHD (Attention Deficit Hyperactivity Disorder)：注意缺陷多动障碍，简称多动症

AEDC (Australian Early Development Census)：澳大利亚早期发展普查

AEDI (Australian Early Development Instrument)：澳大利亚早期发展评估工具

ASQ-3 (Ages and Stages Questionnaire, third edition)：年龄与发育进程问卷（第三版）（评估工具）

BAS II (British Ability Scales, second edition)：英国智能量表（第二版）（评估工具）

BDI-ST2 (Inventario de Desarrollo Battelle)：巴特尔发展量表（评估工具）

BeKi (Berliner Kita-Institut für Qualitätsentwicklung/Berlin Kita Institute for Quality Development in Kindergarten, Germany)：柏林幼儿园质量发展研究所

BMI (Body Mass Index)：身体质量指数

CCCH (Centre for Community Child Health, Australia)：澳大利亚社区儿童健康中心

CENDI (Centros de Desarrollo Infantil/Centres for Child Development, provide public child development centres for 0-5 year-olds, Mexico)：墨西哥儿童发展中心（为0～5岁儿童提供服务的公立儿童发展中心）

CIDE (Centro de Investigación y Docencia Económicas/Centre for Economic Research and Training, Mexico)：墨西哥经济研究与培训中心

CIPO (Context, Input, Processes and Output/standardised tool for inspections in the Flemish Community of Belgium)：背景—输入—过程—输出模式（比利时荷语文化区的标准化监测工具）

CLASS (Classroom Assessment Scoring System)：课堂互动评估系统（评估工具）

CNAF (Caisse Nationale d'Allocations Familiales/National Family Benefits Fund, France)：法国国家福利基金

CONAFE (Consejo Nacional de Fomento Educativo/National Council for Educational Development, provides federal home-based early education for 0-3 year-olds, Mexico)：墨西哥国家教育发展委员会（为0~3岁儿童提供基于家庭的联邦早期教育）

DIN (Deutsches Institut für Normierung/German institute responsible for ISO standards)：德国标准化研究所

DQP (Desenvolvendo a Qualidade em Parcerias/Portuguese version of EEL)：葡萄牙质量发展联盟项目

ECEAP (Early Childhood Education and Assistance Program, Washington, United States)：美国幼儿教育与援助计划

ECEC (Early Childhood Education and Care)：早期教育与保育

ECERS (Early Childhood Environment Rating Scale)：美国儿童早期教育环境评估量表

ECERS-R (Early Childhood Environment Rating Scale, revised)：美国儿童早期教育环境评估量表（修订版）

ED (US Department of Education)：美国教育部

EDI (Early Development Instrument)：儿童早期发展评估工具

EEL (Effective Early Learning Project, United Kingdom)：英国儿童早期有效学习项目

ERO (Education Review Office, New Zealand)：新西兰教育审查办公室

EYFS (Early Years Foundation Stage, England)：英格兰早期基础阶段教育方案

EYPS (Early Years Professional Status, England)：英格兰早期教育专业教师资质

FEP PE (Framework Education Programme for Preschool Education/defines pedagogical aspects in national ECEC settings, Czech Republic)：捷克学前教育计划的框架

GGD (Gemeentelijke Gezondheidsdienst/municipal health service, Netherlands)：荷兰市卫生局

GUS (Growing Up in Scotland/longitudinal research study in Scotland, UK)："成长在苏格兰"项目（苏格兰一项长期的纵向研究）

HHS (US Department of Health and Human Services)：美国健康和人力服务部

IMSS (Instituto Mexicano del Seguro Social/Mexican Social Security Institute, provides federal social security centre-based care for 0-5-year-olds, Mexico)：墨西哥社会保障局（为0~5岁儿童提供基于中心的联邦社会安全保育）

ISCED (International Standard Classification of Education)：国际教育标准分类

ISO (International Organization for Standardization)：国际标准化组织

ISSSTE (Instituto de Seguridad y Servicios Sociales de los Trabajadores del Estado/State Employees' Social Security and Social Services Institute, provides federal centre-based ECEC for 0-5-year-olds children of state workers, Mexico)：墨西哥国家雇员社会保障和服务协会（为国家工作人员0~5岁儿童提供基于中心的联邦早期教育与保育）

ITERS (Infant Toddler Environment Rating Scale)：婴幼儿托育环境评估量表（评估工具）

ITERS-R (Infant Toddler Environment Rating Scale, revised)：婴幼儿托育环境评估量表（修订版）（评估工具）

JUNJI (Junta Nacional de Jardines Infantiles/National Board of Kindergartens, Chile)：智利全国幼儿园委员会

KES/KES-R (Kindergarten-Einschätz-Scala/Kindergarten Evaluation Scale, German adaptation of the ECERS)：幼儿园评估量表（德国版儿童早期教育环境评估量表）

KiFöG (Kinderförderungsgesetz/Child support law, Germany)：德国儿童支持法

KRIPS-R (Krippen-Skala/German adaption of ITERS-R)：德国版婴幼儿托育环境评估量表

MeMoQ (Measuring and Monitoring Quality project, Flemish Community of Belgium)：比利时荷语文化区质量评估与监测计划

NAEYC (National Association for the Education of Young Children, United States)：全美幼儿教育协会

NCKO (Nederlands Consortium Kinderopvang Onderzoek/Dutch Consortium for Child Care)：荷兰儿童保育协会

NQA (National Quality Agenda, Australia)：澳大利亚国家质量议程

NQS (National Quality Standard, sets out standards and key elements that should be addressed through services' self-assessments of their own practice, Australia)：澳大利亚国家质量标准（设置机构可以用于评价自身实践的自我评估的标准和关键要素）

Ofsted (Office for Standards in Education, Children's Services and Skills/national inspection agency for early years settings, UK)：英国教育标准办公室（全称为教育、儿童服务和技能标准办公室，是早期教育机构的国家督导机构）

PISA (Programme for International Student Assessment, OECD)：国际学生评估项目（经济合作与发展组织）

PMI (Protection Maternelle et Infantile/Child and Maternal Protection Agency, France)：法国妇幼保护机构

POMS (Process-Oriented Monitoring System/assessment instrument, Flemish Community of Belgium)：比利时荷语文化区的过程监测系统

Pre-COOL (Period preceding primary school—Cohort Research Education Careers/academic research project requested by the Netherlands Organization for Scientific Research (NWO) and the Dutch Ministry of Education, Culture and Science, Netherlands)：荷兰学前教育共同推进项目（荷兰教育、科学与文化部门和科学研究组织共同提出的学术研究项目）

QRISs (Quality Rating and Improvement Systems, assessments in the United States)：美国学前教育质量评级与改进系统

QRIS (Quality Rating and Improvement System, assessment in the United States)：（美国）州学前教育质量评级与改进系统

RTT-ELC (Race to the Top—Early Learning Challenge/programme

administered by ED and HHS, US administration's early learning reform initiative)："力争上游—早期学习挑战"计划（由教育部和卫生和公众服务部管理的美国政府早期学习改革计划）

SDQ (Strengths and Difficulties Questionnaire)：儿童长处和困难问卷（评估工具）

SEDESOL (Secretaría de Desarrollo Social /Secretariat of Social Development, provides federal home-based care for 1–5 year-olds children of working parents, Mexico)：墨西哥社会秘书处（为双职工父母1~5岁儿童提供基于家庭的联邦保育）

SES (Socio-Economic Status)：社会经济地位

SES (State Educational Standard of preschool education and training, Kazakhstan)：哈萨克斯坦学前教育与培训的国家教育标准

SiCs/ZiKo (Self-evaluation instrument for care settings, Flemish Community of Belgium)：比利时荷语文化区保育机构的自评工具

SNDIF (Sistema Nacional para el Desarrollo Integral de la Familia/ National System for Integral Family Development, provides centre-based care for low SES 0-5-year-olds, Mexico)：墨西哥家庭综合发展国家体系（为低社会经济地位家庭0~5岁儿童提供基于中心的保育）

SVANI (Scala per la Valutazione dell'Asilo Nido/ Italian adaption of the ITERS)：意大利版婴幼儿托育环境评估量表

概　要

　　早期教育与保育依然是许多经合组织国家政策的重点。在大部分经合组织国家，多数儿童在5岁前就开始接受教育。3岁及以上儿童的入学率不断提高，3岁以下儿童的入学率也不断提高。在某种程度上，这可能得益于以下两方面的努力：一是法律规定的入学权利的推广，二是确保稍大年龄的儿童（如3~5岁）和特定的儿童（如0~2岁儿童或处境不利儿童）免费接受早期教育与保育。早期教育与保育领域最大的资金投入来自公共资源，通常由国家、地区和地方三级共同分担，并由教育部、社会事务部和人力资源部负责管理。鉴于入学率的增长，政策制定者的关注点转移到以下三个方面：教育内容和教育方法，以获得更好的教育质量；服务的整合，以提供更有效的服务；儿童的成长和学习成果，以获得更高的投资回报率。

　　各个国家或地区早期教育与保育机构（setting）的类型繁多，有幼儿园、托儿所、学前班和家庭日托，因此质量监测因机构的不同而各不相同。尽管各个国家或地区的监测体系和实践差别很大，但是也呈现了一些共同的趋势。第一，在所有参与调查的国家或地区中，监测越来越受到重视。这在很大程度上归结于早期教育与保育公共投资的问责制（accountability），以及确定早期教育与保育体系优劣势以提高质量的兴趣。此外，帮助家长评估机构的服务质量水平也是很重要的，便于他们在选择机构时做出明智的决定。第二，各个国家或地区正不断致力于改进监测的方法和程序。它们经常监测服务质量，是为了使机构遵守法律规范，但是它们对过程质量（process quality）监测的兴趣也在不断提高，目的是保证员工/教师和儿童的互动质量。因此，员工/教师和儿童的互动，作为员工/教师质量的组成部分，更频繁地被监测。儿童发展和学习成果也越来越多地被监测，主要通过观察，以确保儿童发展的质量。第三，监测领域往往是整合的，比如服务质量、员工/教师质量和儿童学习成果的监测通常无法分开。第四，早期教育与保育的监测和小学的监测系统相互衔接，原因是儿童的发展离不开持续的早期经验。第五，质量监测的结果，尤其是服务质量，日益公开化并与公众共享。

服务质量监测是最常见的监测领域，首要目的是通过监测提高质量水平、制定更好的政策并保证教育系统的透明度，以确保父母做出明智的选择。但是，出于对公共投资的问责和保护儿童的考虑，对表现不佳的服务和机构应采取适当的措施。绝大多数国家或地区报告说采取措施的目的是解决问题（而不是给予奖励），例如跟踪督导，关闭机构，强制管理者/员工/教师参加培训。服务质量监测的内容主要是结构质量（structural quality）和最低标准（the minimum standards），因此监测的主要方法是督导（inspection），重点是检查机构是否遵守法律规范。一些国家或地区旨在抓"过程质量"作为服务质量的一部分，例如监测使用的学习和游戏材料，员工/教师的工作组织和课程实施。这些方面无法通过督导进行监测，因此自我评估（self-evaluation）常被作为补充。少数国家或地区将服务质量的监测结果和资金投入挂钩，根据监测结果削减或额外提供资金。

员工/教师质量监测也广泛开展，目的是改进服务质量，为政策制定提供依据，以及提高儿童的学习成果。服务质量监测也经常包括员工/教师质量监测，但是两者还是有所区别的，员工/教师监测的目标更聚焦员工/教师本身，例如确定员工/教师的学习需要，改进他们的表现。研究表明，对员工/教师表现的监测可以发现他们的长处和短处，帮助他们改进教学实践，促进儿童的发展和幸福。监测的一个典型的结果是促进机构和员工/教师通过专业发展的培训解决自身的短板。基于员工/教师的自我评估提高薪酬的做法并不常见。同时，各个国家或地区几乎不会仅仅基于员工/教师表现削减或增加资金；削减和增加资金通常与服务质量监测的总体结果相关，其中包含了员工/教师方面的监测结果。不同于服务质量的监测，员工/教师质量监测包括了过程质量的各个方面，特别是课程实施（curriculum implementation）、员工/教师与儿童的互动、整体保教质量、教学实践、员工/教师之间的合作、对儿童需求的回应以及员工/教师和家长的合作。

儿童发展和学习成果的监测越来越广泛，目的是确定儿童的学习需要，促进他们的发展，提高服务质量和优化员工/教师的表现，并为政策制定提供依据。儿童发展和学习成果监测的方法绝大多数是由地方而非国家规定。一个国家不同地区以及不同国家间的监测做法有很大的不同，取决于其所涉及年龄段和机构的实际情况。其中使用了多种不同的儿童发展和学习成果监测的工具，涵盖了儿童发展的各个领域。监测工具包括地方自己设计的工具和适合所有参与本调查的国家的标准化工具。与直接评估（direct assessment）相比，观察和叙事评估

（narrative assessments）的使用更广泛。在任何情况下，儿童发展和学习成果监测的关键人员是早期教育与保育员工/教师，有时是早期教育与保育管理者和外部评估者，某些情况下甚至是家长。儿童发展和学习成果监测目前使用的工具有待进一步改进，以便提供更准确的信息支持儿童、员工/教师和政策制定者。

　　质量监测是复杂的，面临着各种挑战。考虑到各种不同的机构类型，定义什么是质量以及如何连续监测质量，不是一件容易的事。无论是获取机构质量水平的信息，还是保证监测促进政策改革和质量提升，针对不同目标的监测实践都会面临各种困难。在监测服务质量时，关注的问题是定义服务质量的构成要素，确保监测实践和流程的一致性，并保证机构及其员工/教师了解最新的质量标准。在监测员工/教师表现时，关键的挑战是员工/教师如何实施课程，并保证监测和有效质量改进的一致性。监测儿童发展和学习成果时需要描绘一幅准确的、完整的儿童发展轨迹图，并在监测实践中体现儿童个体发展过程。为了应对上面提到的这些挑战，质量监测已经采取了多种解决策略。

　　各国（地区）监测实践的经验表明，我们应牢记以下几点：（1）明确监测的目的；（2）突出好的监测做法，加深对质量的理解；（3）开发一个适用于不同机构的一致的监测框架；（4）考虑将质量监测职责授予地方当局的利弊；（5）设计一个同时服务政策和公众的监测体系；（6）将员工/教师质量监测与专业发展结合起来；（7）确保不要低估对员工/教师监测的需求；（8）珍视员工/教师、家长和儿童的意见；（9）对支持儿童发展的教与学策略进行持续的监测。

第一章
参与调查地区的早期教育与保育体系现状

　　在全球不同的国家或地区，早期教育与保育领域的入学率不断提高，尤其是3岁以下儿童的入学率，人们还越来越关注保育的质量和教育内容。同时，早期教育与保育领域出现了一个新趋势，即整合不同年龄段的服务与管理。该领域最大的资金来源是公共资源，国家、地区及地方政府分担管理职责。各个国家或地区都提供基于中心或家庭的保育服务，但是不同国家（地区）之间机构类型的差异巨大，除了幼儿园、托儿所和学前班之外，还包括在照看者家中开办的家庭日托中心。

主要信息

- 早期教育与保育领域3岁以上及以下儿童的入学率持续提高。入学率的提高部分得益于合法权利延伸至早期教育与保育领域，以及保证至少让一定年龄段和特定人群的儿童免费接受早期教育与保育的努力。

- 基于中心的保育服务不断增多，但是早期教育与保育机构的类型仍有很多。在大多数国家或地区，早期教育与保育机构包括中心、学校和私立的家庭日托。早期教育与保育机构的服务和管理日趋整合。0～2岁和3～5岁年龄段的差别变得不那么明显，因此教育与保育的区分也不再那么明显。

- 公共资金仍然是早期教育与保育领域资金的主要来源，往往涉及国家、地区和地方等各级政府。父母继续分担早期教育与保育的服务成本，尽管只占很小的一部分。在一些国家或地区，父母支付给家庭日托的费用比支付给早期教育与保育中心的费用更多。

- 在多数国家或地区，政府设定质量标准并规定课程，但地区当局特别是地方当局同样在其中发挥了重要作用。随着只关注保育的机构逐渐消失，越来越多的国家或地区正着手制定针对3岁以下儿童的课程。

背　景

早期教育与保育通过促进认知及非认知技能的发展影响儿童未来人生的成功，所以日益被认为是未来学习的一个重要基础。与此同时，研究表明早期教育与保育的大部分成效在很大程度上依赖质量。尽管对质量的定义还没有达成共识，但经合组织的《强壮开端III》报告将质量定义为五个政策可利用的领域，以促进儿童更好的发展：（1）质量目标和最低标准；（2）课程和学习标准（learning standards）；（3）员工/教师质量；（4）家庭和社区参与；（5）数据、研究和监测（OECD, 2012）。特别是第五个领域，即相关国家政策及其实践的国际化研究与数据，目前基本没有（OECD, 2012）。政府官员、研究人员和利益相关方都强调过这个问题。经合组织的早期教育与保育网络工作组（OECD Network of ECEC）在本报告中将补充这方面的信息。

根据不同国家或地区的优先发展重点，此报告试图解决两大主要问题：

- 关于实践监测的有效性，研究可以告诉我们什么？
- 关于早期学习与发展的质量监测，在儿童、员工/教师、中心/机构和体系各方面，经合组织国家最广泛应用的实践和工具是什么？其目的是什么？

本报告的信息及分析将帮助政策制定者及教育实践者们更好地理解质量监测的基本原则，以及经合组织成员国及非成员国在不同领域建立监测体系的根本原因。本报告还有助于建立资料库，整理目前正在开展的监测实践，澄清如何以及在什么情况下使用监测数据和信息。本报告还指出了各个国家或地区的发展趋势，分析了从挑战或成功案例中吸取的教训，并确定了更好地发挥早期教育与保育质量监测作用的策略。

评估的目的与方法

研究显示，监测系统通过对投入与产出的评估建立质量和表现改进的机制，有助于发现"表现不佳"的机构并予以改进支持（Booher-Jennings, 2007）。在大多数国家或地区，尽管人们认为监测早期教育与保育质量的工具并不完善，但是都正在努力构建一系列早期教育与保育体系质量监测与评估的工具，希望能够提升质量和促进儿童早期的发展。质量提升和儿童发展是本报告的核心。本报告的主要结构如下：第一章概述了各个国家或地区早期教育与保育的情况，并对早期教育与保育的质量监测进行比较研究。第二章介绍了当前早期教育与保育的监测体系及趋势。第三章介绍了各个国家或地区早期教育与保育服务质量监测的政策与实践。第四章讨论了员工/教师质量的监测。第五章研究了儿童发展和学习成果的监测。第六章总结了早期教育与保育政策与实践的趋势、挑战、策略以及经验教训。

本报告涉及的范围

基于经合组织之前在早期教育与保育领域的研究，本报告延续《强壮开端》系列对早期教育与保育的定义，认为"它包括为所有低于义务教育年龄的儿童提供的保育与教育服务，不论机构形式、资金来源、开放时间或服务内容"（OECD, 2001）。本报告涉及的早期教育与保育机构，指接受管理或在监管框架内的公立或私立机构，例如必须遵守一定的规定、最低标准或认证（accreditation）程序的机构，既涵盖基于家庭的服务机构，也包括基于中心或学校的服务机构（centre-based/school-based settings）。

如无特别说明，本报告中出现的数据或信息来源于早期教育与保育网络工作组的"早期学习与发展质量监测在线调查"系统。该系统自2013年开始运行，2014—2015年完成了效度检验。为了使所有参与国（地区）具有比较性，根据欧盟早期教育与保育的实际情况，本报告收集的信息主要聚焦于主流机构（Eurydice, 2013），不包括为特殊需要儿童提供服务的机构和医疗附属机构（和其他所有为因病致残儿童提供早期教育与保育服务的机构）、孤儿院或类似机构。[①]

本报告所调查国家或地区提供的数据以2012学年为参考。如果这一参考年信息缺失，则由该国（地区）提供最近学年的数据或信息。在这种情况下，相关图表下方都添加了注释。各国（地区）所用术语表在本报告前面可以找到。

早期教育与保育的政策背景

在经合组织的成员经济体和其他经济体中，注册接受早期教育与保育服务的儿童比例不断增加，3岁以下儿童的情况也是如此（OECD, 2014a；2014b）。为了与入学和注册目标相匹配并保证儿童持续全面地发展，越来越多的经合组织国家着手完善早期学习的框架（例如课程和学习标准、行政管理和财政投入、员工/教师质量和入学年龄）。这些课程和学习框架越来越多地将0岁或1岁儿童直至进入义务教育阶段的儿童都涵盖进来，稍后将进行更详细的讨论。

超越"早期教育与保育很重要"的简单认知，越来越多的人认识到，早期教育与保育对儿童未来学习、认知与非认知发展的有利影响取决于"质量"。此外，接受高质量早期教育与保育之后如果没有继续接受高质量的小学教育，高质量早期教育与保育（尤其是出生后最初几年）所产生的有利影响会消失殆尽，这一点已经得到了人们的认同。

---

① 此外，在所有主流服务中，表中只包括早期教育与保育机构的主要类型。下列机构信息不包括在内：常规早期教育与保育机构之外的、在主流早期教育与保育服务前后运行的机构和项目，包括只专注休闲或体育活动的午后服务，为儿童服务的课后俱乐部或体育俱乐部等；在学校假期/公众假期期间运营的机构，以及其他只提供临时服务的早期教育与保育机构（如法国的临时托儿所）。仅在一年特定时期运营且不提供连续保育或早期教育的机构，如夏令营。试点项目也不包含在内（即使是全国性的国家资助项目）。

近几年，提供早期教育与保育服务的机构持续增加，这种趋势因父母与儿童享受到的法律权利和义务教育起始年龄的降低而得以强化。

合法权利和免费服务提高了参与度

18个参与调查的国家或地区表示，它们鼓励所有或特定的儿童群体依法接受早期教育与保育服务。但是，各国（地区）间早期教育与保育的法律权利差别迥异，反映了早期教育与保育体系的多样性。有些国家，例如挪威和德国，早期教育与保育服务覆盖1～5岁儿童；而捷克等国家，只保证入小学前一年的儿童接受早期教育与保育。有些国家早期教育与保育的起始年龄是1岁，而不是0岁，像德国、挪威、斯洛文尼亚和瑞典等国家法定的带薪育儿假为一年左右（OECD, 2014b）。法律规定的每周早期教育与保育的服务时间也千差万别。例如，挪威为所有儿童提供41小时的服务，法国学前学校提供24小时的服务，苏格兰为3～4岁儿童提供16小时的服务（每周——译者注）。智利基于家庭（低）收入规定享有早期教育与保育服务的法律权利（见表1.1）。在本报告中，各机构或法律规定了早期教育与保育所服务儿童的年龄上限（例如，3～5岁儿童包括所有满3周岁但未满6周岁的儿童）。

18个参与调查的国家或地区和德国的一些联邦州，为特定年龄群体的儿童提供免费的早期教育与保育服务，通常规定服务的时长或以需求评估为条件。例如，日本和智利根据需求提供免费服务。英格兰的2岁儿童也享受免费服务。意大利为所有3～6岁儿童提供40小时的免费服务。例如，瑞典所有3～5岁儿童每周可以享受15个小时的免费服务，英格兰每周为所有3～4岁儿童提供15小时的免费服务。苏格兰每周为同一年龄段的儿童提供12.5小时的免费服务，但苏格兰各地区稍有差异（见表1.1）。值得注意的是，享有接受早期教育与保育的法律权利，并不意味着同等情况下的同一儿童群体都能够享受免费的服务。

为了清楚地解释表1.1，需要注意，基本法律权利（universal legal entitlement）指不管父母的就业状况、社会经济或家庭状况，只要他们提出入学要求，早期教育与保育提供者必须履行法律义务，确保其所服务地区的儿童都能享有（公共资助的）服务。特定法律权利（targeted legal entitlement）指只要生活在该地区的儿童属于某类服务群体，早期教育与保育提供者就必须履行法律义务，确保他们享有相应的（公共资助的）服务。服务群体的分类基于各种因素，包括父母的就业状况、社会经济或家庭状况。在这种分类下，"无"指各年龄段的儿童或父母都不享有早期教育与保育服务的法律权利，但这并不意味着他们无法接受早期教育与保育服务，而仅仅是他们不能宣称他们享有这项权利。有条件的免费早期教育与保育服务指基于一定的条件，例如收入、福利等，父母可以接受免费早期教育与保育服务。无条件的免费早期教育与保育服务指有关年龄段的所有儿童都可以接受免费的早期教育与保育服务。这里的"无"指没有相关的规定能确保有关年龄的部分或全部儿童接受免费的早期教育与保育服务。这与他们能否接受到早期教育与保育服务无关。

表1.1　依法享有早期教育与保育服务的特点

国家或地区	义务教育入学年龄	儿童年龄	享有早期教育与保育服务的权利		享有免费早期教育与保育服务的权利	
			接受服务的权利	父母/儿童接受早期教育与保育服务的小时数/周	接受免费服务的权利	儿童接受免费早期教育与保育服务的小时数/周
澳大利亚*	5~6	m	m	m	m	m
比利时荷语文化区*	6	2.5~5	基本权利	23.33	无条件	23.33
比利时法语文化区*	6	0~2.5	无	m	有条件	m
		2.5~5	基本权利	28	无条件	28
智利	6	0~5	特定权利	55/40	有条件	55/40
		0~2	特定权利	55	有条件	55
		4~5	基本权利	22	无条件	22
捷克*	6	5	基本权利	50	无条件	≥40
芬兰*	7	0~6	基本权利	50	有条件	50
		6	基本权利	20	无条件	20
法国*	6	0~2	无	a	有条件	40
		3~5	基本权利	24	无条件	24
德国*	5~6	1~2	基本权利	m	各州不同	A
		3~5	基本权利	m	各州不同	A
意大利	6	3~5	基本权利	40	无条件	40
爱尔兰	m	m	m	m	m	m
日本*	6	0~2	无	a	有条件	55
		3~5	无	a	有条件	20/50
哈萨克斯坦*	6~7	1~6	基本权利	50~60	无条件	50~60
韩国	6	0~5	无	a	无条件	40
		3~5	无	a	无条件	15~25
卢森堡*	4	0~3	无	a	有条件	3
		3~5	基本权利	26	无条件	≤26
墨西哥*	3	0~2	无	a	特定权利	m
		3~5	基本权利	15~20	无条件	15~20
荷兰*	5	0~4	无	a	特定权利	10
新西兰	6	3~5	无	a	无条件	20
挪威	6	1~5	基本权利	41	无	a
葡萄牙	6	0~2	无	a	无	a
		3~4	无	a	无条件	25
		5	基本权利	40	无条件	25
斯洛伐克*	6	3~6	基本权利	m	无条件	m

续表

国家或地区	义务教育入学年龄	儿童年龄	享有早期教育与保育服务的权利		享有免费早期教育与保育服务的权利	
			接受服务的权利	父母/儿童接受早期教育与保育服务的小时数/周	接受免费服务的权利	儿童接受免费早期教育与保育服务的小时数/周
斯洛文尼亚*	6	11个月~5岁	基本权利	45	有条件	45
瑞典*	7	1~2	基本权利	15~50	无	a
		3~6		15~50	无条件	15
英格兰（英国）*	5	2	无	a	有条件	15
		3~4	无	a	无条件	15
苏格兰（英国）*	5	3~4	基本权利	16	无条件	12.5

注：基本法律权利指不管父母的就业状况、社会经济或家庭状况，只要父母提出入学要求，早期教育与保育提供者必须履行法律义务，确保所服务地区的儿童都享有（公共资助的）服务。特定法律权利指只要生活在该地区的儿童属于特定的服务群体，早期教育与保育提供者必须履行法律义务，确保他们享有（公共资助的）相应的服务。服务群体的分类基于各种因素，包括父母的就业状况、社会经济或家庭状况等。在享有早期教育与保育权利的分类里，"无"指各年龄段的儿童或父母都不享有早期教育与保育服务的法律权利，但这并不意味着他们无法接受早期教育与保育服务，而仅仅是他们不能宣称他们享有这项权利。有条件的免费早期教育与保育服务指基于一定的条件，例如收入、福利等，父母可以免费接受早期教育与保育服务。无条件的免费早期教育与保育服务指相关年龄的所有儿童都可以接受免费的早期教育与保育服务。这里的"无"指没有相关规定能确保相关年龄的部分或全部儿童接受免费的早期教育与保育服务，与他们能否接受到早期教育与保育服务无关。各机构或法律规定了早期教育与保育所服务儿童的年龄上限（例如，3~5岁儿童包括所有满3周岁但未满6周岁的儿童）。

在澳大利亚，义务教育的入学年龄为5岁或6岁，但各州或领地的实际情况有所不同。

在比利时荷语文化区，儿童在满6周岁那年的9月1日开始接受义务教育。

在比利时法语文化区，有些0~2.5岁的儿童有优先入学的权利。

在捷克，儿童享有服务的平均时间取决于学校设施的开放时间。根据设施的开放时间，儿童免费接受40小时或更长时间的服务。

在芬兰，服务时间取决于儿童的需求和父母的选择，每天至多10小时，如果白天比夜晚长的话，时间会更长。低收入家庭0~6岁儿童免费接受早期教育与保育服务，时间是每天10小时。

在法国，学前学校为社会弱势地区2岁及以上的儿童提供免费的早期教育与保育。

在德国，儿童开始接受义务教育的年龄为5~6岁，这取决于联邦州的实际情况。

在日本，低收入家庭每周可以在幼儿园享受20小时的服务，在日托中心可以享受55小时的服务。

在哈萨克斯坦，就公立幼儿园而言，学前教育是免费的，但是父母每月必须支付伙食费。疗养院幼儿园和为残疾儿童设立的幼儿园则完全免费。迷你中心每周开放25~60小时；其他所有早期教育与保育机构每周开放50~60小时。

在卢森堡，在校儿童（3~5岁）享有每年36周早期教育与保育服务的基本权利。

在墨西哥，社会保障法保证低龄儿童接受早晚的托管服务。基准年：2013/14。

在荷兰，在职父母0~6岁的子女可以入日托中心，3~4岁的可以入托儿所。日托中心和托儿所是为困难家庭儿童（3~4岁）设计的特定项目。在一些自治市，托儿所对目标群体来说是免费的。不是所有儿童（3～4岁）都可以免费入托儿所或入日托中心，这不是一项基本权利。如果有孩子入日托中心，父母可以减免收入税。

在斯洛伐克，基本权利取决于儿童的需求和父母的选择。

在斯洛文尼亚，幼儿园（服务1～5岁儿童的一体化早期教育与保育机构）的基本权利规定的服务时间实际上取决于儿童所上幼儿园的开放时间。全日制幼儿园每天按9小时计算。对于服务学前儿童的托管中心来说，父母在儿童未满11个月（幼儿园最低入学年龄）时就可以注册。但这种情况很少见，因为产假会持续到儿童满11个月。

在瑞典，满3岁的儿童可以在秋季学期无条件地依法享受早期教育与保育服务。

在英格兰，地方政府有法律责任，在合理可行的情况下，为在职父母或正在学习或接受在职培训的父母提供足够的儿童保育服务，也包括课后/全方位的保育服务以及假日俱乐部。地方政府必须评估是否充分满足了本地区父母对0～14岁或18岁以下残疾儿童的保育需求。2013年和2014年，接受特定免费早期教育与保育服务的条件发生了变化。

在苏格兰，自2014年8月起，3～4岁儿童以及弱势家庭的2岁儿童，每周可享受16小时的早期教育与保育服务（600小时/年）。免费时长不一，但通常是每周12.5小时。

来源：经合组织（2014），《2014教育概览》；经合组织早期教育与保育网络工作组关于"早期学习与发展质量监测网络调查"的数据，2013年11月；经合组织早期教育与保育网络工作组关于"质量工具箱和早期教育与保育门户网站调查"的数据，2011年6月。

StatLink ᴴᵗᵗᵖ *http://dx.doi.org/10.1787/888933242884*

更多低龄儿童入学

从图1.1可以看出，2005—2012年，经合组织国家中注册接受早期教育[①]的3岁儿童的比例平均增长超过6%。许多参与本研究的国家或地区，包括墨西哥、葡萄牙、斯洛文尼亚和英国，同一时期的增长超过15%。较大年龄儿童群体也呈现了类似的增长趋势。到2012年，82%的4岁儿童注册接受早期教育（其中2%接受小学教育），81%的5岁儿童注册接受早期教育（其中13%接受小学教育）（OECD, 2014a）。这意味着在很多国家或地区普及早期教育已成为趋势，其中法国、德国、日本、荷兰和挪威95%或更多的5岁儿童注册接受早期教育。在其他国家或地区，例如澳大利亚、爱尔兰、新西兰和英国，85%以上的5岁儿童已经进入小学。尽管经合组织国家义务教育的平均入学年龄是6岁，但是很多国家或地区提前了入学年龄以保证儿童能够接受早期教育，例如荷兰等国家义务教育的入学年龄为5岁，卢森堡为4岁，墨西哥不久前改为3岁（OECD, 2014a）。专栏2.1德国柏林的案例表明，对早期教育与保育的高度重视，不仅仅是支持父母参与工作增加劳动力的问题，而是人们越来越认识到早期教育与保育对儿童发展和教育进步的重要贡献。

---

① 在《2014教育概览》中，早期儿童教育或学前教育（ISCED 0）的定义是有组织指导的初级阶段，最初目的是给低龄儿童营造一种类似学校的氛围（OECD, 2014a）。

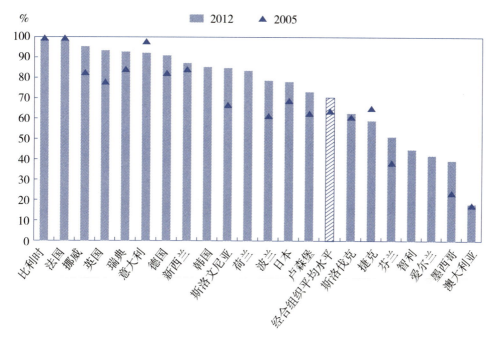

图1.1 3岁儿童接受早期教育的注册率（2005年和2012年）

注：德国的基准年份为2006年，而不是2005年。本图只包括参与了经合组织早期教育与保育网络工作组关于"早期学习与发展质量监测网络调查"的国家或地区。平均水平包括所有经合组织成员国。

来源：经合组织（2014），《2014教育概览》，表C2.1.

StatLink ⧉ *http://dx.doi.org/10.1787/888933242947*

早期教育与保育体系和服务概览

机构类型多样

在参与调查的国家或地区中，父母和儿童接受的早期教育与保育的服务类型千差万别，在目标年龄群体、中心所有权、服务资金、服务导向（保育或教育）、服务场所（中心或家庭）等方面都存在着差异。尽管存在差别，但在回应调查的国家或地区中，大多数机构通常属于以下五类中的一种：

- 正规的早期教育与保育中心：比较正式的早期教育与保育中心通常属于这一类。

  ❖为3岁以下儿童服务的早期教育与保育中心：通常被称为"托儿所"，这类机构可能具有教育功能，但通常附属于社会或福利部门，以保育为重点。

  ❖为3岁以上儿童服务的早期教育与保育中心：通常被称为幼儿园、托儿所或学前班，这些机构更为正式，常常与教育系统联系在一起。

  ❖为所有儿童提供综合服务的早期教育与保育中心：这类机构接收刚出生或1岁至刚上

小学的儿童，或者提供与上述两类机构一样的常规服务，或者提供临时的儿童托管服务，作为家庭保育和其他中心式服务的补充。

- 家庭日托：合法授权的以家庭为基础的早期教育与保育机构，是为3岁以下儿童服务的最常见机构。

- 早期教育与保育活动中心（drop-in ECEC centres）：这些中心通常接收所有早期教育与保育年龄段的儿童，甚至是年龄更大的儿童。这种机构化的专业服务可以补充父母和/或家庭成员的居家育儿或家庭日托的保育服务，也可以满足儿童在其他早期教育与保育机构（如幼儿园）不开放时的需求。

实际上，上述机构的界限在很多国家或地区是非常模糊的。例如，家庭日托可以服务年龄更大的儿童，也可与开放时间有限的其他保育中心结合起来。在一些国家或地区，家庭日托可能在工作中也与其他早期教育与保育中心联系和合作。

尽管正式的、授权的早期教育与保育服务越来越多，但是非正式的保育服务继续在许多参与的国家或地区扮演着重要的角色。2013年的数据显示，在荷兰、斯洛文尼亚、英国和意大利等国家，在未达到义务教育入学年龄的儿童中，超过40%的儿童接受了非正式的儿童看护服务（EU-SILC, 2013）。在一些国家，3岁以下儿童可能接受全天的看护服务，而年龄稍大的儿童通常在入学前接受部分时间的看护服务（EU-SILC, 2013）。这种无监管的非正式服务通常由亲戚、朋友、邻居、孩子照看者或临时照看者提供（OECD, 2014b）。一般而言，正式的早期教育与保育覆盖率越高，非正式的看护服务就会越少。例如，在芬兰、瑞典和挪威，在未达到义务教育入学年龄的儿童中，不到10%的儿童接受非正式的看护服务（EU-SILC, 2013）。分析2008年的数据可以得出非正式看护的平均时间，欧盟每周约3小时，欧盟成员国每周都不超过5小时（OECD, 2014b）。由于非正式看护通常不受早期教育与保育法规的约束，其质量往往不得而知，因此成为政策制定者关注的领域。

尽管几乎所有国家或地区都表示，它们提供正式的以中心和家庭为基础的早期教育与保育服务，但是服务形式仍然千差万别。值得注意的是，（取得合法执照的）家庭式早期教育与保育服务在不同国家或地区所起的作用差别很大。在智利、爱尔兰、日本、哈萨克斯坦和韩国，以中心或学校为基础的保育是早期教育与保育机构的主流。在一些国家，比如意大利、挪威、斯洛文尼亚和瑞典，以家庭为基础的保育处于边缘地位，3岁以下儿童的注册率不足3%。在德国、卢森堡、比利时荷语文化区和英格兰等国家或地区，持证的或规范的家庭保育仍然起着重要的作用。法国尤为突出，30%的3岁以下儿童进入家庭日托中心接受服务。总的来说，目前的发展趋势是各地倾向于更正式的基于中心的服务模式。对3岁以上的儿童而言，在上述提到的国家或地区中，家庭日托扮演的角色在弱化。参与调查的国家或地区现有机构的概况详见本章附录表A1.1。

服务和参与类型不同

参与本调查的国家或地区同时提供部分制和全日制的服务，不同地区以及同一地区不同机构之间存在着巨大差异，有的每周少于30小时，有的每周至少30小时或更长（OECD, 2014b）。已有大量证据支持长期参与早期教育与保育服务的好处，与此相比，有关儿童发展的全日制服务是否优于部分制服务的研究却明显证据不足。也就是说，尽早接受早期教育与保育服务已被证实能够促进和维持儿童发展的长期优势（OECD, 2012）。但是，从劳动力市场的角度来看，全日制早期教育与保育服务起到了一个关键的作用，就是允许年轻父母，特别是母亲，能够从事全职工作并赚取更高的薪金（OECD, 2011）。

部分制服务在以下国家或地区很普遍，如澳大利亚、比利时荷语文化区（如果日托中心少一些）、智利（社区幼儿园除外）、法国、意大利（包含在儿童早期综合服务内）、卢森堡（包含在早期教育和学前教育项目内）、墨西哥（包含在以家庭为基础的0～3岁联邦早期教育和义务学前教育内）、新西兰（毛利"语言巢"除外）、英格兰以及苏格兰的公办托儿所等。但是在上述提到的地区和其他地区，例如捷克、芬兰、德国、意大利、哈萨克斯坦、挪威、斯洛伐克、斯洛文尼亚和瑞典（仅限学前班），其他机构中儿童接受早期教育与保育的时间为每周30小时或更多（见附录表A1.1）。就现有服务类型而言，各种各样的早期教育与保育服务为父母参与工作提供了帮助。然而，各个国家或地区之间早期教育与保育服务的覆盖率仍然差距巨大，稍后将进行讨论。值得注意的是，本次调查并没有获得各种部分制服务的信息，也没有获得缺少全日制服务时父母同时接受正式和非正式保育服务的信息。因此，本次调查未获得不同类型服务如何组合使用的信息。

管　理

早期教育与保育的管理水平因所涉及领域的不同而存在差异，如财政、标准制定、课程开发和监测，而且各地的管理水平也存在很大的差别。在参与调查的24个国家或地区中，智利、哈萨克斯坦、卢森堡和墨西哥等15个国家或地区，早期教育与保育的管理职责往往在国家一级（如果不单独管理的话）。在意大利和斯洛伐克等国家，地方、地区或国家共同管理特定的工作，这种做法非常普遍。与国家管理的大背景一致，在比利时的法语文化区和荷语文化区、英国的英格兰和苏格兰、澳大利亚和德国，地区或州几乎承担了所有的管理职责（见表1.2）。在德国，地方政府仍然肩负重责，如资金和监管。

倾向于建立一体化管理体制

越来越多的国家或地区朝着一体化的早期教育与保育管理体制（integrated system）努力，或正在讨论怎么做，从专栏1.1可以看到卢森堡的最新进展。这反映了当前发展的新趋势，即强调早期教育与保育对儿童的教育效益，以及保育服务对父母参与工作的支持。然而，很多参与调查的国家或地区对早期教育与保育的管理仍然很分散。近一半的国家或地区采用二元管理体制（split system），中央政府的不同部门主管不同的机构。这里的中央政府指一个地区的最高政府部门，如国家政府、比利时文化区政府或英国联邦政府。传统上的二元管理体制通常意味着服务要么强调"教育"要么强调"保育"，这可能导致目标、运行流程、管理、员工/教师培训和资质的不一致（OECD, 2006; 2012）。但是一体化管理体制却能创造有利的制度环境，使不同的早期教育与保育服务以及早期教育与保育和小学教育的衔接更为顺畅。即使在二元管理体制中，保育与教育的分界也越来越不明显，下面将进行讨论。

表1.2　早期教育与保育职责在国家、地区和地方三级的分配（按机构划分）

早期教育与保育财政体系的责任（F），最低标准设置（S），课程开发（C），
早期教育与保育的监测（M）

国家或地区	中央主管部门	国家级	地区/州级	地方级
澳大利亚	一体化，管理职责分散	F	F, S, C, M	
比利时荷语文化区*	分类		F, S, C, M	
比利时法语文化区*	分类		F, S, C, M	
智利	一体化	F, S, C, M		S
捷克	分类	F, C, M		
芬兰	一体化	F, S, C	M	F, C, M
法国	分类	F, S, C, M		F, S, C
德国	一体化，管理职责分散		F, S, C, M	F, M
爱尔兰	分类	F, S, C, M		
意大利	分类	F, S, C, M	F, S, C, M	F, C, M
日本	分类	F, S, C, M	F	F
哈萨克斯坦	一体化	F, S, C, M	F, M	F, M
韩国	分类	F, S, C, M	F, M	M
卢森堡	一体化	F, S, C, M		F, C
墨西哥	分类	F, S, C, M		
荷兰	分类	F, S, M	F	
新西兰	一体化	F, S, C, M		
挪威	一体化	F, S, C, M		F, M
葡萄牙	分类	F, S, C, M		F, M
斯洛伐克	一体化	F, S, C, M	M	F

续表

国家或地区	中央主管部门	国家级	地区/州级	地方级
斯洛文尼亚	一体化	F, S, C, M		F
瑞典	一体化	F, S, C, M		F, M
英格兰（英国）	一体化		F, S, C, M	F, M
苏格兰（英国）*	一体化		F, S, C, M	

注：中央主管部门指一个国家或地区负责早期教育与保育的最高政府部门。对国家而言，指的是国家级的最高政府部门；对地区、州/省而言，指该地区、州或省的最高政府部门。对比利时荷语文化区和法语文化区而言，分别指荷语文化区政府和法语文化区政府。

在苏格兰，2013/14学年0~3岁儿童服务实践的主要指导文件是《树立雄心》（*Building the Ambition*）。

来源：经合组织早期教育与保育网络工作组关于"早期学习与发展质量监测在线调查"的数据，2013年11月；经合组织早期教育与保育网络工作组关于"质量工具箱和儿童早期教育与保育门户网站调查"的数据，2011年6月。

StatLink 📊 http://dx.doi.org/10.1787/888933242895

专栏 1.1 早期教育与保育的一体化管理体制：以卢森堡为例

2013年12月，民主党、社会工人党和绿党共同组建了新一届政府。所有与儿童和青年事务相关的职责集中到一个部门，现在称为国家教育、儿童和青年部。之前，所有为幼儿和学龄儿童提供服务的非正规教育，包括家庭日托和日托中心，属于家庭和社会事务部的职责范围。

新政府组建国家教育、儿童和青年部的目标是建立一体化的儿童资源管理体制，统筹决策，全面提高质量和效率。在地方层面，鼓励学校和非正规教育更紧密地合作，确保决策和服务的一致性。政府希望两个服务领域能够基于儿童的利益加强合作。

这两个领域相辅相成，但服务功能不同，且教育、教学和方法论各具特点。由于历史上这两个领域是相互分离、独立发展的，因此有必要在两者之间搭建桥梁，不论是在中央一级的不同部门之间，还是在实践层面都是如此。教育领域管理高度集中，教师是国家雇员，资源由中央部门统一分配。非正规教育领域则由私营部门提供服务，如家庭日托和日托中心。机构大都由非政府组织（政府提供补贴），或者由私人盈利机构运营（主要指服务0~3岁或0~4岁儿童的早期教育与保育，延伸至义务教育开始）。这两个领域关于儿童发展的主流观点非常不同，政府必须努力促使双方交流看法，组织共同的、连续的专业培训，将两个领域的专家、教师、教育工作者和社会教育者联合起来。

> 政府鼓励地方学校和非正式机构合作制订共同的计划，通过周计划和活动表使两类机构里儿童的日常生活更加一致，确保他们的需求得到更好的满足。政府还努力邀请专家分享如何用不同的、更有效的方式使用废旧设施和材料。机构在设计新建筑和组织服务时以儿童和他们的日常需求为重，而不是以机构利益为重（例如学校或校外机构）。儿童教育机构在规划时会考虑各种功能，并设计满足儿童需求的日常活动，如学习、玩耍、放松、运动、搭建和实验。
>
> *注：在卢森堡，非正规教育的理解如下：指公共教育机构（如日托中心）面向0～12岁儿童的非正规教育以及在正式体制之外（学校）组织的教育。非正规教育有自己的学习框架、学习领域和学习目标，但不会颁发任何正式的资格认证。正式、非正规和非正式教育彼此相辅相成，共同促进终身学习的过程。*
>
> *来源：案例研究来自卢森堡教育、儿童和青年部，由经合组织秘书处编辑。*

除了德国，所有采用一体化管理体制的国家或地区，由中央一级的教育部负责整个早期教育与保育年龄段的事务。采用分类管理体制的国家或地区，教育部一般负责3岁以上儿童的服务（爱尔兰和荷兰是4岁以上儿童），而3岁以下儿童的服务通常由福利和卫生部门负责。德国是唯一一个将整个早期教育与保育年龄段交给福利部门负责的国家，由德国联邦家庭、老人、妇女及青年事务部管理（见本章附录表A1.2）。

教育与保育结合是普遍做法

如今，绝大多数机构提供教育与保育的整合服务。在澳大利亚、比利时荷语文化区和法语文化区、智利、芬兰、法国、德国、爱尔兰、意大利、哈萨克斯坦、韩国、新西兰、挪威、瑞典和英格兰等国家或地区，已经很难看到教育与保育截然分开的情况。但是在很多国家或地区，专门的保育机构和专门的教育机构之间的区别仍然很明显。专门的保育机构仍然存在，尤其是针对低龄儿童组，但也不仅仅限于低龄儿童组，例如捷克（日间托儿所）、日本（托育中心）、墨西哥（为低社会经济地位家庭0～5岁儿童提供基于中心的保育，或称SNDIF；为双职工家庭0～3岁儿童提供基于家庭的联邦早期教育，或称CONAFE；为0～5岁儿童提供基于中心的联邦社会安全保育，或称IMSS）、荷兰（儿童托管）、葡萄牙（儿童托管和家庭托儿所）、斯洛伐克（托儿所、母亲中心和儿童中心）和苏格兰（儿童托管）。只提供教育的早期教育中心却不那么普遍，仅存在于日本（幼儿园）、比利时荷语文化区（学前教育）、卢森堡（包含在儿童早期教育项目和义务学前教育内）、墨西哥（义务学前教育）和苏格兰（地方公立托儿所）。为年龄小的儿童提供非正式的保育服务，为年龄大的儿童提供较正式的教育服务，这种传统的差别依然存在，但是这种差别已经变得越来越不明显（见本章附录表A1.1）。

财政投入

不同国家或地区在以下几个方面存在着巨大差异：各级政府在早期教育与保育财政投入中承担的责任，补助的类型，父母分担的成本，等等。

在所有参与调查的国家或地区中，早期教育与保育的财政投入没有呈现明显的趋势。在24个参与调查的国家或地区中，18个是国家一级负责财政投入，11个是地区或州一级，14个是地方一级。各级财政投入的模式并不互相排斥，很多国家或地区利用地方资金补充国家一级的财政投入。采取这种财政投入方式的国家或地区，负责财政投入和负责监测的各级政府会有重合（见表1.2）。这与各地将监管用于问责的目的是一致的。本次调查中的绝大多数国家或地区都提到问责是质量监测的原因之一，稍后将详细讨论。

各级政府财政投入决策权的划分

一个国家（地区）中的各级政府在早期教育与保育公共财政投入上的决策水平大致相当，但不同国家或地区之间却存在着巨大差异。在比利时荷语文化区，财政投入的决策主要由地区政府制定，也就是说决策权不在比利时政府，而是在荷语文化区政府。在智利和斯洛文尼亚，财政投入的决策由中央和地方共同制定，而墨西哥和哈萨克斯坦则由中央和州或地区共同制定，德国由州和地方制定。在其他国家或地区，如法国（0~2岁儿童）、意大利和日本，财政投入的决策由三级政府共同制定。值得注意的是，财政投入的决策模式并不意味着用于早期教育与保育的税收由对应的政府征收（见本章附录表A1.3）。

在斯洛伐克，幼儿园使用的税收只在国家一级征收。这种模式是智利、哈萨克斯坦和新西兰所有机构资金的主要募集方式，也是斯洛文尼亚家庭托儿所资金的主要募集方式。斯洛文尼亚的幼儿园可能会得到地方税收的补贴，这取决于各市的财政能力。在比利时荷语文化区，中央税收用于所有的机构，地方税收补充支持学前教育。比利时法语文化区的托儿所和探索乐园以及瑞典的机构也综合使用各级税收。韩国使用中央和州税收支持所有的机构，墨西哥中央和州的税收只支持为国家工作人员0~5岁儿童提供基于中心的联邦早期教育与保育项目（ISSSTE）和为低社会经济地位家庭0~5岁儿童提供基于中心保育项目（SNDIL），其他机构则依靠联邦税收。意大利、日本使用各级政府征收的税收，与两国早期教育与保育财政投入的决策结构一致（见本章附录表A1.3）。

政府资助

除了瑞典，所有提供财政投入信息的17个国家或地区都采用特定用途的财政补贴（block grant）政策，为早期教育与保育提供部分资金。在挪威，专项拨款只用于帮助讲少数民族语言的儿童，但是在其他13个国家或地区则用作机构运行的经费，如比利时荷语文化区、智利、德国、比利时法语文化区的托儿所和探索乐园、意大利的幼儿园、日本、墨西哥、葡萄牙、斯洛伐克和斯洛文尼亚的公立幼儿园。14个国家或地区利用专项拨款进行资本投资，包括德国和新西兰。专门用于提高机构服务质量的专项拨款也很常见，13个国家或地区会运用拨款资助一个或多个机构，如葡萄牙的幼儿园和日本的各类中心。

13个国家或地区还采用了财政补贴的方式。财政补贴（block grants）指将资金转移支付给下级政府，以帮助它们解决一系列问题，如社区发展、社会服务、公共卫生或执法等。收到资金的地方政府可以自由决定如何分配给项目和机构。这意味着国家以下一级的决策者在一定程度上拥有自由决定将中央财政补贴用到早期教育与保育领域的权力（Dilger and Boyd, 2014）。在法国、德国、意大利、日本、韩国、墨西哥和斯洛伐克，财政补贴从中央转移支付给地区或州。在智利、法国、意大利、日本、卢森堡、墨西哥、荷兰、挪威、葡萄牙、斯洛文尼亚和瑞典，财政补贴还直接转移支付给地方的特定机构。上述有些国家，如瑞典，财政补贴是主要的资金来源，但是其他国家的财政补贴范围却有限，如荷兰只为特定的困难家庭儿童项目提供资金。从地区或州至地方的资金转移较为少见，只有德国、意大利、日本、墨西哥和英格兰这样做。在采用财政补贴的国家或地区中（墨西哥之外），地方还可以参与早期教育与保育财政投入的决策（见本章附录表A1.3）。

家长成本分担

参与调查的国家或地区没有专门提供认证早期教育与保育服务私人资助的情况。虽然不是所有国家或地区都提供了详细的统计数据，但是比利时荷语文化区、法国、德国、意大利、韩国、新西兰、挪威、斯洛伐克和瑞典提供的信息表明，国家、地区和地方的财政投入分担了大部分成本。父母是紧随其后排在第二位的成本分担主体，新西兰的活动中心是个例外，其他资金来源排在第二位。但是，不同国家和机构之间，国家和父母（以及其他来源）成本分担的具体比例千差万别。斯洛文尼亚为学龄前儿童提供的以家庭为基础的保育，是唯一父母成本分担（80%）高于国家（20%）的机构，国家公共财政投入只支持那些排队上幼儿园的儿童。比利时荷语文化区父母成本分担平均为45.1%[1]，在新西兰（42%），以家庭为基础的保育服务更依赖父母交纳的学费，而以中心为基础的早期教育与保育服务的父母的成本分担不足25%。在很多机构，如意大利的小学、新西兰和斯洛伐克的幼儿园以及瑞典的学前班，父母的成本分担低于10%。除了父母和国家各自分担的成本之外，只有意大利和新西兰有其他来源的成本分担（见本章附录表A1.3）。在意大利，其他资金主要由欧盟和私人机构（private entities）提供。

---

[1] 只涉及与服务有关的家庭日托中心，私人家庭日托中心不包含在内。

标准制定和课程开发

课程框架在早期教育与保育服务质量中发挥着关键的作用。它们可以确保国家或地区提供更一致的服务，为教育者和各类中心设立共同的优先发展重点和目标。一份设计完善、协调一致的课程是极为重要的，能够保证覆盖重要的学习领域，并指导员工/教师支持早期教育与保育阶段儿童及年龄更大儿童的持续发展（OECD, 2006; 2012）。

国家最低标准

大部分参与调查的国家或地区在国家层面设定了早期教育与保育的最低标准，只有7个在地区或州层面设定了最低标准，而智利的最低标准由中央和地方共同制定。不过，课程开发是国家的首要重任，不超过6个国家或地区将这项任务下放（部分下放）至地区或州，只有芬兰和法国按年龄段由中央和地方分别承担课程开发的责任（见本章附录表A1.1）。在15个国家或地区，如新西兰、卢森堡、智利的特定机构和法国（学前教育），国家政府负责机构的注册和认证，而大多数国家或地区至少将部分职责下放至州或地区政府，如德国或意大利的幼儿园（6个国家或地区），或下放至地方政府，如挪威或瑞典（11个国家或地区）。在上述这些国家或地区中，各级政府对机构进行注册和授权的职能会重叠（见本章附录表A1.1）。

国家课程框架很普遍

参与调查的国家或地区的绝大多数机构都使用国家课程框架，尽管有些国家（地区）的部分情况有所不同，如德国的一些联邦州和苏格兰提供不具有约束性的指导方针和建议。大多数参与调查的国家或地区为早期教育与保育所有年龄段的儿童提供课程，或者像德国联邦州那样提供一体化的课程，或者像韩国和苏格兰那样为不同年龄段的儿童提供不同的课程。如表1.3所示，39个国家或地区中[①]，捷克和葡萄牙等7个国家或地区，只为2.5岁或3岁及以上的儿童提供课程标准。芬兰、苏格兰和德国各联邦州在一个课程框架中涵盖了早期教育与保育、小学教育，甚至初中教育。

---

① 比参与调查的24个国家或地区数量多，因为德国各联邦州单独提供了信息。

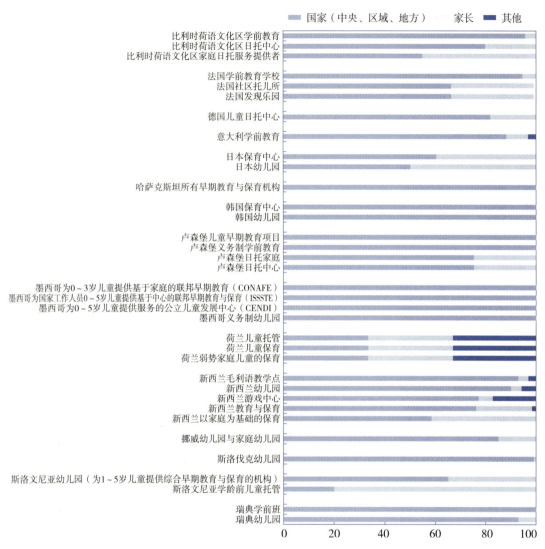

图1.2 父母与国家（地区）分担早期教育与保育成本的比例

注：在德国，儿童日托中心的成本由各方平均承担，但各个中心的分担比例千差万别。

来源：表A1.3，经合组织早期教育与保育网络工作组关于"早期学习与发展质量监测网络调查"的数据，2013年11月。

StatLink ᴬᴵˢᴾ http://dx.doi.org/10.1787/888933242951

表1.3 早期教育与保育的课程框架

- ▨ 保育标准/课程
- ▨ 教育和/或保教标准/课程
- □ 没有针对特定年龄组的标准/课程
- □ 义务教育

	0岁	1岁	2岁	3岁	4岁	5岁	6岁	7岁
澳大利亚	归属、存在和成长——澳大利亚早期教育学习框架							
荷语文化区（比利时）			发展目标					
法语文化区（比利时）	质量规范（要求/目标）		网络和学校课程（法律规定） 学校课程					
智利	早期儿童教育国家课程							
捷克				学前教育框架计划				
芬兰	早期儿童教育国家课程纲要						学前教育核心课程	
法国	公共卫生法项目机构规范			幼儿园国家课程				
巴登-符腾堡州（德国）	巴登-符腾堡州幼儿园和其他机构的保育和教育发展规划							到10岁
巴伐利亚州（德国）	巴伐利亚教育——从儿童中心至小学的教育计划							
柏林市（德国）	柏林市托儿所和儿童日托中心的教育计划							
勃兰登堡州（德国）	勃兰登堡州儿童日托中心保育与教育的基本原则							到10岁
不来梅州（德国）	不来梅州儿童保育与教育框架							
汉堡市（德国）	汉堡市儿童日托中心教育与保育的建议							到15岁
黑森州（德国）	黑森州0~10岁儿童保育计划——《教育的开始》							到10岁
梅克伦堡-西波美拉尼亚（德国）	梅克伦堡-西波美拉尼亚州0~10岁儿童教育方案 儿童保育中心和儿童日托中心工作指南							到10岁
下萨克森州（德国）	下萨克森州学前阶段保育与教育发展规划							
北莱茵-威斯特法伦州（德国）	通过早期教育获得更多的机会：北莱茵-威斯特法伦州0~10岁儿童日托中心与小学的教育原则							到10岁
莱茵兰-普法尔茨州（德国）	莱茵兰-普法尔茨州0~10岁儿童教育方案 儿童保育中心和儿童日托中心工作指南							到15岁
萨尔州（德国）	萨尔州幼儿园教育计划							
萨克森州（德国）	萨克森州教育计划：托儿所、幼儿园、日托中心教育工作者指南							到10岁
萨克森-安哈尔特州（德国）	萨克森-安哈尔特州儿童日托中心教育计划——《教育：从学前教育开始》							到15岁
石勒苏益格-荷尔斯泰因州（德国）	成功开始：石勒苏益格-荷尔斯泰因州儿童保育与教育服务指南							到15岁

续表

	0岁	1岁	2岁	3岁	4岁	5岁	6岁	7岁
图林根州（德国）	图林根州0～10岁儿童教育计划							到10岁
爱尔兰	学习之旅：学前课程框架							
意大利				幼儿园课程国家指南（2012）				
日本				幼儿园研究课程				
				日托中心国家课程				
哈萨克斯坦				幼儿园		学前班		
		托儿所				国家学前准备方案		
韩国	标准化的日托中心课程			Nuri课程[1]				
卢森堡	非正式儿童和青少年教育计划（0～12岁）							
	学校基础研究计划（3～12岁）							
墨西哥	儿童早期教育课程框架			早期教育方案				
荷兰				2～5岁发展目标/技能				
新西兰	国家幼教课程大纲[2]							
挪威	幼儿园内容与任务的框架计划							
葡萄牙				学前教育课程指南				
斯洛伐克				国家教育方案				
斯洛文尼亚		幼儿园课程						
瑞典	幼儿园课程（98版国家课程）						义务教育、学前班与校外中心的课程	
英格兰（英国）	早期基础阶段法定框架							
苏格兰（英国）	出生前至3岁——员工/教师指南			卓越课程				到18岁

　　注：1. Nuri课程全称是The Nuri Curriculum，是2011年9月由韩国教育科技部和卫生福利部为增强保教联系而联合制定的一项针对5岁儿童的学前教育公共课程。

　　2. 1996年，新西兰正式颁布国家幼教课程大纲（Te Whāriki），它为新西兰的0～5岁幼教机构和教师们指明了幼儿教育的方向和目标。"Te Whāriki"这个词来自毛利语，意为"编织而成的草席"——一种传统的毛利手工艺制品。选择这个词作为国家幼儿教育课程框架的名称，体现了课程的新西兰身份以及对毛利文化的尊重，又暗示着虽然国家幼教课程具有统一性，但不失其多样性和开放性。

　　来源：经合组织早期教育与保育网络工作组关于"早期学习与发展质量监测网络调查"的数据，2013年11月；经合组织早期教育与保育网络工作组关于"质量工具箱和早期教育与保育门户网站调查"的数据，2011年6月。

StatLink 禁止 *http://dx.doi.org/10.1787/888933242908*

参考文献

Dilger, R.J. and E. Boyd (2014), *Block Grants: Perspectives and Controversies, Congressional Research Service*, Washington, DC.

EU-SILC (2013), "Other types of childcare by age group and duration", http://appsso. eurostat.ec.europa.eu/ nui/show.do?dataset=ilc_caindother&lang=en.

Eurydice (2013), "Reference Document 2-Key Data ECEC 2014–Questionnaire for Eurydice Figures", internal working document, Brussels, Education, Audiovisual and Culture Executive Agency.

Litjens, I. (2013), *Literature Review on Monitoring Quality in Early Childhood Education and Care (ECEC)*, OECD, Paris.

OECD (2014a), *Education at a Glance 2014: OECD Indicators*, OECD Publishing, Paris, http://dx.doi. org/10.1787/eag-2014-en.

OECD (2014b), *OECD Family Database*, OECD, Paris, www.oecd.org/social/family/ database.

OECD (2012), *Starting Strong III: A Quality Toolbox for Early Childhood Education and Care*, OECD Publishing, Paris, http://dx.doi.org/10.1787/9789264123564-en.

OECD (2006), *Starting Strong II: Early Childhood Education and Care*, OECD Publishing, Paris, http://dx.doi. org/10.1787/9789264035461-en.

OECD (2001), *Starting Strong: Early Childhood Education and Care*, OECD Publishing, Paris, http://dx.doi. org/10.1787/9789264192829-en.

附录A1 早期教育与保育体系的背景信息

表A1.1 早期教育与保育机构的类型和特点

国家或地区	早期教育与保育机构名称（本国语）	早期教育与保育机构名称	年龄段（非整岁会标出）	服务类型	机构类型	通常情况下每周参加的平均小时数	按年龄段入学率	注册或认证机构或管理机构或部门
澳大利亚*	Family Day Care and in Home care	家庭日托和家庭看护	0~5	教育与保育	家庭	27	m	州/地区政府
	Long Day Care	全天看护	0~5	教育与保育	中心/学校	27.2	m	州/地区政府
	Occasional Care	临时看护	0~5	教育与保育	中心/学校	10.9	m	州/地区政府
	Preschool	幼儿园	4~5	教育与保育	中心/学校	14.6	m	州/地区政府
	Outside School Hours Care	校外看护	5~12	教育与保育	中心/学校	10.7	m	州/地区政府
比利时荷文语化区*	Onthaalouders	家庭日托	理论0~11岁，实际0~2岁	教育与保育	家庭	27.6小时/周，含周末（0~3岁样本）	1岁以下：50.6%（2012年）；1~2岁：58.8%（2012年）；2~3岁：38.8%（2012年）	州/地区政府
	Kinderdagverblijven	日托中心	理论0~11岁，实际0~2岁	教育与保育	中心/学校	30.6小时/周，含周末（0~3岁样本）		州/地区政府
	Kleuterschool	学前学校	2.5~5	教育	中心/学校	23.33	98.7%（2岁）；98.8%；5岁：98.8%；3岁：97.8%；4岁：98.5%；未知）	州/地区政府
比利时法文语化区*	Crèche	托儿所	0~2	教育与保育	中心/学校	m	m	地方/市政府
	Accueillante d'enfants	儿童托管	0~2	教育与保育	家庭	m	m	地方/市政府
	École maternelle	幼儿园	2.5~5	教育与保育	中心/学校	28	99%（3~6岁）	地方/市政府

续表

国家或地区	早期教育与保育机构名称（本国语）	早期教育与保育机构名称	年龄段（非整岁合标出）	服务类型	机构类型	通常情况下每周参加的平均小时数	按年龄段入学率	注册或认证管理机构或部门
智利	Jardines infantiles Comunitarios	社区幼儿园	0~5	教育与保育	中心/学校	32.5	0~5岁：0.9%	地方/市政府
	Jardines infantiles	幼儿园	0~5	教育与保育	中心/学校	m	0~5岁：17%（0~2岁：19.4%；3岁：31.8%；4~5岁：5%）	地方/市政府
	Colegios	为3~5岁儿童提供的学前教育	3~5	教育与保育	中心/学校	22	3~5岁：46%（3岁：23.4%；4~5岁：57%）	国家政府
	Escuelas	为4~5岁儿童提供的学前教育	4~5	教育与保育	中心/学校	22	4~5岁：25%	国家政府
捷克	Jesle	日间托儿所	0~2	保育	中心/学校	25~50	m	创办者（市政府或私立机构）
	Mateřské školy zapsané do rejstříku škol (financované ze státního rozpočtu)	学校注册的公立幼儿园（由州财政预算资助）	3~5	教育与保育	中心/学校	25~50	m	地方/市政府
	Mateřské školy soukromé – zapsané do rejstříku škol	学校注册的私立幼儿园	2~5	教育与保育	中心/学校	25~50	m	地方/市政府
	Soukromá zařízení pečující o děti zřizované na základě živnostenského zákona	依《贸易法》建立的私立儿童保育机构	0~5	教育与保育	中心/学校	25~50	m	创办者（私立机构）

续表

国家或地区	早期教育与保育机构名称（本国语）	早期教育与保育机构名称	年龄段（非整岁合标出）	服务类型	机构类型	通常情况下每周参加的平均小时数	按年龄段入学率	注册或认证管理机构或部门
芬兰	Perhepäivähoito	家庭日托	0~6	教育与保育	家庭	40	63%（所有年龄群体平均数）；	地方/市政府
	Ryhmäperhepäivähoit	集体家庭日托	0~6	教育与保育	中心/学校	40	早期教育与保育年龄群体平均数（1岁：30%，2岁：52%，3岁：68%，4岁：75%，5岁：79%，6岁：71%）	地方/市政府
	Päiväkoti	日托中心	0~6	教育与保育	中心/学校	40		地方/市政府
	Avoin varhaiskasvatus	早期教育与保育开放服务	0~6	教育与保育	中心/学校	10	m	地方/市政府
	Esiopetus	学前教育	6	教育与保育	中心/学校	20	98%；71%学龄前儿童在学前教育服务之外还接受日托服务	地方/市政府
法国	Crèches collectives (Etablissement d'accueil du jeune enfant—EAJE)	社区托儿所	0~2	教育与保育	中心	30	0~3岁：15.8%	地方/市政府
	Assistant(e)s maternel(le)s	家庭日托	0~2	教育与保育	家庭	m	0~3岁：30.5%	地方/市政府
	Jardins d'éveil	发现乐园	2~3	教育与保育	中心/学校	15	m	地方/市政府
	Classes passerelles	衔接班	2~3	教育与保育	中心/学校	15	m	地方/市政府
	Ecole maternelle	学前学校（同幼儿园）*	2~5	教育与保育	中心/学校	24	2~3岁：11.9% 3~5岁：100%	国家政府

续表

国家或地区	早期教育与保育机构名称（本国语）	早期教育与保育机构名称	年龄段（非整岁会标出）	服务类型	机构类型	通常情况下每周参加/同参加的平均小时数	按年龄段入学率	注册或认证管理机构或部门
德国*	Kindertagespflege	家庭日托	0～5岁/入学	教育与保育	家庭	0～2岁：25小时的高达42.7%；25～35小时的达到24.4%；35～45小时的达到13.3%；超过45小时的达到19.6%；3～5岁：25小时的高达70.8%；25～35小时的达到13.9%；35～45小时的达到6.2%；超过45小时的达到9.1%	0岁：0.9%，1岁：6.7%，2岁：6%，3岁：1.1%，4岁：0.3%，5岁：0.2%	地方市政府/地方市/自治市政府
	Kindertageseinrichtungen	儿童日托中心	0～5岁/入学	教育与保育	中心/学校	0～2岁：25小时的高达17.2%，25～35小时的达27.6%，35～45小时的达17%，38.2%超过45小时；3～5岁：15.8%高达25小时，40.5%达25～35小时，13.5%达35～45小时，30.2%超过45小时	0岁：1.8%，1岁：24.1%，2岁：47.8%，3岁：87.5%，4岁：94.8%，5岁：96.5%	大多数州通过州/地区机构进行认证，有些州则通过地方/市政府对机构进行认证
爱尔兰	Full-day-care service	全天看护服务	0～5	教育与保育	中心/学校	m	1岁以上：2.1%	m

续表

国家或地区	早期教育与保育机构名称（本国语）	早期教育与保育机构名称	年龄段（非整岁会标出）	服务类型	机构类型	通常情况下每周参加的平均小时数	按年龄段入学率	注册或认证管理机构或部门
意大利*	Servizi integrativi per la prima infanzia	早期儿童综合服务，例如父母与婴儿中心或活动中心	0~2	教育与保育	中心、家庭	最高25（只有活动中心的信息）	2.20%	地方/市政府
	Nido d'infanzia	托儿所	0~2	教育与保育	中心、学校	30	17.70%	地方/市政府
	Scuola dell'infanzia	学前学校（同幼儿园）*	3~5	教育	中心、学校	40	3岁：95%，4岁：95.2%，5岁：91.4%	州/地区政府
日本*	幼稚園（youchien）	幼儿园	3~5	教育	中心、学校	20（标准教育时间4小时/天，39周/年）	共50.2%（3岁：41.3%，4岁：53.2%，5岁：56.1%）	地方/市政府
	保育所（hoiku-sho）	托儿中心	0~5	保育	中心、学校	55（约300天/年）	共33.4%（0岁：9.8%，1岁：28.2%，2岁：35.7%，3岁：42.0%，4岁：42.5%，5岁：41.8%）	地方/市政府
哈萨克斯坦	Балабакша	幼儿园	1~6	教育与保育	中心	50~60	1~3岁：5.8% 3~6岁：73.4%	地方行政机构负责公立早期教育与保育机构
	Мектепке дейінгі шағын орталық (тольк кун немесе кыска мерзімді болу)	迷你中心（全天和部分）	1~6	教育与保育	中心、学校	25~60	1~6岁：49%	公共服务中心负责私立早期教育与保育机构

续表

国家或地区	早期教育与保育机构名称（本国语）	早期教育与保育机构名称	年龄段（非瑞士会标出）	服务类型	机构类型	通常情况下每周参加的平均小时数	按年龄段入学率	注册或认证管理机构或部门
韩国	어린이집	儿童保育中心	0~5	教育与保育	中心/学校	m	0岁：39%，1岁：67%，2岁：84%，3岁：57.5%，4岁：40.6%，5岁：37.3%	国家政府
	유치원	幼儿园	3~5	教育与保育	中心/学校	m	3岁：28.1%，4岁：46.5%，5岁：56.3%	国家政府
卢森堡	Assistants parentaux Services d'éducation et d'accueil	家庭日托	0~5	教育与保育	家庭	15~40	6%	国家政府
	Crèches/garderies	日托中心	0~5	教育与保育	中心/学校	20~60	44%	国家政府
	Cycle 1 Education Précoce	儿童早期教育项目	3	教育	中心/学校	20	72%	国家政府
	Cycle 1 Education préscolaire	义务学前教育	4~5	教育	中心/学校	26	100%	国家政府
墨西哥	CONAFE	为0~3岁儿童提供基于家庭的联邦早期教育	0~3	教育	家庭	4	m	国家政府
	ISSSTE	为国家工作人员0~5岁儿童提供基于中心的联邦早期教育与保育	0~5	教育与保育	中心/学校	60	m	国家政府
	SNDIF	为低社会经济地位家庭0~5岁儿童提供基于中心的保育	0~5	保育	中心/学校	30~45	m	国家、地区和地方政府

续表

国家或地区	早期教育与保育机构名称（本国语）	早期教育与保育机构名称	年龄段（非整岁会标出）	服务类型	机构类型	通常情况下每周参加的平均小时数	按年龄段入学率	注册或认证管理机构或部门
墨西哥*	CENDI	为0~5岁儿童提供服务的公立儿童发展中心	1~5	教育与保育	中心/学校	60	m	国家政府
	SEDESOL	为双职工父母1~5岁儿童提供基于家庭的联邦保育	0~5	保育	家庭	40	m	国家政府
	IMSS	为0~5岁儿童提供基于中心的联邦社会安全保育	0~5	保育	中心/学校	60	m	国家政府
	Educación preescolar obligatoria	义务制幼儿园	3~5	教育	中心/学校	15	m	国家政府
荷兰	Gastouderopvang	儿童托管	0~5	保育	家庭	20	m	国家政府
	Peuterspeelzaalwerk	游戏小组	2.5~4	教育与保育	中心/学校	6	m	国家政府
	Kinderopvang	儿童看护	0~11	教育与保育	中心/学校	20	m	国家政府
	Kinderopvang met VVE	为困难家庭儿童服务的儿童看护	0~4	教育与保育	中心/学校	10	m	国家政府
	Peuterspeelzaalwerk met VVE	为弱势儿童服务的托儿所/幼儿园	0~4	教育与保育	中心/学校	16	m	国家政府

续表

国家或地区	早期教育与保育机构名称（本国语）	早期教育与保育机构名称	年龄段（非整岁会标出）	服务类型	机构类型	通常情况下每周参加的平均小时数	按年龄段入学率	注册或认证管理机构或部门
新西兰*	Education and care	教育与保育	0~5	教育与保育	中心/学校	24.7	62%	国家政府
	Kindergarten	幼儿园	2~5	教育与保育	中心/学校	16.7	17%	国家政府
	Home-based	家庭保育	0~5	教育与保育	家庭	22.9	9%	国家政府
	Playcentre	活动中心	0~5	教育与保育	中心/学校	4.6	7%	国家政府
	Kōhanga Reo	"语言巢"	0~5	教育与保育	中心/学校	30	5%	国家政府
挪威*	Barnehage	幼儿园	0~5	教育与保育	中心/学校	35	0岁：2.9%，1岁：65.6%，2岁：88%，3岁：94.3%，4岁：96.2%，5岁：96.9%，6岁：0.6%	地方/市政府
	Familiebarnehage	家庭幼儿园	0~5	教育与保育	家庭	35	0岁：0.3%，1岁：3.3%，2岁：2.7%，3岁：0.9%，4岁：0.7%，5岁：0.6%，6岁：0%	地方/市政府
	Åpen barnehage	开放式幼儿园	0~5	教育与保育	中心/学校	n/a	n/a	地方/市政府
葡萄牙	Creche	托儿所	0~2	教育与保育	中心/学校	高达50	m	国家政府
	Ama	儿童托管	0~2	保育	家庭	高达55	m	国家政府
	Creche Familiar	家庭看护	0~2	保育	家庭	高达55	m	国家政府
	Jardim de Infância	幼儿园	3~5	教育与保育	中心/学校	高达35	3~5岁：88.5%	国家政府
斯洛伐克	Detské jasle	托儿所	6个月~2岁	保育	家庭	25~50	m	机构无须注册或认证
	Materská škola	幼儿园	3~6	教育与保育	中心/学校	25~50	m	国家政府
	Materské centrá/detské Centrá	母婴中心/儿童中心	6个月~2岁	保育	家庭	25~50	m	机构无须注册或认证

续表

国家或地区	早期教育与保育机构名称（本国语）	早期教育与保育机构名称	年龄段（非整岁合并出）	服务类型	机构类型	通常情况下每周参加的平均小时数	按年龄段入学率	注册或认证管理机构或部门
斯洛文尼亚	Varstvo predšolskih otro	学前儿童托管	11个月~5岁	保育	家庭	47.5	1岁：0.7%，2岁：0.5%，3岁：0.1%，4岁：<0.1%，5岁：<0.1%，6岁：<0.1%	国家政府
	Vrtec	幼儿园（针对1~5岁儿童的一体化早期教育与保育机构）	11个月~5岁	教育与保育	中心/学校	42.5	1岁：42.1%，2岁：69.2%，3岁：83.6%，4岁：93.6%，5岁：92.9%，6岁：5.2%	国家政府
瑞典	Förskola	幼儿园	1~5	教育与保育	中心/学校	31	1岁：49%，2岁：89%，3岁：93%，4岁：95%，5岁：95%	地方/市政府
	Pedagogisk omsorg	教育关怀（如家庭日托）	1~5	教育与保育	家庭	m	1岁：2%，2岁：3%，3岁：3%，4岁：3%，5岁：3%	地方/市政府
	Förskoleklas	学前班	6	教育	中心/学校	15~30	95%	地方/市政府
英格兰（英国）	Full-day care	日托中心	主要服务5岁以下儿童，但是年龄更大的儿童也可享受服务	教育与保育	中心/学校	18（幼儿园）	0~2岁：19%，3~4岁：17%	国家政府
	Sessional	临时托管	主要服务5岁以下儿童，但是年龄更大的儿童也可享受服务	教育与保育	中心/学校	10（托儿所或幼儿园）	0~2岁：6%，3~4岁：14%	国家政府

续表

国家或地区	早期教育与保育机构名称（本国语）	早期教育与保育机构名称	年龄段（非整岁会标出）	服务类型	机构类型	通常情况下每周参加的平均小时数	按年龄段入学率	注册或认证管理机构或部门
英格兰（英国）	Childminders and childminder agencies	孩子照看者和家庭托管机构	0~7	教育与保育	中心/学校	16	0~2岁：6%，3~4岁：5%	国家政府
	Nursery Schools	保育学校	2~4	教育与保育	家庭	15	0~2岁：6%，3~4岁：14%	国家政府
	Primary schools with nursery classes	附设保育班的小学	2/3~5	教育与保育	中心/学校	15（小学或幼儿园附设的小班）	0~2岁：1%，3~4岁：21%	国家政府
	Primary schools with reception classes but no nursery	附设学前班但没有保育班的小学	4~5	教育与保育	中心/学校	31.3（保育班）	0~2岁：0%，3~4岁：22%	国家政府
苏格兰（英国）*	Private nurseries in partnership with local authorities	与地方政府合办的私立托儿所	0~5	教育与保育	中心/学校	m	m	国家政府
	Local authority nurseries	地方公立托儿所	3~5	教育	中心/学校	12.5（法定学前教育权利）	m	国家政府
	Childminders	家庭托管	0+	保育	家庭	m	m	国家政府

注：各机构或规定的定义应该包括各年龄段的上限（如3～5岁儿童指的是3岁生日至3岁生日，没过6岁生日的儿童）。

在澳大利亚，校外看护一般服务5～12岁儿童，但是18岁以下的儿童也是其服务对象。

比利时荷语文化区提供了2013年的数据。从2014年4月1日开始，新婴幼儿（3岁以下儿童）保育条例的实施导致机构结构和类型发生了变化。

在比利时法语文化区，社区负责机构的注册或授权。尽管只涉及少数群体，不再赘述。

在法国，学前学校等同于幼儿园，以下表格同。

在德国，家庭式日托中心服务的儿童年龄小于3岁。

在意大利，除主流项目外，0～2岁儿童可以享受各种和不同的服务。有些服务以家庭为基础，并在地方/地区层面进行管理。学前学校等同于幼儿在日本，满6岁但尚未上小学的儿童可以接受早期教育与保育服务。托儿中心以外的保育也得到了部分承认。

在墨西哥，为双职工父母1～5岁儿童提供基于家庭的联邦保育（通过社会发展秘书处或社会发展部），主要服务1～3岁11个月的儿童，也可以服务5岁11个月以下的残疾儿童。

在新西兰，2岁上幼儿园的儿童非常少（3%上幼儿园），大多数上幼儿园的儿童3～5岁。

在挪威，开放式幼儿园对儿童开放，儿童不用注册就可以参与。

在斯洛文尼亚，基于55%注册保育员的问卷调查，计算出一个儿童每周在机构的平均时长，数据于2013年由教育、科学与体育部收集。幼儿园项目提供的时间长短不一：全日制项目（6～9小时）、半天项目（4～6小时）和短期项目（每年240～720小时）。最常见的是全日制项目，有97.6%的儿童注册。42%的儿童每天参与全日制项目的时间是8.5个小时。

在苏格兰，通过《2014年儿童及青少年法令（苏格兰）》，"学习和儿童托管"的资助权利被写入法律。

来源：经合组织早期教育与保育网络工作组关于"早期学习与发展质量监测网络调查"的数据，2013年11月；经合组织早期教育与保育工作组关于"质量工具箱和早期教育与保育门户网站调查"的数据，2011年6月。

StatLink ↗ http://dx.doi.org/10.1787/888933242919

国，以下表格同，不再赘述。

表A1.2 负责早期教育与保育的最高权力机构

国家或地区	年龄段	中央主管部门
澳大利亚*	见注	见注
比利时荷语文化区*	0～2 2.5～5	福利、公共卫生与家庭部（儿童与家庭机构） 教育部
比利时法语文化区	0～2 3～5	教育、文化与儿童部（出生与儿童办公室） 教育、文化与儿童部（教育与科研总管理处）
智利	0～5	公共教育部
捷克	0～2 3～6	卫生保健部 教育、青年与运动部
芬兰	0～6	文化与教育部
法国	0～2 3～5	社会事务与健康部 国家教育部
德国	0～5	家庭、老人、妇女和青年事务部
爱尔兰	0～3 4～6	健康与儿童部 教育与科学部
意大利	0～2 3～5	劳动与社会政策部；部长理事会担任主席的家庭政策部 教育、大学和研究部
日本	0～5 3～5	健康、劳动和福利部 教育、文化、运动和科技部
哈萨克斯坦	0～1 1～6	卫生保健和社会发展部 教育与科学部
韩国	0～5 3～5	教育与福利部 教育部
卢森堡*	0～5	国家教育、儿童和青年部
墨西哥	0～2 3～5	教育部；社会发展部；健康部 教育部
荷兰	0～4 4～5	社会事务和就业部（教育、文化和科学部也负责定向项目） 教育、文化、科学和运动部
新西兰	0～5	教育部
挪威	0～5	教育和研究部
葡萄牙	0～2 3～5	团结、就业和社会安全部 教育与科学部

续表

国家或地区	年龄段	中央主管部门
斯洛伐克	3～6	教育、科学、研究和运动部
斯洛文尼亚	0～5	教育、科学和运动部
瑞典	1～6	教育与研究部
英格兰（英国）	0～5	教育部
苏格兰（英国）*	0～5	教育和终身学习内阁秘书

注：中央主管部门指一个国家或地区负责早期教育与保育的最高权力机构。国家层面指国家最高权力机构，地区层面指该地区、州或省级最高权力机构。对比利时荷语文化区和法语文化区而言，中央层面分别指荷语文化区地方政府和法语文化区地方政府。

在澳大利亚，澳大利亚首都地区：早期教育与保育由教育、青年和家庭服务部负责。新南威尔士：学校的学前教育由教育和培训部（DET）负责，早期教育与保育通常由社区服务部负责；澳大利亚北部行政区、昆士兰和塔斯马尼亚岛：教育部；南澳大利亚州：教育与儿童服务部（DECS）；西澳大利亚州：教育部负责为3～5岁儿童开设学前班，社区部负责0～5岁儿童的保育。

比利时荷语文化区提供了2013年的数据。从2014年10月开始，比利时荷语文化区建立了婴幼儿保育教学框架。

卢森堡提供了2013/14年的信息，从那以后该国开始实施一体化管理体制。

在苏格兰，从2013/14学年开始，负责早期教育与保育的最高权力机构是负责教育和终身学习的内阁秘书。

来源：经合组织早期教育与保育网络工作组关于"早期学习与发展质量监测网络调查"的数据，2013年11月；经合组织早期教育与保育网络工作组关于"质量工具箱和早期教育与保育门户网站调查"的数据，2011年6月。

StatLink *http://dx.doi.org/10.1787/888933242929*

表A1.3　早期教育与保育财政投入体系的特点

国家或地区	机构	成本分担比例（平均%）			公共财政投入的决策层级			税收征收的管理层级			专项拨款的目标				财政补贴（转移支付）		
		政府（国家/地区/地方）	父母	其他	国家	地区/州	地方	国家	地区/州	地方	运营成本	质量改进	资本运作	其他	国家至地区/州	国家至地方	地区/州至地方
比利时荷语文化区*	家庭日托	54.9	45.1												a	a	a
	日托中心	79.5	20.5												a	a	a
	学前学校	95.7	4.3												a	a	a
智利	社区幼儿园	m	m	m	×	×	×	×			×					×	
	幼儿园	m	m	m	×	×	×	×			×	×	×			×	
	为3～5岁儿童提供的学前教育	m	m	m			×	×			×					×	
	为4～5岁儿童提供的学前教育	m	m	m	×		×	×			×	×				×	
法国	社区托儿所	66	33		×	×	×	×	×	×	×	×	×		×	×	
	家庭日托	m	m	m	m	m	m	m	m	m	m	m	m	m	m	m	m
	学前学校	94.2	5.8		×	×	×	×	×	×	×	×	×		×	×	
	探索乐园	66	33	m	m	m	m	m	m	m	m	m	m	m	m	m	m
	衔接班	m	m	m	×	×	×	×	×	×	×	×	×	×	×	×	×
德国	家庭日托	m	m												×	×	×
	儿童日托中心	63～91	27～9												×	×	×

续表

国家或地区	机构	成本分担比例（平均%）政府（国家/地区/地方）	父母	其他	公共财政投入的决策层级 国家	地区/州	地方	税收征收的管理层级 国家	地区/州	地方	专项拨款的目标 运营成本	质量改进	资本运作	其他	财政补贴（转移支付）国家至地区/州	国家至地方	地区/州至地方
意大利*	早期儿童综合服务，如父母和婴儿活动服务的中心或中心	m	m	m	×	×	×	×		×	m	m	m	m	×	×	×
	托儿所	m	m	m	×	×	×	×		×	m	m	m	m	×	×	×
	学前学校	88	9	3	×	×	×	×		×	×	m	×	m	×	×	×
日本*	幼儿园	50	50		×	×	×				×		×		×	×	
	托儿中心	60	40		×	×	×				×		×		×	×	
哈萨克斯坦	所有公立早期教育与保育机构	100			×	×		×			m	×	×	×	×	×	
韩国	儿童保育中心	100			×		×	×	×				×	×	×		×
	幼儿园	100					×	×	×			×	×	×	×		
卢森堡	家庭日托	75	25		×		×	×			×				×	×	
	日托中心	75	25		×		×	×			×	×			×	×	
	儿童早期教育项目	100			×		×	×			×	×	×			×	
	义务学前教育	100			×		×	×			×	×	×			×	

续表

国家或地区	机构	成本分担比例（平均%）			公共财政投入的决策层级			税收征收的管理层级			专项拨款的目标				财政补贴（转移支付）		
		政府（国家/地区/地方）	父母	其他	国家	地区/州	地方	国家	地区/州	地方	运营成本	质量改进	资本运作	其他	国家至地区/州	国家至地方	地区/州至地方
墨西哥*	为0~3岁儿童提供基于家庭的联邦早期教育	100			×	×		×			×	×	×		×		×
	为国家工作人员0~5岁儿童的联邦早期教育与保育	100			×	×		×			×	×	×		×		
	为低社会经济地位家庭0~5岁儿童提供基于中心的保育	m	m	m	×	×		×	×		×	×	×		×		×
	为0~5岁儿童提供服务的公立儿童发展中心	100			×	×		×	×		×	×	×		×		×
	为双职工父母1~5岁儿童提供基于家庭的联邦保育	m	m	m	×	×		×			×	×	×	×	×		
	为0~5岁儿童提供基于中心的联邦社会安全保育	m	m	m	×			×			×					×	
	义务制幼儿园	100			×	×		×	×		×	×	×		×		×

续表

国家或地区	机构	成本分担比例（平均%）政府（国家/地区/地方）	父母	其他	公共财政投入的决策层级 国家	地区/州	地方	税收征收的管理层级 国家	地区/州	地方	专项拨款的目标 运营成本	质量改进	资本运作	其他	财政补贴（转移支付）国家至地区/州	国家至地方	地区/州至地方
荷兰*	儿童托管	33	33	33	×			×				×					
	游戏小组	m	m	m	×		×	×		×	×	×	×				
	儿童看护	33	33	33	×			×				×					
	为弱势家庭儿童服务的儿童看护	33	33	33	×		×	×				×	×			×	
	为弱势家庭儿童服务的托儿所/幼儿园	m	m	m	×		×		×		×	×	×				
新西兰	教育与保育	76	22	2	×			×			×	×	×		a	a	a
	幼儿园	90	4	6	×			×			×	×	×		a	a	a
	家庭保育	58	42		×			×			×	×	×		a	a	a
	活动中心	77	6	17	×			×			×	×	×		a	a	a
	"语言集"	93	4	3	×			×			×	×	×		a	a	a
挪威*	幼儿园，家庭幼儿园	85	15		×		×	×			×	×	×	×	a	a	a
	开放式幼儿园	100			×		×	×								×	
葡萄牙	托儿所	m	m	m	×		×	×			×				a	a	a
	儿童托管	m	m	m	×			×							a	a	a
	家庭看护	m	m	m	×			×							a	a	a
	幼儿园	m	m	m	×			×		×	×	×	×			×	

续表

国家或地区	机构	成本分担比例（平均%）			公共财政投入的决策层级			税收征收的管理层级			专项拨款的目标				财政补贴（转移支付）		
		政府（国家/地区/地方）	父母	其他	国家	地区/州	地方	国家	地区/州	地方	运营成本	质量改进	资本运作	其他	国家至地区/州	国家至地方	地区/州至地方
斯洛伐克	托儿所	m	m	m	m	m	m	m	m	m	m	m	m	m	m	m	m
	幼儿园	99	1		m	m	×	×	m	×	×	×	×	m	×	m	m
	母婴中心儿童中心	m	m	m	m	m	m	m	m	m	m	m	m	m	m	m	m
斯洛文尼亚*	学前儿童托管	20	80		m		m	×		×	m	m	×	m			
	幼儿园（针对1~5岁儿童的一体化早期教育与保育机构）	65	35		×		×	×		×	×	×	×				
瑞典	幼儿园	93	7		×	×	m	×	×	m	a	a	a	a	×	×	×
	教育关怀（家庭日托）	m	m	m	×	×	m	×	×	m	a	a	a	a	×	×	×
	学前班	100	m	m	×	×	m	×	×	m	a	a	a	a	×	×	×
英格兰（英国）*	日托中心	m	m	m	m	×	m	m	×	m	×	×	×	×	×	×	×
	临时托管	m	m	m	m	×	m	m	×	m	×	×	×	×	×	×	×
	孩子照看者和家庭托管机构	m	m	m	m	×	m	m	×	m	×	×	×	×	×	×	×
	保育学校	m	m	m	m	×	m	m	×	m	×	×	×	×	×	×	×
	附设保育班的小学	m	m	m	m	×	m	m	×	m	×	×	×	×	×	×	×

续表

国家或地区	机构	成本分担比例（平均%）			公共财政投入的决策层级			税收征收的管理层级			专项拨款的目标				财政补贴（转移支付）		
		政府（国家/地区/地方）	父母	其他	国家	地区/州	地方	国家	地区/州	地方	运营成本	质量改进	资本运作	其他	国家至地区/州	国家至地方	地区/州至地方
英格兰（英国）*	附设学前班但没有保育班的小学	m	m	m		×	×		×	×	×	×	×				×

注：本表不包含信息缺失的国家和地区。

在比利时佛语区，地区级指文化区政府。家庭日托中心的成本分担由地区政府（不包括私立机构）。基准年：2013年。学前学校可以自由决定资金的使用。员工/教师、信息与计算机技术和特殊需求协调等由公共财政补贴。财政投入：接受资助的认证日托中心只有符合一定条件才可以接受补贴。运营成本才会接受补贴。

在德国，表中的家庭日托由公共财政资助以及地区和中央的拨款。早期教育与保育主要由家庭日托。但是，地方财政预算只有部分来自地方税收，其他来自中央、地区和地方的联合税收以及地区和中央的拨款。对于儿童日托中心来说，公共支出有比例各不相同。而不是联邦政府（国家）。德国各联邦州，自治市以及早期教育与保育机构之间的支出比例也不相同。一些联邦各州政府（地方）和自治市政府的早期教育与保育费用。在另一些联邦州，父母不用支付早期教育与保育第一、第二年的费用。即使有些联邦州要求用父母支付费用，但定一些自治市不会向父母收取费用。

对于地方或中央特定的资助，公共财政项目未列。成本分担由成本和资本投资。

意大利，学校与的"其他"栏，包含了私人资金以及欧盟以及欧盟分配给特定地区的资金。表中的"国家"栏包括了中央管理机构的数据，也包括了地方（省和/或自治市）或地区的数据。

日本参考了2012财年的预算。

在墨西哥，州和自治市为经济地位在家庭0～5岁儿童提供基于中心的保育（SNDIF）；联邦专项拨款主要用于装备CADI和CAIC，支持两者的基础建设和人员培训。州和自治市家庭综合发展体系（DIF）承担运营成本。联邦专项拨款主要用于项目运营，预算主要通过对双职工父母或单身父亲为新中心提供基于家庭的补助金。除此之外还有为新中心新项目提供的补助金。通过国家、联邦和自治市中心运营和安全发展体系（DIF）不断地改进附属日托中心的服务。专项拨款（Earmarked grants）用于日托中心员工/教师的培训，培训内容涉及中心运营和安全，如急救、安全和应急处理。部分预算用于支持附属日托中心的员工/教师参与《国民防项目》批准或生效的联邦社会发展部。为0～5岁儿童提供基于工/教师社会发展。DGPS根据当年度预算目标将预算转移支付到32个联邦州的联邦社会保育（IMSS）；社会福利和赔偿。为低社会经济地位家庭0～5岁儿童所在的联邦州的保险给家庭基本工资的1%拨款，其中至少日托中心或儿所提供经日托中心或儿所的保险基本工资80%的日托中心或儿所，其中至少日托中心或儿所的保险按基本工资的1%拨款。拨款来自日托中心或自治市，所以为日托中心或儿所提供经日托中心所有的企业或事业单位。

费的社会保障局不允许向享受服务的人收取额外的费用。经费直接拨款到各营运营机构。

荷兰儿童托管和儿童看护的资金来自政府、企事业单位和父母，三者各分担三分之一成本。儿童看护不直接通过税务补助，而是取决于收入。另一方面，游戏小组由市政府资助，并接受国家政府的拨款和父母的学费。有些自治市全额资助游戏小组的学费。儿童保育和游戏项目由自治市立定的国家专项拨款资助。

在挪威，鉴于地方公共早期育与保育财政投入的决策水平，自治市根据全国的情况将资金分配给公立幼儿园，但反过来影响了分配给私立幼儿园的资金数量。指定用途的固定拨款用于支持讲少数民族语言的服务。

在斯洛文尼亚，国家规定的运营成本和保育成本和父母承担的学费之间的缺口。根据预定的分担比例，父母为注册上幼儿园（针对1~5岁儿童的一体化早期教育与保育机构）的儿童支付一定比例的学费。自治市填补早期教育与保育成本和学费之间的缺口。如果一个家庭中两名以上儿童同时上幼儿园，父母只用支付第二个及以后第N个儿童的学费）。当儿童注册上托管机构时，中央政府会为父母支付一部分学费。自治市有两位以上儿童、自治市承担20%的学费，自治市可能得到国家预算的支持。根据各自治市的不同情况，国家预算所占的比例从10%到70%不等。在某些情况下（如少数民族聚居区，该部门为少数民族聚居区提供资金和设备。地方税收是否用于资助幼儿园，取决于自治市的财政能力。地方税收只能用于资助公立幼儿园，不能用于资助私立幼儿园。只有在自然灾害等特殊情况下才能使用财政补贴直接支付转移给幼儿园。

在英格兰，财政投入在2013年年末才开始资助早期教育提供者。

StatLink ⬛⬛⬛ http://dx.doi.org/10.1787/888933242935

第二章
早期教育与保育监测体系的
作用及发展趋势

　　尽管各个国家或地区趋向于将早期教育与保育监测的大部分职责下放给地方政府，但也呈现了共同的发展趋势：第一，不断加强监测，确保对早期教育与保育投入的问责，满足对质量提升的兴趣。第二，致力于改进监测的方法和过程。最为常见的是结构质量监测，目的是检查（服务）提供者是否遵守相关法律规定。同时，过程质量（如师幼互动质量）监测的重要性得到越来越多的认可，员工/教师质量的监测已成为普遍现象，收集的儿童发展与学习成果信息也越来越多。地方政府依托支持（服务）提供者开展监测的国家质量框架，在早期教育与保育的管理中发挥了积极的作用。第三，服务质量、员工/教师质量和儿童发展与学习成果等各领域的监测很少分开进行。第四，早期教育与保育的监测逐渐与小学的监测体系接轨。第五，监测结果越来越公开化。

主要信息

- 随着对早期教育与保育投入的不断增加，确保早期教育与保育体系的良性运转和高质量服务变得至关重要。

- 无论是出于问责的目的，还是制定政策的需要，监测都非常重要，因为通过监测我们可以知道如何提升质量。监测的重要性还在于让家长了解服务质量的水平，以便他们做出明智的决定，合理选择服务。

- 质量监测几乎完全由教育部或督导部这类公共机构或政府机关负责管理。在分权管理体制中（decentralised system），地方政府也发挥了关键作用。监测体系的资金投入几乎完全依靠公共财政，且往往由各级政府共同承担。

- 在许多国家或地区，地方政府承担了大部分的监测责任。本调查中所有参与国家或地区都对服务质量进行监测，但也有几个国家不开展员工/教师质量或儿童发展和学习成果的监测。儿童发展和学习成果的监测多采用观察法。

- 各地采用的监测方法和监测工具存在很大差异。机构和地方政府要么选择适合自己的方法，要么遵从具体的国家（地区）规定。但是绝大多数国家（地区）同时依赖外部和内部的评估人员开展监测。最常见的外部监测方法是督导，内部监测方法则是自我评估。外部评估人员通常会接受全面的培训，而内部评估人员则不会参加有关的全面培训。

- 总体而言，现在各个国家或地区越来越重视监测的一致性和质量，更多地采用同样的方法来监测不同类型的早期教育与保育机构，并明确不同机构在教育体系中的职责和功能。一些国家或地区还改善了向家长等主要利益相关者提供信息的途径。

● 尽管各个国家或地区监测体系和实施情况的差异很大，我们仍然可以发现一些普遍趋势。所有参与调查的国家或地区开展越来越多的监测实践。这主要是出于对早期教育与保育公共投入问责的需要，以及为了通过监测发现早期教育与保育体系优势与薄弱环节以改进质量的兴趣。

● 各个国家或地区都在不断改进监测方法和过程。最常见的是结构质量的监测，目的是检查机构是否符合规定，但"过程质量"的重要性（如师幼互动的质量）也愈发受到重视，因此员工/教师质量的监测越来越多。儿童学习成果的监测是为儿童发展服务的，其数据收集的工作也在紧张进行着。地方政府在早期教育与保育机构的质量管理方面发挥了更加积极的作用，同时，正在建立的国家质量框架有助于服务提供者开展自我监测的实践。

● 监测领域通常是整合的。也就是说，服务质量、员工/教师质量和儿童发展和学习成果的监测并不是独立进行的。由于当前提倡早期发展的连贯性，早期教育与保育监测正逐渐与小学监测体系接轨。质量（特别是服务质量）监测的结果越来越公开化。

概　述

由于早期教育与保育领域的公共和私人投资不断增加，早期教育与保育体系能否提供高质量的服务就愈显重要。经合组织的多个成员国与非成员经济体都出台了提升早期教育与保育质量的举措，但它们承认，面向所有儿童提供高质量的早期教育与保育服务仍有提升的空间。通过监测了解早期教育与保育体系的表现非常重要，不仅是出于问责的目的，也是为了政策的制定与实施，以及让家长了解服务质量的水平（Levitt, Janta and Wegrich, 2008）。最重要的是，在判断早期教育与保育服务能否支持、如何支持以及如何做可以更好地支持儿童的发展与幸福方面，质量监测发挥着关键的作用。

经合组织的《强壮开端Ⅲ》（2012）指出，促进数据收集、研究和监测是提升早期教育与保育质量、确保儿童及家庭受益最大化的五个关键政策杠杆[①]之一。本章简述各个国家或地区的监测体系（监测机构）与实践（如何进行监测），讨论监测的基本原则、管理、资金来源、适用范围以及实施监测的评价/评估人员。最后总结参与本调查的大多数国家或地区所呈现出的普遍发展趋势。

早期教育与保育监测体系概览

以下详细介绍各地早期教育与保育监测体系的现状，包括"质量"的定义，监测早期教育与保育质量的原因，监测的组织形式与资金来源，监测涵盖的领域，以及实施监测的人员。

早期教育与保育监测体系里的质量指什么？

为了评估质量，监测体系需要对早期教育与保育的质量做出明确或隐晦的假设，即早期教育与保育的质量是什么，或者应该是什么。李勤思（Litjens, 2013）认为，质量是涵盖了所有被认为对儿童发展有益的环境和经验特征。这些特征包括课程实施、员工/教师特点、教师或保育员的行为和做法，以及作为早期教育与保育儿童经验发展核心的师幼互动，这些通常可归入过程质量。质量还包括早期教育与保育机构的结构质量，如空间、班额以及安全标准（NCES, 1997; OECD, 2006; OECD, 2012）。更重要的是，质量概念有其价值和文化基础，所以质量在不同国家或地区有着不同的定义，而且随着时代的发展而变化（Kamerman, 2001）。参与本研究的大多数国家或地区在课程或法规中对早期教育与保育质量的概念进行了界定。只有智利、葡萄牙和韩国没有在国家法规中明确质量的定义，然而，这三个国家通过其他标准、

[①] 其他指标包括：确定质量目标和规定，设计和实施课程及标准，提升教师资质，培训和学习环境、家庭与社区参与。

规定和监测指标隐晦地指出了质量的内涵。正如本报告所示，与"质量"相关的多个领域都可以被监测。

为什么监测早期教育与保育的质量？

各个国家或地区列举了建立质量监测体系的种种原因。澳大利亚表示，质量监测主要是为了提升服务质量，包括员工/教师质量、课程实施和儿童学习成果，以及将现有并行的保育体系与教育体系整合为保教一体的体系。比利时荷语文化区开展学前教育质量的监测是为了满足社会对教育质量的需求，并为议会制定质量保障举措提供依据。比利时法语文化区也表示，由于越来越多的儿童上托儿所或接受育儿服务，来自家长和社会的压力促使实施正式的监测。智利开展监测的原因很多：监测服务质量是为了保护儿童和发展教育；监测员工/教师质量是为了提升员工/教师质量和建立奖惩机制；监测儿童学习成果是出于改善早期教育与保育服务的需要，以及了解妈妈们工作和不工作原因的需要。在德国，监测儿童发展主要出于对语言发展的关注，包括非母语儿童的语言习得。哈萨克斯坦在2012年建立了国家监测体系，目的是解决地方政府同时作为服务提供者和评价者所产生的利益冲突，以及所带来的质量和儿童发展的地区差异。瑞典表示，监测是为了维护个人的知识权利、个人发展与国家平等，以及为更高的国家标准做出贡献；同时，在分权管理体制中，监测的主要责任落在地方政府，评价、审计和问责都需要设立一个国家监测体系。英格兰表示，监测体系是为了保证儿童能够获得高质量的早期经验，向家长负责并为他们提供更多信息。

对本次调查结果的系统分析显示，大多数国家或地区开展早期教育与保育质量监测的原因如下：问责，对违规采取不同的处罚，改进服务质量、员工/教师表现和促进儿童发展，为决策收集信息。本次调查报告会详细讨论上述原因。值得注意的是，监测质量的主要目的是提升各方面的质量。

如何管理监测体系？

在所有参加调查的国家或地区，早期教育与保育质量监测的工作都是由政府部门或政府相关机构承担的。智利、法国等国家将监管职能放在国家层面，而芬兰、意大利等国家主要依靠地区或地方政府（见本章附录表A2.1）。在大多数情况下，监测是强制性的。在德国早期教育与保育的分权管理体系中，日托中心质量监管的主要责任人是服务提供者自己。大多数提供日托服务的大型福利组织已经建立起自己的质量评估体系。公共青少年福利办公室采取的方式是顾问咨询，而不是定期的监测或督导。专栏 2.1讨论的柏林案例又是另一种形式。专栏2.2讨论了分权体制下的瑞典国家监测体系。

下放给地方政府的重要监测职能，通常离不开国家（地区）机构或部委的支持，这体现了部门分层管理的特性。在参与调查的国家或地区中，通常由以下三类公共机构中的一个负责监测体系的设计：

- 早期教育与保育管理部门
- 独立的国家（地区）机构或部门
- 地方政府

监测体系的资金来源有哪些？

不同国家或地区之间，乃至同一国家（地区）内部用于监测的资金来源都存在很大差异。主要资金来源是公共资金，只有捷克运用私人资金专门监测依据《贸易法案》成立的托儿所和私立育儿机构。在德国，私人资金用于监测非营利的私立日托中心，而公立中心的监测则来自公共资金。

澳大利亚等国家的监测完全依靠国家公共资金。比利时的法语文化区和荷语文化区根据职责划分，单独使用地区公共资金支持监测。国家公共资金模式显然占主导，有17个国家都采用这种模式。12个国家或地区的监测资金至少有部分来源于地方或市级层面，这体现了分层管理的特性。一些国家会使用不同来源的资金对特定机构进行监测，如意大利同时使用地区和地方公共资金对早期儿童综合服务和幼儿园进行监测。瑞典使用国家公共资金监测市级早期教育与保育机构，使用市级公共资金监测独立（私立）机构。在荷兰，监测早期教育与保育机构的资金来源于地方和国家政府（见本章附录表A2.2）。

参与调查的国家或地区所提供的有关公立机构监测成本的信息有限，但收集到的信息显示各地之间存在很大差异。2012年，新西兰花费约990万新西兰元（相当于670万美元）①用于监测早期教育和早期保育服务。这笔资金涵盖了所有服务类型的监测，是新西兰政府拨给教育审查办公室（Education Review Office, ERO）的专项经费，用于检查各类早期儿童服务。新西兰教育审查办公室每年审查1300~1460所托幼机构。2012年智利花费约720万美元监测服务4~5岁儿童的学前教育员工/教师的质量。2012年，全国幼儿园委员会（Junta Nacional de Jardines Infantiles, JUNJI）对所有幼儿园是否达到基本标准进行监测的年度支出为300万美元。在韩国，保育中心根据在读幼儿人数支付少量费用作为监测申请费。如果幼儿人数不足40，中心支付约230美元；幼儿人数为40~99人，中心支付280美元；如果幼儿人数超过100，申请费约为420美元。

---

① 2012年数字值，下载于2015年2月17日。

专栏 2.1 柏林的质量改进监测

2001年，经合组织国际学生评估项目（Programme for International Student Assessment, PISA）的结果在德国教育界引发了一场全国性的争论，也就是所谓"PISA震惊"。德国排名仅达到经合组织的平均水平，暴露了自身教育制度的缺陷。在随后的重大改革中，儿童早期发展成为教育取得成功的关键要素。考虑到儿童保育服务的巨大教育潜力，柏林决定委托一个跨学科研究机构开发早期教育与保育课程，并在2004年推出强制性的"柏林教育计划"（Berliner Bildungsprogramm），课程于2014年进行了更新。该课程为员工/教师提供了促进儿童全球化发展的信息，得到了早期教育与保育提供者、协会、教育工作者和专家的一致好评。

柏林不仅关注教育框架的建立，而且将课程作为教育框架的基础，来提升早期教育与保育的质量，为孩子创设启发性的学习环境。柏林教育、青少年与科技部和早期教育与保育机构协会组成一个特别工作组，就柏林所有公立早期教育与保育中心的质量提升草拟了协议，以保证基于课程不断地提升机构质量。到目前为止，早期教育与保育中心的定期质量监测体系已经建立起来了，是目前德国唯一的一个监测体系，该体系的目的是通过内部和外部评估来监测课程实施，为早期教育与保育服务提供针对性的支持，改进教学实践，并在早期教育与保育机构中建立最佳实践。

2005年以来，柏林为内部评估提供了材料和工具箱，涉及八个评估领域：创设丰富的学习环境、支持儿童的发展、回应儿童的生活需要、观察和记录儿童的学习过程、与家长的合作、早期教育与保育机构与学校的衔接、空间与材料、加强早期教育与保育实践中的参与和民主价值观。不过，早期教育与保育的提供者及其团队也可以自由选择能够体现课程相关质量标准的其他方法和工具。此外，在机构工作的所有教育人员都要参与。内部评估通常由机构管理者负责推进，200名受过专门培训的协助人员在内部评估过程中从外部提供支持，但主要责任人仍是早期教育与保育机构的工作人员。他们会讨论当前已达到的水平，考虑质量提升的可能性，并就下一步行动达成一致意见。早期教育与保育的提供者承担评估费用。根据评估结果，他们还需要制订和开展工作人员的继续教育计划。

从2010年开始，柏林所有早期教育与保育中心必须每五年进行一次外部评估。外部评估者为早期教育与保育机构提供教学的专业反馈，反馈涵盖八个质量领域。评估必须多方考察早期教育与保育提供者、管理者、员工/教师和家长的观点。评估者通过访谈或书面问卷进行评估，还会使用观察法评估建筑结构、物质资源，特别是师幼互动。通过数据分析，早期教育与保育提供者和员工/教师会得到面对面的反馈和一份书面评估报告。报告包含当前质量水平和需要改进之处的说明，还有进一步提升质量的具体建议。评估结果仅在早期教育与保育提供者或机构认为需要或必需的情况下才会公开。评估不设奖惩，也不会公布早期教育与保育机构的排名。早期教育与保育中心可以从9个认证评估机构中指定一家进行评估。不同的认证评估机构会使用不同的评估方法和工具。

柏林幼儿园质量发展研究所（Berliner Kita-Institut für Qualitätsentwicklung, BeKi）代表柏林负责整个监测体系的协调。该机构负责内部评估的推广和协助人员的培训、评估机构的认证和协调，并汇总评估数据和结果为指导提供服务。

来源：德国青少年研究所提供个案研究初稿，经合组织秘书处编辑。

专栏2.2　分权管理体系下的国家督导：瑞典学校督导组

在政府高度放权、地方高度自治的体制下，瑞典的督导模式能够满足全国性评估、审计和问责的需要。定期的教育督导始于2003年，第一次由瑞典教育署主持。随后，2008年成立了瑞典学校督导组，负责定期的督导工作。学校督导组是一个独立机构，负责市政府及其所辖幼儿园的监测。各市政府负责私立（"独立"）幼儿园的监测。尽管瑞典议会和政府规定了公共教育体系的课程、国家目标和指导纲要，但教育活动实施的责任主体还是市政府和私立幼儿园的主要组织者。在国家的目标和框架内，提供服务的个体（如市政府或私立学前教育委员会）可以决定当地幼儿园的运行方式。督导组会检查市政府及其所辖幼儿园是否履行了教育法规定的相关职责，以及幼儿园和教育活动是否很好地落实了国家目标和国家课程。督导首先检查市政府或幼儿园是否建立了自我评价的体系和相应的自我改进策略。督导选择的领域体现了市政府的职责以及幼儿园的自治权。

瑞典学校督导组和市政府针对公立和私立幼儿园的监管，分别制定了明确的法律依据。教育法同时规定了不同监管机构的权力，包括处罚规定，目的是使相同的标准适用于公立和私立幼儿园。整改令可能会附加有条件的经济处罚。督导有三重目的：

1. 维护个人获得知识和发展的权利
2. 维护全国范围内的均衡
3. 致力于更高的国家标准

教育督导包含常规督导和专项质量评估（所谓质量审核）。常规督导的重点是检查合规性，目的是确保个体享有教育法所规定的权利。督导组会就一些内容开展详细的检查。专项质量评估的重点是与幼儿园绩效和表现相关的教与学质量，目的是提升幼儿园和主要组织者成绩的质量和标准。质量审核的经验，包括好的实践做法都会总结在督导联合报告中，其他幼儿园或市政府可以用来指导自身的质量提升。

督导组的决策报告会指出，市政府在哪些方面没有达到国家对幼儿园的要求，幼儿园在哪些方面未能满足服务的要求。督导组可通过处罚机制施加压力，敦促主要组织者对活动进行整改。如果主要组织者不采取行动或严重渎职，瑞典学校督导组或市政府可以对其处以有条件的罚款，或采取措施让主要组织者付出一定的代价。对于私立幼儿园，市政府可吊销其经营执照。

检查和质量审查活动的后续工作是，督导组根据法律规定为幼儿园和市政府提供整改建议和指导。任何人都可向督导组申诉，比如家长和员工/教师。督导组会跟进调查并责令幼儿园或市政府予以解决。

来源：瑞典教育与研究部提供案例研究初稿，经合组织秘书处、瑞典学校督导组编辑，2009年。

监测哪些领域？

各个国家或地区对于某些领域的监测力度要大过其他领域。虽然参与调查的24个国家或地区都监测服务质量，但如附表A2.3所示，在儿童发展和学习成果的监测方面，各地和机构（21）之间存在更大的差异。这并不一定意味着所有这些国家或地区都有报告或监管要求，但是对这些领域进行监测至少是一种普遍的地方做法。如专栏2.1介绍，课程实施的监测通常是服务或员工/教师质量监测的一部分。一般来说，机构越正规，被监测的领域就越多，如相较于家庭日托和托管中心，那些有固定生源的保育中心会受到更加全面的监测。在许多国家或地区，大年龄段儿童受到更广泛的监测。例如法国，家庭日托中心仅监测服务和员工/教师质量，托儿所的监测还包含课程实施，而幼儿园的监测则包括儿童发展和学习成果在内的所有领域。

早期教育与保育监测与小学教育的衔接也存在很大差异。在24个参与调查的国家或地区中，14个国家的早期教育与保育或早期教育监测已经与小学教育接轨。爱尔兰、芬兰这些还未接轨的国家也正在考虑两者的衔接，主要是为了确保早期教育与小学教育的顺利过渡。法国学前教育和小学教育的高度整合也是出于这个目的。包括比利时荷语文化区和荷兰在内的其他地区也强调，这样的接轨有助于及时帮助有困难的儿童。

数量（在24个国家或地区中）

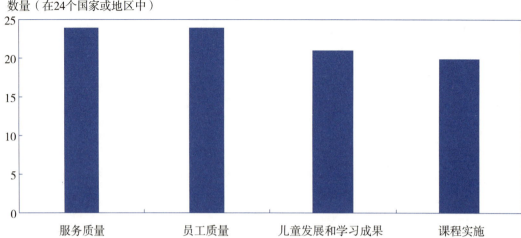

图2.1 早期教育与保育的监测领域

来源：表A2.3，经合组织早期教育与保育网络工作组关于"早期学习与发展质量监测网络调查"的数据，2013年11月。

StatLink ⬛️⬛️ *http://dx.doi.org/10.1787/888933243039*

如何实施监测？

监测可以是由机构及其员工/教师进行的内部监测，也可以是通过外部机构或同行实施的外部监测。在服务和员工/教师质量监测方面，最常见的外部监测是督导（24个国家或地区中的23个），最常见的内部监测是自我评估（22个）。虽然内部监测和外部监测没有明确的界定，但这些监测实践反映了两个关键的监测目的：督导确保有效的问责和机构符合相关的法规，自我评估用以改进和分享员工/教师的实践和服务。其他外部监测方式包括调查（17个）和同行评审（peer review）（6个）。内部评测则包含同伴互评（9个）和测试（1个）（见表2.1）。在儿童发展和学习成果的监测方面，最常见的做法是使用观察工具（17个），其次是叙事评估（15个）和直接评估（12个）（见表5.2）。以下各章会详细介绍上述方法所使用的工具，我们先详细分析一下不同监测领域的评估人员角色及他们需要做的准备。

表2.1 对服务和员工/教师质量的监测

国家或地区	外部评估			内部评估		
	督导	调查	同行评议	同伴互评	员工/教师测试	自我评估
澳大利亚	×					
比利时荷语文化区*	×					×
比利时法语文化区	×					×
智利	×	×	×	×		×

续表

国家或地区	外部评估			内部评估		
	督导	调查	同行评议	同伴互评	员工/教师测试	自我评估
捷克	×	×				×
德国	×	×				×
芬兰*	×	×		×		×
法国	×	×	×			×
爱尔兰	×					
意大利*	×	×				×
日本*		×				×
哈萨克斯坦	×	×	×	×	×	×
韩国	×	×		×		×
卢森堡	×					×
墨西哥	×	×		×		×
荷兰	×	×				×
新西兰*	×			×		×
挪威	×					×
葡萄牙	×					×
斯洛伐克	×	×	×	×		×
斯洛文尼亚	×	×		×		×
瑞典	×	×	×	×		×
英格兰（英国）	×	×				×
苏格兰（英国）	×		×			×

注：本表呈现的是监测的总体趋势，可能不适用于各个国家或地区的所有机构。详见第三章和第四章。

在比利时荷语文化区的儿童保育机构，督导时会同时监测员工/教师质量和服务质量。对服务和员工/教师质量的监测是相关的。

在芬兰的外部监测中，督导仅用于应对投诉，而同行评估不常用。内部监测可由市政府自行决定。

在意大利，调查不在国家层面而在地方层面实施，甚至由个别中心或幼儿园根据具体情况开展。

在日本，家长和其他当地利益相关者也参与评估。不监测员工/教师质量。

新西兰对服务质量实施外部督导，但并不监测员工/教师质量。

来源：经合组织早期教育与保育网络工作组关于"早期学习与发展质量监测在线调查"的数据，2013年11月。

StatLink ▒▒▒ *http://dx.doi.org/10.1787/888933242967*

如何培训实施评估者?

在不同的督导领域，实施监测的人员处于至关重要的位置，能够确保监测的有效实施和监测结果的有效交流和使用。虽然参与调查的国家或地区在培训个人进行早期教育与保育评估方面存在明显差异，但各个国家或地区的培训趋向于具有可比性。

研究表明，评估人员需要接受培训和督导，以确保他们正确地使用监测工具进行监测，并得出一致且客观的判断（Waterman et al.，2012）。政策制定者、早期教育与保育专业人员、管理者或领导者需要具备相应的能力来使用收集到的监测实践和数据，并将监测结果转化为实践。有证据表明，接受过培训的评估人员在监测中更少出错，而且监测结果更少带有个人观点（Hoyt and Kems，1999; Raudenbush et al.，2008）。此外，监测实践的培训，有助于提高监测实践的质量和数量（Stuartet et al.，2008），提高员工/教师通过评估来学习和发展的能力（Mitchell，2008；Litjens，2013）。

外部评估者

如图2.2所示，24个参加调查的国家或地区中，绝大多数（17个）通过在职培训来培训评估人员，4个还将在职培训与其他形式的培训结合起来，5个通过职前培训来培训评估人员。智利、荷兰和英格兰将职前与在职培训相结合，而澳大利亚和德国的培训则不包含职前培训。在澳大利亚、智利和德国，外部评估人员的职前培训不到3个月。针对不同的评估方案，培训的组织方式也有所不同。德国的许多评估方案要求评估人员具备教育工作者的资格，外加几周的职前培训。在英格兰，职前培训需要3~6个月，要求具备儿童早期发展的专业学历和丰富的相关经验。墨西哥的外部评估人员需要完成学前教育专业的培训。只有芬兰、意大利和挪威三个国家仍然接受未经专门培训的外部评估者，或者至少没有规定评估人员需要接受培训才能实施监测（另见本章附录表A2.4）。不过各地的做法可能有所不同。

不同的国家（地区）和机构中，外部评估人员接受在职培训的时长存在很大差异。很多国家或地区对外部评估人员每年必须完成的在职培训时长没有具体规定。智利、韩国和葡萄牙的幼儿园评估人员，每年需接受1~5天的培训，而比利时荷语文化区在学前教育领域工作的评估人员需接受5~10天的培训。在智利，培训不是法定要求，全国幼儿园委员会（JUNJI）为评估人员提供3天的培训，而教育质量保证局的评估人者每年需接受30天的培训。但智利教育部并不为监测员工/教师质量的教育工作者提供专业的发展培训。

在大多数参与调查的国家或地区中，外部评估人员会接受各个领域的培训。培训领域不尽相同，但还是有很多共同之处，提到最多的是实施监测的技能（16个国家或地区都提供了这方面的信息），其次是质量监测的理论和技术知识，如评估者之间的信效度（13个）和对监测结果的解读（12个）。培训提供者也很多元化，有部委、督导机构、研究机构、教练和私营机构等。在德国，评估人员培训由非营利机构提供，通常与宗教团体有关，而瑞典则由学校督导组提供培训（见本章附录表A2.5）。对外部评估人员在职培训的正式认证是个例外。

最常见的在职培训是基于工作的实地培训，即在早期教育与保育机构里实施培训，爱尔兰、葡萄牙和瑞典等11个国家或地区都采用这种方式。在法国和比利时荷语文化区的教育领域，在职培训还引入线上培训作为补充，而智利则为外部评估人员提供全日制教育，这些外部评估人员是3～5岁儿童学前教育机构的教育者（外加基于工作的实地培训）和4～5岁儿童学前教育机构的教育者（无基于工作的实地培训）。比利时的荷语和法语文化区、爱尔兰、韩国和墨西哥也为来自某些或所有机构的评估人员提供短期课程，有的只有课程，有的则结合基于工作的实地培训。

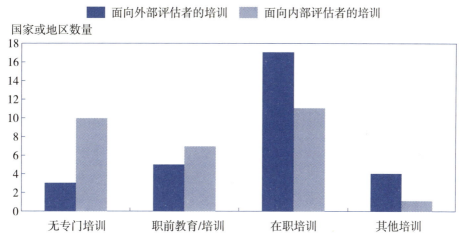

图2.2　早期教育与保育评估人员的培训规定

注：外部评估者培训的相关信息来自23个国家或地区，内部评估者培训的相关信息来自22个国家或地区。

来源：表A2.4和A2.6，经合组织早期教育与保育网络工作组关于"早期学习与发展质量监测在线调查"的数据，2013年11月。

StatLink 📊 *http://dx.doi.org/10.1787/888933243042*

内部评估者

如图2.2所示（见本章附录表A2.6），各个国家或地区对于内部评估人员的培训较少。在24个参与调查的国家或地区中，有近一半（10个）的国家或地区称内部评估人员没有受过专门的培训。对于接受过培训的人员来说，最常见的方法是职前培训（7个）和在职培训（11个）

相结合，只有捷克①完全依靠职前培训，墨西哥②和新西兰只提供在职培训。在上述提到的10个国家或地区，有8个报告说内部人员的培训方式因机构的不同而存在差异。卢森堡是个例外，只在与监测有关的职前培训考虑不同机构的差异，但是所有报告这种差异的8个国家或地区都指出，职前培训和在职培训都要考虑机构的差异性。这表明内部评估的具体培训与不同的教育项目和机构的专业发展实践有关。

参与调查的国家或地区几乎没有提供内部评估人员职前培训时长的相关信息。在捷克共和国、韩国、荷兰和挪威，有关评估的培训是早期教育与保育教师职前教育的一部分。在墨西哥，为0～5岁儿童提供服务的公立儿童发展中心（CENDI）的有关内部评估的职前教育不到3个月。在卢森堡，面向早期教育项目和学前义务教育实施的"学校成就计划"不足3个月。斯洛文尼亚幼儿园里不同类型员工/教师的培训时长也不同，将关键评估、发展过程的评估方法和主动学习的培训融入早期教育的初期培训。

在10个回应调查的国家或地区中，有7个报告说内部评估人员在督导与评估方面的专业提升是法定要求。在墨西哥的学前义务教育和为0～5岁儿童提供服务的公立儿童发展中心，培训时长为1～5天。为0～3岁儿童提供基于家庭的联邦早期教育（CONAFE）和义务学前教育中，培训在技术学校委员会（Technical School Boards）8月密集的会议期间、新学年开始之前进行。国家政府部门、督导人员、技术和教学顾问、学校主任、教育工作者和教育助理都参与了该委员会。在荷兰和英格兰，培训义务取决于各早期教育与保育提供者或机构的规定。

有关内部评估人员培训领域的信息显示，培训通常包含三个关键领域：质量监测的理论和知识、监测实施技能以及如何解读监测结果。捷克不管是公立还是私立幼儿园，只要注册为学校，培训必须包含上述的三个领域。在墨西哥③，为0～3岁儿童提供基于家庭的联邦早期教育项目（CONAFE）和为0～5岁儿童提供基于中心的联邦社会安全保育项目（IMSS）都不开展质量监测理论和知识方面的培训。关于如何解读监测结果，只有学前教育的培训才强制规定这方面的培训。

机构内部评估人员的培训方式存在差异，只有少数国家或地区提供了相关信息。在韩国的儿童保育中心，培训形式包括在职培训、线上学习、短期课程，而幼儿园的培训则包括在职培训或短期课程。在墨西哥，为0～5岁儿童提供基于中心的联邦社会安全保育有赖于在职培训、线上学习和短期课程，为0～3岁儿童提供基于家庭的联邦早期教育的培训模式还辅以全日制学习，而为0～5岁儿童提供服务的公立儿童发展中心仅采用在职培训和短期课程。在苏格兰，私立幼儿园普遍采用短期课程，并与地方政府和公立幼儿园合作。管理者经常参加为期一天的课程，并把他们新学到的知识与员工/教师分享。在苏格兰的保育机构，内部评估

---

① 信息仅对部分服务公开。

② 信息仅对部分服务公开。

③ 该国其他服务的信息缺失。

人员同时参加线上学习和短期课程。在斯洛文尼亚，不同的服务提供者和不同性质的机构采用的培训形式都不同。该国报告还引用了一个私立（服务）提供者提供的质量研讨会案例，该提供者探讨持续的质量提升、质量管理和员工/教师发展。

本章概述了各经合组织成员国和非成员经济体的早期教育与保育体系，强调入学率不断上升，对质量和教育日趋重视，以及不同年龄段早期教育与保育服务与监管相融合的趋势。监测体系就像服务机构本身一样多元化，重点关注质量提升、为决策收集信息以及问责。实际上，处于监测体系核心的内部评估人员往往没有接受全面的培训和教育，恐难胜任监测的重任。

早期教育与保育质量监测的趋势

总体而言，各地越来越重视监测的一致性和质量，并在某些情况下增加监测和评估活动。越来越多的国家或地区采用共同的方法来监测不同类型的早期教育与保育机构，并明确整个监测体系中各机构承担的角色和职能。此外，一些国家或地区拓宽了主要利益相关者（如家长）获取信息的渠道。

增加监测活动，明确监测目的和职责

各个国家或地区都增加了早期教育与保育的监测和评估活动，这表明决策者和更多利益相关者对早期教育与保育越来越感兴趣。在某些情况下，这也表明了鉴于早期教育与保育公共投入的增加而加大问责的强烈需求。更充分的信息有助于未来的决策，提高公共投入的使用效果和效率。各个国家或地区表示，建立监测体系的政策驱动因素包括：努力提供更好的早期教育与保育；提升服务质量；为幼儿提供高质量的早期教育与保育；建立问责制。

智利通过督导机构运用综合的方法开展监测，和依靠服务提供者的自我监测相比，更能保持监测的独立性。虽然自我评估仍然是诸多监测体系的重要组成部分，但是独立监测的趋势有目共睹。行政机构一般负责政策的执行和业务的决策。将监测职能从行政管理职能中分离出来，可以使监测实现更大的独立性。拥有独立监测机构的国家，如英国和新西兰，明确了监测机构与行政机构各自的作用和责任，以便服务提供者更清晰地区分两者的权责，以及避免两个机构职能的重复。

改进早期教育与保育的监测方法

一些国家或地区已经改进和完善了早期教育与保育监测的框架、方法和过程。最常见的做法包括：（1）监测"结构质量"的合规性；（2）为（服务）提供者制定国家（地区）层面的质量体系；（3）增加地方政府的职责；（4）越来越重视"过程质量"；（5）监测早期教育与保育的员工/教师质量；（6）监测儿童的发展和学习成果。

通过结构质量监测机构的合规性

没有一个国家或地区报告说在早期教育与保育的课程或法规中列出了特定的或明确的"质量"定义。不过，像"规定或法规""课程"及/或"早期教育与保育机构最低标准"都可以理解为暗含了质量定义，因为它们构成了理想标准的框架。法国、斯洛伐克、意大利等国家表示"结构质量"（包括师幼比、教师资格、室内外空间和材料）是早期教育与保育整体质量的一个重要方面。监测结构质量时，各个国家或地区常监测健康与卫生、安全以及最低员工/教师资质等是否符合规定。有些国家还检查工作条件是否符合规定。

现在，所有国家或地区都有监测早期教育与保育质量的法律义务。在大多数国家或地区，所有早期教育与保育机构都要接受监测。在智利、意大利和斯洛伐克，托儿所和保育机构不受监测。在日本，质量监测对幼儿园来说是强制性的，但儿童保育中心则不是。幼儿园或其他形式的学前教育机构则总是受到监测。

"过程质量"的重要性得到更多认可

虽然最低标准可以保证早期教育与保育环境中孩子的健康和安全，并确保质量的最低水平，但研究指出，过程质量与为儿童提供高质量的教育与发展经验最为相关（Anders，2014；OECD，2012；Shonkoff and Philips，2000）。过程质量指早期教育与保育中教师与儿童的教学互动、儿童之间的互动以及教师与家长之间的沟通。国家（地区）根据这些经验和互动的性质，为儿童将来的发展提供更强或更弱的基础。因此，各个国家或地区在监测员工/教师质量和表现时越来越重视过程质量。

对于比利时法语文化区、斯洛伐克、斯洛文尼亚和瑞典等许多国家或地区来说，"过程质量"也是质量的一个重要方面。但参与调查的国家或地区也指出，"过程质量"还需要更多知识和数据的支持，如早期教育与保育机构中发生了什么，教师可以与家长交流什么来提升孩子家庭学习环境的质量。

加强对早期教育与保育员工/教师的监测

收集有关早期教育与保育员工/教师的数据，有助于制定基于实证的人力发展和供应策略。挪威统计局定期收集有关早期教育与保育员工/教师、工作条件和人力供应的数据，作为政策制定的依据。此外，来自幼儿园的标准化年度报告记录了在园员工/教师的数量和资质。这些数据帮助早期教育与保育部门确定需要改进或面临挑战的政策领域，如指出需要更多合格的员工/教师，更确切地说，哪些地区在人力供应方面存在困难。因此，教育与科研部发起了一项在特定地区招聘学前教育教师的总体行动计划。

各个国家或地区都使用多个等级评估量表（rating scale）评估整体学习环境的质量。美国开发的课堂互动评估系统（Classroom Assessment Scoring System，CLASS），是一个从学校向下延伸到早期教育与保育领域的评估量表。这一量表具有良好的预测效度，已经在葡萄牙等多个国家使用，主要聚焦与教育相关的互动。国际上还有评估物理环境、教育环境和社会环境质量的其他等级评估系统，包括婴幼儿托育环境评估量表修订版（Infant Toddler Environment Rating Scale revised，ITERS-R）、儿童早期教育环境评估量表（Early Childhood Environment Rating Scale revised，ECERS-R）或学前教育质量评级与改进系统（Quality Rating and Improvement Systems，QRIS）。这些评估工具用于德国、爱尔兰、意大利（基于各地情况）、葡萄牙和美国等国家或地区的外部评估、内部评估以及质量改进。

更多地收集儿童发展和学习成果的信息和数据

经合组织成员国对儿童发展和学习成果的监测有不同的看法，并采取了不同的方法。一些国家或地区收集数据，另一些国家或地区则通过成长档案袋（portfolio）等形成性评估（formative assessment）描述儿童发展的整体情况。在荷兰，应荷兰科学研究组织（NWO）的要求，每两年收集一次儿童发展的数据，这些数据来自荷兰学前教育共同推进项目（Period preceding primary school，Pre-COOL）数据库中参加早期教育与保育的儿童样本。这些信息反映了儿童发展和早期教育与保育的总体趋势。政策制定者可以通过这些数据分析当前政策是否达到了预期影响，以及是否需要调整。澳大利亚开发了澳大利亚儿童早期发展工具（Early Development Instrument，EDI），重点关注儿童的学习成果。这是一个评估儿童发展和幸福的工具，评估结果在学校层面而非个人或班级层面报告。儿童早期发展工具的实施需要早期教育与保育员工/教师一起参与，他们表示评估结果帮助他们了解自身的教学过程和实践，帮助他们更好地满足儿童的需求（Early Years Institute，2012）。

芬兰和挪威许多早期教育与保育机构使用成长档案袋（内含儿童照片、绘画作品等）来记录每个孩子的生活和成长。这些材料常用来促进与家长的沟通，以及通过分享信息帮助孩子在转学（或上小学）时顺利地过渡。比利时荷语文化区综合使用不同的工具，如直接评估、描述评估和观察工具等，收集学前教育阶段儿童发展与学习成果的数据。墨西哥收集了儿童的数据，并将儿童的视角和观点纳入考量。在新西兰，老师和儿童一起通过叙述性的学习故事框架来描述儿童的经历。这一框架侧重于通过叙事性故事进行评估，在个体学习者和环境之间建立起联系。这为儿童和老师提供了一个反思课程实施和评估方式的有效方法。

提高地方政府管理早期教育与保育质量的要求

在许多国家，外部监测并不在国家层面进行，也就是说，没有国家机关或机构负责外部监测的实施。在大多数国家，如芬兰和德国，外部监测都在地区或市级层面进行。同时，监测的实施职责通常是分散的，包括应该监测什么（如服务、员工/教师、儿童发展）及如何进行监测（如方法和工具）的决定也由不同机构自行确定。

国家质量框架和支持措施可促进服务提供者的监测

一些国家开始提供国家质量框架和支持措施，协助早期教育与保育提供者开展督导和自我评估。例如，澳大利亚于2012年出台了国家质量标准（National Quality Standard，NQS），由各州和领地当局负责监管。国家质量标准规定了服务机构开展自我评估必须遵守的标准和关键要素。这种系统评估使（服务）提供者全面了解儿童和家庭所体验到的保育和教育质量，以及有待改进的质量问题。

监测方法的整合

尽管当前的一个趋势是将早期教育与保育机构的监测权下放，但另外一个趋势则是不同类型机构的监测方法日益整合。但是，越来越多的国家或地区将早期教育与保育的总体职责集中到一个政府机构，一般是教育部或教育部门。早期教育与保育的监测职责也越来越集中到一个独立的机构。

早期教育与保育质量的不同领域都会受到监测，如服务质量、员工/教师与教育过程，以及课程实施。一些国家或地区分别使用特定的工具监测不同的领域。韩国通过文件审查和观察法专门监测过程质量。其他国家或地区则认为，质量监测是一个复杂的过程，因为质量包含多种要素，而且很难把其中的重叠部分区分开来。大多数国家或地区会通过外部评估对员工/教师质量进行监测，而服务质量的监测也是外部评估过程的一部分。此外，服务和员工/教师质量的内部监测过程，也常用于服务和员工/教师质量的外部监测。这些监测实践往往与更大规模的监测交织在一起，共同形成一个监测程序或体系。例如，对服务和员工/教师质量的自我评估可作为更大规模服务质量外部评估过程的一个环节。

早期教育与保育与小学教育接轨

约一半参与调查的国家或地区表示，早期教育与保育的监测与小学教育的监测有关联。将两个监测体系对接，常提到的原因是确保早期教育与保育机构和小学实现顺利衔接。如果将早期教育与保育机构纳入学校教育体系，这种衔接会更容易。还有一个原因是期望早期教育与保育能取得与学校教育类似的教育或发展成果。

爱尔兰表示正在考虑采用一种更加整合的方案。在一些国家，如法国，这种整合表现为早期教育与小学教育以及幼儿保育和学前教育的综合。对于近期已经做出调整或正在考虑改变的国家或地区而言，这种整合可视为联结早期教育与保育和小学教育的方法，最终目标是让儿童及其家庭实现平稳过渡。但是也有一些国家或地区担心，将早期教育与保育和小学教育整合起来，有可能导致小学化和让儿童过早进入正式学校的风险。

更好地传播信息

许多利益相关者关注早期教育与保育机构的监督和评估结果，他们是：（1）国家、地区和地方政府；（2）早期教育与保育机构的所有者、管理者和其他员工/教师；（3）家长和社区；（4）研究者。

为了满足公众对增加信息和提高公共服务透明度的需求，一些国家或地区改善了获取早期教育与保育服务质量相关信息的途径。信息是父母和利益相关者对早期教育与保育体系进行问责并指出提升和改进意见的重要工具。这不仅能让公众获取早期教育与保育体系绩效的信息，而且利益相关者还可以根据结果采取行动。例如，父母可根据监测结果决定孩子是否接受早期教育与保育。

在德国，贝塔斯曼基金会在诸多指标中选择收集与早期教育与保育入学率和机构类型相关的数据，并发表在名为"德国2013年早期教育体系监测"的报告中。报告的目的是为公众、家长和政策制定者们提供涵盖全德16个州的易于理解的早期教育与保育数据。

参考文献

Booher-Jennings, J. (2007), "Closing the measurement gap: Why risk adjustment could work for education", *Education Week*, October 29.

Hoyt, W.T. and M.D. Kems (1999), "Magnitude and moderators of bias in observer ratings: Ameta-analysis", *Psychological Methods*, Vol. 4, No. 4, pp. 403-424.

Kamerman, S.B. (ed.) (2001), *Early Childhood Education and Care*: *International Perspectives*, Columbia University, ICFP, New York, NY.

Levitt, R., B. Janta and K. Wegrich (2008), *Accountability of Teachers*: A *Literature Review*, RAND Corporation, Santa Monica, CA.

Litjens, I. (2013), *Literature Review on Monitoring Quality in Early Childhood Education and Care (ECEC)*, OECD, Paris.

Mitchell, L. (2008), "Assessment practices and aspects of curriculum in early childhood education: Results of the 2007 NZCER national survey for ECE services", New Zealand Council for Educational Research, Wellington, New Zealand.

National Center for Education Statistics (NCES) (1997), *Measuring the Quality of Program Environments in Head Start and Other Early Childhood Programs*: A *Review and Recommendations for Future Research*, Working Paper No. 97-36, Washington, DC.

OECD (2012), *Starting Strong III*: *A Quality Toolbox for Early Childhood Education and Care*, OECD Publishing, Paris, http://dx.doi.org/10.1787/9789264123564-en.

OECD (2006), *Starting Strong II*: *Early Childhood Education and Care*, OECD Publishing, Paris, http://dx.doi.org/10.1787/9789264035461-en.

Raudenbush, S.W., A. Martinez, H. Bloom, P. Zhu, P. and F. Lin (2008), *An Eightstep Paradigm for Studying the Reliability of Group-Level Measures*, Working Paper, University of Chicago.

Stuart, D., H. Aiken, K. Gould and A. Meade (2008), *Evaluation of the Implementation of Kei Tua o te PaeAssessment for Learning*: *Early Childhood Exemplars*: *Impact evaluation of the Kei Tua o te Pae 2006 professional development*, Ministry of Education, Wellington, New Zealand.

Swedish Schools Inspectorate (2009), "The Inspectorate of Educational Inspection of Sweden". www.skolinspektionen.se/PageFiles/1854/SwedishSchoolsInspectorate2009.pdf.

Waterman, C., P.A. McDermott, J.W. Fantuzzo and J.L. Gadsden (2012), "The matter of assess or variance in early childhood education–Or, whose score is it anyway?", *Early Childhood Research Quarterly*, Vol. 27, No. 1, pp. 46-54.

附录A2　早期教育与保育监测体系的背景信息

表A2.1　质量监测的职责

国家或地区	机构类型	监测机构	
		政府或政府相关机构	非政府相关机构
澳大利亚	所有早期教育与保育机构	国家政府	
比利时荷语文化区	家庭日托；日托中心	保育督导机构（荷语区政府的一个机构）	
	学前学校	教育督导组	
比利时法语文化区	托儿所；儿童托管	新生儿和儿童事务部（法语社区）	
	幼儿园	教育部	
智利	社区幼儿园	全国幼儿园委员会	
	幼儿园	全国幼儿园委员会或教育质量督导局	
	为3～5岁儿童提供的学前教育；为4～5岁儿童提供的学前教育	教育质量督导局	

续表

国家或地区	机构类型	监测机构	
		政府或政府相关机构	非政府相关机构
捷克	托儿所 学校注册的公立幼儿园 学校注册的私立幼儿园 依《贸易法》建立的私立儿童保育机构	卫生部 捷克学校督导局 捷克学校督导局	
芬兰	所有早期教育与保育机构	地区国家行政机构；市政府/机构	
法国	社区托儿所	社会事务与卫生部，国家家庭补贴基金	
	家庭日托	社会事务与卫生部，国家家庭补贴基金	
	学前学校	国家教育部	
德国*	家庭日托	地方青少年福利办公室	
	儿童日托中心	服务提供者，地方青少年福利办公室	
爱尔兰	全天看护服务	儿童与家庭机构	
意大利	早期儿童综合服务，如父母与婴儿中心或活动中心；托儿所	地区政府和市政府（城市不同，名称不同）	
	学前学校	地区教育管理局（教育部下设机构）	
日本	幼儿园	缺失（视机构而定；如家长/地方利益相关者）	
	托儿中心	缺失（视机构而定；如家长/地方利益相关者）	
哈萨克斯坦	所有早期教育与保育机构	教育与科学管理委员会和教育管理部门（地区级）	
韩国	儿童保育中心	韩国儿童保育促进研究院（儿童卫生与福利部）	
	幼儿园	地区/地方教育办公室（教育部）	
卢森堡	所有早期教育与保育机构	国家教育、儿童与青少年事务部	

续表

国家或地区	机构类型	监测机构	
		政府或政府相关机构	非政府相关机构
墨西哥	为0~3岁儿童提供基于家庭的联邦早期教育（CONAFE）	国家教育发展委员会/国家级	经济研究与教学中心（CIDE）；民间组织：民主文化交流协会（ACUDE）；社会人类学高等研究中心（CIESAS）
	为国家工作人员0~5岁儿童提供基于中心的联邦早期教育与保育（ISSSTE）	国家社会保障和服务协会	
	为低社会经济地位家庭0~5岁儿童提供基于中心的保育（SNDIF）	国家和市家庭综合发展体系	
	为0~5岁儿童提供服务的公立儿童发展中心（CENDI）	教育部作为国家项目的实施单位之一，根据学前教育情况考虑后续行动	国家教育评估研究所独立开展监测
	义务制幼儿园	教育部作为国家项目的实施单位之一，根据学前教育情况考虑后续行动	国家教育评估研究所独立开展监测
	为双职工父母1~5岁儿童提供基于家庭的联邦保育（SEDESOL）	全国社会发展政策评估委员会（Consejo Nacional de Evaluación de la Política de Desarrollo Social, CONEVAL）	经济研究与培训中心（CIDE）
	为0~5岁儿童提供基于中心的联邦社会安全保育（IMSS）		外部企业
荷兰	托儿所；游戏小组；儿童看护	城市卫生服务机构	
	为弱势家庭儿童服务的儿童看护；为弱势家庭儿童服务的托儿所/幼儿园	卫生与教育督导局	
新西兰	所有早期教育与保育机构	教育督导办公室	
挪威	所有早期教育与保育机构	市政当局	
葡萄牙	托儿所；家庭看护	社会保障研究所—地区中心—地区管理	私营社团组织（IPSS）（仅限家庭保育）
	儿童托管	社会保障研究所—地区中心—地区管理	
	幼儿园	科教督导总署—中央管理学校管理总局—地区管理	私营社团组织（IPSS）

续表

国家或地区	机构类型	监测机构	
		政府或政府相关机构	非政府相关机构
斯洛伐克	托儿所；母婴中心/儿童中心	缺失	
	幼儿园	国家学校督导局/地区和地方当局	
斯洛文尼亚	学龄儿童托管	教育和体育督导组，卫生督导组	
	幼儿园（针对1～5岁儿童的一体化早期教育与保育机构）	教育和体育督导组，卫生督导组，国家教育研究院	
瑞典	幼儿园	国家和市政当局	
	教育关怀（如家庭日托）	国家和市政当局	
	学前班	国家和市政当局	
英格兰（英国）	所有早期教育与保育服务	英国教育标准办公室	
苏格兰（英国）	与地方当局合办的私立托儿所	苏格兰教育与保育督导组	
	地方公立托儿所	苏格兰教育部	
	家庭托管	保育督导组	

注：在德国，承担儿童日托中心质量监测主要职责的是（服务）提供者。大多数大型福利机构建立了自己的质量评估体系。青少年福利办公室更多地担任顾问咨询的角色（如提供专业顾问和培训机会），而不是开展常规监测或督导的机构（柏林除外）。

来源：经合组织早期教育与保育网络工作组关于"早期学习与发展质量监测在线调查"的数据，2013年11月。

StatLink 📊 *http://dx.doi.org/10.1787/888933242973*

表A2.2　公立早期教育与保育机构质量监测的资金来源

国家或地区	机构类型	无公共资金	联邦/国家公共资金	地区公共资金	地方/市公共资金	私人资金	其他
澳大利亚	所有早期教育与保育服务		×				
比利时荷语文化区	家庭日托；日托中心			×			
	学前学校			×			
比利时法语文化区	所有早期教育与保育服务			×			
智利	社区幼儿园；为3～5岁儿童提供的学前教育		×				
	幼儿园；为4～5岁儿童提供的学前教育		×		×		

续表

国家或地区	机构类型	无公共资金	联邦/国家公共资金	地区公共资金	地方/市公共资金	私人资金	其他
捷克	托儿所；依《贸易法》资助的私立儿童保育机构	×				×	
	学校注册的公立幼儿园；学校注册的私立幼儿园		×		×		
芬兰*	所有早期教育与保育服务				×		
法国	社区托儿所；家庭日托		×		×	×	
	学前学校		×				×
德国	家庭日托				×		
	儿童日托中心				×	×	
爱尔兰	全天看护服务		×				
意大利	早期儿童综合服务，如父母与婴儿中心或活动中心；托儿所			×	×		
	学前学校		×				
哈萨克斯坦	所有早期教育与保育服务		×		×		
韩国	所有早期教育与保育服务		×	×	×		
卢森堡	所有早期教育与保育服务		×				
墨西哥	为0～3岁儿童提供基于家庭的联邦早期教育（CONAFE）；为双职工父母1～5岁儿童提供基于家庭的联邦保育（SEDESOL）；义务制幼儿园		×				
	为国家工作人员0～5岁儿童提供基于中心的联邦早期教育与保育（ISSSTE）；为低社会经济地位家庭0～5岁儿童提供基于中心的保育（SNDIF）；为0～5岁儿童提供基于中心的联邦社会安全保育（IMSS）；为0～5岁儿童提供服务的公立儿童发展中心（CENDI）	m	m	m	m	m	m

续表

国家或地区	机构类型	无公共资金	联邦/国家公共资金	地区公共资金	地方/市公共资金	私人资金	其他
荷兰*	儿童托管		×		×		
	游戏小组		×		×		
	儿童看护		×		×		
	为弱势家庭儿童服务的托儿所/幼儿园；为弱势家庭儿童服务的儿童看护		×		×		
新西兰	所有早期教育与保育服务		×				
挪威	所有早期教育与保育服务				×		×
葡萄牙	所有早期教育与保育服务		×				
斯洛伐克	托儿所；母婴中心/儿童中心						
	幼儿园		×		×		
斯洛文尼亚	所有早期教育与保育服务		×				
瑞典*	所有早期教育与保育服务		×		×		
英格兰（英国）	日托中心		×				
	临时托育；孩子照看者和家庭托管机构；附设保育班但没有小班的小学；附设小班但没有保育班的小学		×				
苏格兰（英国）	与地方政府合办的私立托儿所；地方公立托儿所		×				
	家庭托管	m	m	m	m	m	m

m=缺失

注：在芬兰，国家层面不对质量监测进行管理。各直辖市自主决定是否将经费用于监测。

在荷兰，儿童托管、游戏小组、儿童看护、为弱势家庭服务的儿童看护由地方督导机构负责监测，国家政府提供资金支持。游戏小组和为弱势家庭服务的儿童看护还接受教育督导组的监测，但仅限于面向弱势儿童的教育项目。对于所有机构来说，当市政当局因督导不力或不能指派地方督导组时，联邦教育督导组开始接管监测工作。

在瑞典，国家公共资金支持所有市级早期教育与保育机构的监测，而市级公共资金支持独立（私立）早期教育与保育机构的监测。

来源：经合组织早期教育与保育网络工作组关于"早期学习与发展质量监测在线调查"的数据，2013年11月。

StatLink ⬛ http://dx.doi.org/10.1787/888933242982

表A2.3　早期教育与保育监测领域（按机构划分）

国家或地区	机构类型	服务质量	员工/教师质量	课程实施	儿童发展或学习成果
澳大利亚	家庭日托和家庭看护；全天看护；幼儿园；校外看护	×	×	×	×
	临时看护	×			
比利时荷语文化区	家庭日托；日托中心	×	×		×
	学前学校	×	×	×	×
比利时法语文化区	所有早期教育与保育服务	×	×	×	×
智利	社区幼儿园；幼儿园；为3～5岁儿童提供的学前教育	×			×
	为4～5岁儿童提供的学前教育	×	×		
捷克	日间托儿所	×	×		
	学校注册的公立幼儿园；学校注册的私立幼儿园	×			×
	依《贸易法》建立的私立儿童保育机构				
芬兰*	所有早期教育与保育服务	×	×	×	×
法国	社区托儿所	×	×		
	家庭日托	×	×		
	学前学校	×	×	×	×
德国*	家庭日托		×		
	儿童日托中心	×		×	×
爱尔兰	全天看护服务	×			
意大利*	早期儿童综合服务，如父母与婴儿中心或活动中心；托儿所				
	学前学校	×	×	×	×
日本	所有早期教育与保育服务	×	×	×	×
哈萨克斯坦	所有早期教育与保育服务	×	×	×	×
韩国	所有早期教育与保育服务	×	×	×	
卢森堡	家庭日托；日托中心	×	×	×	
	儿童早期教育项目；义务制学前教育				×
墨西哥	为0～5岁儿童提供服务的公立儿童发展中心（CENDI）				
	为0～3岁儿童提供基于家庭的联邦早期教育（CONAFE）	×		×	×

续表

国家或地区	机构类型	服务质量	员工/教师质量	课程实施	儿童发展或学习成果
墨西哥	为国家工作人员0~5岁儿童提供基于中心的联邦早期教育与保育（ISSSTE）；为0~5岁儿童提供基于中心的联邦社会安全保育（IMSS）	×	×		×
	为双职工父母1~5岁儿童提供基于家庭的联邦保育（SEDESOL）	×			
	为低社会经济地位家庭0~5岁儿童提供基于中心的保育（SNDIF）				
	义务制幼儿园	×	×	×	×
荷兰	所有早期教育与保育服务	×	×		×
新西兰	所有早期教育与保育服务	×	×		×
挪威*	所有早期教育与保育服务	×	×		×
葡萄牙	托儿所；儿童托管；家庭看护	×			
	幼儿园	×	×	×	×
斯洛伐克	托儿所；母婴中心/儿童中心				
	幼儿园	×	×	×	×
斯洛文尼亚	学龄儿童托管	×	×		
	幼儿园（针对1~5岁儿童的一体化早期教育与保育机构）	×	×	×	×
瑞典	幼儿园；学前班	×	×	×	
	家庭日托	×	×		
英格兰（英国）	所有早期教育与保育服务	×	×		×
苏格兰（英国）	与地方政府合办的私立托儿所；地方公立托儿所	×	×		×
	家庭托管	×	×		

注：所有监测领域在各个国家或地区并非都是强制性的。本表涵盖了内部和/或外部监测。

芬兰在机构层面监测儿童发展，以便给儿童的个人发展提供所需的支持。国家层面则不收集这类监测数据。每个机构有记录儿童发展的强制计划。课程实施的监测不是很频繁，机构层面也没有系统的监测，主要原因是课程不是强制性的。国家层面课程实施的监测情况不清楚。

德国不开展专门的员工/教师质量监测活动。员工/教师质量的过程性内容是服务质量监测总体方案的一部分。因此，德国提供了服务质量监测的信息，但没有员工/教师质量监测的内容。

在意大利，儿童学习成果的评估不在国家层面进行，而在地方层面进行。一般监测幼儿园儿童的发展，但不包括0~3岁的幼儿。在缺少国家监测体系的情况下，意大利的监测情况不得而知。0~3岁和3~6岁儿童服务的评估领域不同。0~3岁儿童服务的评估主要由地方督导组对机构的合规性进行检查。

挪威会监测早期教育与保育机构中儿童的发展和幸福，以确保教学实践能够支持每个孩子。儿童学习成果的数据没有收集。

来源：经合组织早期教育与保育网络工作组关于"早期学习与发展质量监测在线调查"的数据，2013年11月。

StatLink ⊟SL http://dx.doi.org/10.1787/888933242990

表A2.4 外部评估者的培训

国家或地区	无专门培训	职前教育/培训	在职培训	有其他培训
澳大利亚		×		
比利时荷语文化区			×	
比利时法语文化区			×	
智利		×	×	
捷克			×	
芬兰*	×			×
法国*			×	
德国		×		
爱尔兰			×	
意大利	×			
日本				
哈萨克斯坦			×	
韩国			×	
卢森堡			×	
墨西哥			×	
荷兰*		×	×	×
新西兰			×	
挪威	×			
葡萄牙			×	
斯洛伐克				
斯洛文尼亚*			×	
瑞典			×	
英格兰（英国）		×	×	×
苏格兰（英国）*			×	×

注：在芬兰，部分评估者会接受一定的培训，但在国家或市级层面没有系统的培训。

在法国，"在职培训"与托儿所、母婴保育人员和学前教育有关。

在荷兰，科学研究者由卫生与教育督导组负责培训，以便区分早期教育机构教师的行为，而且他们还会接受质量督导的专门培训。

在斯洛文尼亚，督导员必须通过专业的监导员测试。

在苏格兰，督学署评估人员在承担督导工作前须接受为期9个月的培训，保育督导组也有相应的培训项目。

来源：经合组织早期教育与保育网络工作组关于"早期学习与发展质量监测在线调查"的数据，2013年11月。

StatLink 🔗 *http://dx.doi.org/10.1787/888933243001*

表A2.5　外部评估者培训与教育的提供者与领域/学科（按机构划分）

国家或地区	机构类型	质量监测的理论与技术知识	实践技能	监测结果解读	其他领域
澳大利亚	家庭日托和家庭看护；全天看护；临时看护；幼儿园	×	×	×	
	校外看护		×	×	
比利时荷语文化区	家庭日托；日托中心		×	×	沟通技巧，如何沟通（监测）结果
	学前学校	×			
			×	×	
		×		×	
		×			
		×			
智利	幼儿园		×		
	为3～5岁儿童提供的学前教育	×	×	×	
	为4～5岁儿童提供的学前教育	×	×	×	
捷克	托儿所；依《贸易法》建议的私立儿童保育机构	m	m		
	学校注册的公立幼儿园；学校注册的私立幼儿园	×	×	×	
法国	学前学校	×	×		
德国	家庭日托				
	儿童日托中心		×	×	提供者质量手册与指南
爱尔兰	全天看护服务	×	×		
哈萨克斯坦	所有早期教育与保育服务				
韩国	儿童保育中心	×	×	×	
	幼儿园	×	×	×	
卢森堡	家庭日托；日托中心				
	儿童早期教育项目；义务制学前教育	×	×	×	

续表

国家或地区	机构类型	质量监测的理论与技术知识	实践技能	监测结果解读	其他领域
墨西哥	为0～3岁儿童提供的基于家庭的联邦早期教育（CONAFE） 为国家工作人员0～5岁儿童提供的基于中心的联邦早期教育与保育（ISSSTE）；为低社会经济地位家庭0～5岁儿童提供基于中心的保育（SNDIF）；为0～5岁儿童提供基于中心的联邦社会安全保育（IMSS）；为0～5岁儿童提供服务的公立儿童发展中心（CENDI）；为双职工父母1～5岁儿童提供基于家庭的联邦保育（SEDESOL）；义务制幼儿园	m	m		监测或评估相关事宜：服务、课程实施、教育人员的职责与参与
新西兰	所有早期教育与保育服务	×	×	×	
葡萄牙	托儿所；儿童托管；家庭看护	m	m		教室观察；督导手册的理解与使用
	幼儿园	×	×		学习与班级观察评估
斯洛伐克	托儿所；母婴中心/儿童中心 幼儿园	×	×	×	
斯洛文尼亚	学前儿童托管 幼儿园（针对1～5岁儿童的一体化早期教育与保育机构）		×		创新性监测督导和管理培训，以及投诉程序中的决策
瑞典	幼儿园；教育关怀（如家庭日托） 学前班		×	×	
英格兰（英国）	所有早期教育与保育服务		×	×	
苏格兰（英国）	与地方政府合办的私立托儿所；地方公立托儿所	×	×	×	
	家庭托管	×	×	×	

m=缺失

来源：经合组织早期教育与保育网络工作组关于"早期学习与发展质量监测在线调查"的数据，2013年11月。

StatLink 靍鶋 *http://dx.doi.org/10.1787/888933243010*

表A2.6　内部评估者培训

国家或地区	无专门培训	有职前教育/培训	有在职培训	有其他培训
澳大利亚	×			
比利时荷语文化区	×			
比利时法语文化区	×			
智利	×			
捷克		×		
芬兰	×			
法国[*]	×		×	
德国	×			
爱尔兰				×
意大利	×			
日本	m	m	m	
韩国		×	×	
卢森堡			×	
墨西哥			×	
荷兰		×	×	
新西兰			×	
挪威		×		
葡萄牙	×			
斯洛文尼亚		×	×	
瑞典	×		×	
英格兰（英国）		×	×	
苏格兰（英国）		×	×	

m=缺失

注：在法国，"无专门培训"指学前教育，"有在职培训"面向托儿所和母婴保育人员。

来源：经合组织早期教育与保育网络工作组关于"早期学习与发展质量监测在线调查"的数据，2013年11月。

StatLink　*http://dx.doi.org/10.1787/888933243026*

第三章
早期教育与保育服务
质量的监测

服务质量和员工/教师质量的监测，是参与调查的国家或地区的质量监测报告中最常见的领域。外部监测实践包括督导（所有国家或地区）、父母调查（一半国家或地区）和自我评估（四分之三的国家或地区）。服务质量监测的重点和所使用的工具根据实践而定，观察和调查是比较常见的工具。督导主要检查服务机构是否符合相关规定。督导和自我评估重点关注机构内部的沟通和合作。服务质量的监测频率一般来说取决于前一次的监测结果。各个国家或地区开展监测的主要目的是为决策提供依据，以及提高质量水平。对于如何确保监测实践支持早期教育与保育机构促进儿童的发展，如何在分权制国家设计和实施统一的监测系统，以及如何确保为评估者提供适当的培训，困难重重。

主要信息

- 研究表明，服务质量的监测和评估是保证高质量早期教育与保育服务的关键。为了保证监测和评估的效果和意义，早期教育与保育机构和项目的质量评估应基于对质量的深入了解：什么影响质量？质量是什么？考虑利益相关者（包括父母）的观点，确保质量和监测系统反映不同的质量观，这是非常重要的。

- 本研究所有24个参与国家或地区都监测服务质量。服务质量和员工/教师质量，是早期教育与保育最常见的监测领域。各地服务质量监测的主要目的是提高机构的质量水平，并让政策制定者和公众了解早期教育与保育的状况。

- 督导和自我评估是监测服务质量水平最常见的方法。家长调查在早期教育与保育机构服务质量的检查中不是很常见。很多国家或地区对监测方法的使用频率没有相关的法律规定，尤其是自我评估。在绝大多数国家或地区，督导和自我评估的频率取决于最近一次的监测结果。

- 督导重点关注管理方面的内容，如师生比、安全管理、员工/教师最低资质、健康和卫生管理和空间最低标准。观察、访谈和内部文件分析是督导中最常用的方法。

- 自我评估的重点是员工/教师和家长、员工/教师和管理者、员工/教师之间的合作和交流，以及评估可以改进的方面。自我报告、自我反思报告或日志，以及核查表（checklist）是最常用到的工具。

- 大多数国家或地区必须向公众公开服务质量的监测结果，尽管更多的是总体或汇总的结果，而不是单个机构的信息。各地在监测结果后会附上相应的评估意见。最常见的是要求中心或员工/教师采取措施解决不足，开展后续检查或其他监测活动，更严厉的处罚是关闭机构或不予更新经营许可证。将资金的增减与监测结果挂钩并不常见。

概　述

服务质量和员工/教师质量是早期教育与保育监测中最常见的领域，所有参加本调查的国家或地区[①]都会对这两个领域进行监测。服务质量涉及许多问题，从法规的落实到课程的实施。在质量监测过程中，各地开展不同的监测活动，并使用不同的监测工具，尽管其中也有很多共性的地方。此外，鉴于各地早期教育与保育系统的分散性和多样性，监测的方法、工具与领域可能会因机构的不同而有所不同。

服务水平的监测是所有24个国家或地区的法律义务，尽管少数机构不接受强制性的监测。例如意大利，幼儿园和早期综合服务是否开展监测由地方决定。此外，智利幼儿园、捷克共和国根据《贸易法》建立的私立机构，以及墨西哥为国家工作人员0～5岁儿童提供服务的联邦早期教育中心，这些机构的监测没有相关的法律规定。服务质量的监测经常由（国家或地区）政府的督导机构执行，并常常由机构管理者和/或员工/教师开展的内部自我评估作为补充。一般来说，儿童保育和幼儿园的服务质量会被监测，还有英格兰、瑞典、墨西哥和比利时荷语文化区和法语区等的家庭日托（以家庭为基础）。监测领域，即监测关注的主题，例如安全条例的遵守或师生比，会因评估者的不同而有所不同：服务质量监测开展的家长调查试图评估不同于督导或自我评估的领域。

服务质量监测产生了什么效果？

关于服务质量监测对质量改进的效果研究逐渐增多，但是研究者还不能确定监测的影响。文献支持的观点是，监测和评估是高质量早期教育与保育服务的关键。有研究者认为没有评估就无法保证服务达到预期目标（Cubey and Dalli, 1996）。许多国家采用外部评估（例如使用等级量表的督导，或者使用核查表的调查和问卷）或内部评估（例如自我评估报告或档案袋）的方法和工具来监测早期教育与保育的服务质量（OECD, 2012）。已开展的研究，主要是英国和美国，着手探求特定监测工具对早期教育与保育服务质量的影响，但是区分和确定特定工具或方法的影响面临着极大的挑战。此外，对于某个在特定国家或社会情境中使用的工具，用于其他国家时是否会产生相似的结果或影响，这方面的研究几乎没有。总的来说，有关部门需要开展进一步的研究，以便更好地了解特定工具或方法的影响，以及它们的有效性和可行性。

[①] 24个国家或地区回应了我们的调查，并参加了我们关于早期教育与保育机构服务质量监测的研究。

督导和等级量表的使用

美国兰德公司（RAND Corporation）开展的一项研究（Zellman et al., 2008），评估了学前教育质量评级与改进系统（QRIS）作为儿童保育质量改进工具的有效性。评级系统的评估始于1999年，由科罗拉多州一个名为"早期学习质量之星"（Qualistar Early Learning）的非营利组织开发，其开创了评级系统评估的先河。评级系统包括了公认的高质量保育要素：班级环境、师生比、员工/教师和管理者接受的培训和教育、家长参与、认证。研究发现，采用评级系统的服务提供者，其服务质量会逐渐地提升。然而，质量改进不能简单地归因于评级系统：例如质量改进可能只是被监测的一个反应。评估评级系统效果的困难包括机构的参与意愿、缺少对照组以及干预数据有限等。研究还指出，评级系统等工具的验证非常重要，尤其是有时它与奖励更高质量的服务挂钩，如更多的儿童生均补贴。还有研究认为，评级系统有可能成为质量改进的中心，要实现这一目标，需要不同机构、服务和数据系统进行广泛的协作（Tout et al., 2009）。

另一个对美国俄克拉荷马州采用的评级系统进行的研究发现，干预提升了全州每个儿童保育中心的质量和儿童保育服务的整体质量（Norris, Dunn and Eckert, 2003），然而，评级系统不能提高家庭保育机构的质量水平。干预只能证明家庭日托（以家庭为基础）就评级而言质量差异明显，从而验证了不同等级标准代表不同质量水平的假设（Norris and Dunn, 2004）。评级系统明确指出，服务提供者可以选择去达到超出认证要求的其他质量标准，以获得更高的资助。质量标准侧重于员工/教师的教育和培训、薪酬、学习环境、父母参与和项目评估。儿童保育中心的研究报告说，由于评级系统的出现和对更高得分服务提供更多的财政支持，越来越多的项目正在招收州人力服务部资助的儿童，而且在全球质量等级排名的成绩也不断上升。家庭日托的研究表明，等级评定系统缺少对家庭日托实践的评估，找到对政策制定者和服务提供者来说可操作、可实施的有价值的指标是一个挑战。

尽管有相关的证据，但是很难在社会和教育过程的研究中得出质量监测和改进之间的因果关系。也很难单独确定某种特定监测工具的效果，质量改进极有可能是众多与监测和服务质量改进相关的政策的综合影响。这并不意味着服务质量监测不能带来好的影响，首先监测可以分析早期教育与保育服务的长处和短板，从而帮助改进服务（Litjens, 2013）。

利益相关者参与质量监测

有研究者强调，为了保证监测和评估的效果和意义，早期教育与保育项目的质量评估应该基于对质量的深入了解，即质量的影响因素和质量的内涵要素（Lee and Walsh, 2004）。质量的内涵要素应该体现一系列利益相关者的质量观点。一些研究指出家庭参与服务质量监测的重要性（Edwards et al., 2008; Hidalgo Epstein and Siu, 2002; Weiss et al., 2008）。还有研究认为早期教育中的家庭参与对儿童学习和发展具有深远的影响。另有学者发现的证据表明，家庭参与是帮助孩子在教育中取得成功的重要因素，对于不同家庭背景的孩子来说都是如此，不管他们的父母是否接受过正式教育或家庭收入、家庭文化或使用的语言是否存在差异（Hidalgo, Epstein and Siu, 2002）。例如，西班牙的一个案例研究发现，促进所有儿童更好发展和获取更高学习成果的学前学校，不仅是那些提供高质量师幼互动的学校，更是那些员工/教师和家庭环境与社区服务之间有较强合作关系的学校（Gatt, Ojala and Soler, 2011）。

专栏3.1　督导对服务质量的影响：来自英格兰的例子

在英格兰，教育、儿童服务和技能标准办公室（The Office for Standards in Education, Ofsted）负责早期儿童保育服务质量的监测，以下简称"教育标准办公室"。一份关于督导影响的评估报告（Matthews and Sammons, 2004）总结了教育标准办公室自1992年成立后十多年来开展的以教育和保育服务改进为目标的实践。报告显示，教育标准办公室除了制定有关学校认定和监测以及儿童保育监管的法律规定，对督导目标几乎没有直接的影响。结果表明，管理良好的机构和那些关注评估的机构最有可能从督导中受益。

最近的一项研究（Ofsted, 2013）从2012年至2013年间开展的督导和监管走访中找到了证据。该研究深入了解了英格兰早期保教机构的质量。教育标准办公室根据早期基础阶段教育方案（Early Years Foundation Stage, EYFS）的要求对早期保教机构进行督导，该方案的法律框架明确了所有早期服务提供者必须达到的标准，以确保儿童学习进步、发展良好，并保持健康和安全。最新督导报告显示，早期保教机构的质量不断地提高，78%注册为0~5岁儿童服务机构（Early Years Register）的服务提供者表现为良好或优秀，是注册制度建立以来的最高比例。报告提到教育标准办公室通过更严格的注册制度有助于服务提供者提高质量，并指出依据早期基础阶段教育方案的要求开展督导有助于服务质量的总体提高。

来源：经合组织早期教育与保育网络工作组关于"早期学习与发展质量监测在线调查"的数据，2013年11月。

利益相关者参与质量监测的挑战之一是各方对应该监测什么以及如何监测的意见不一致。政策制定者、早期教育与保育管理者、员工/教师和家长可能在以下方面意见不一，包括质量监测的领域、频率、方式以及面临的风险。政策制定者可能希望强制执行某些监测实践，例如至少每两年由外部评估者开展一次督导，但是机构管理者和员工/教师可能会反对，尤其是当监测系统的实施会带来高风险的时候。因此，考虑督导或其他评估方式可能会给管理/员工/教师造成的压力，这是非常重要的。

为什么监测服务质量？

　　各国（地区）开展服务质量监测的原因各不相同（见表3.1和图3.1）。全美幼教协会（NAEYC, 2010）指出，监测的目的是收集有助于服务改进的信息，确保儿童从他们接受的早期教育与保育经历中受益。这一点和各地开展服务质量监测的目的是一致的，因为服务质量的改进是它们常常提到的一个目的。所有国家或地区都出于这个目的开展监测。大部分国家或地区开展监测的目的还包括为政策制定提供依据（24个国家或地区中的21个）。除此以外，很多国家或地区的监测目的是向公众告知所提供服务的质量水平，提高早期教育与保育消费者所获取信息的透明度。另外，服务质量监测的常见目的是促进儿童发展（16个）和改进员工/教师表现（16个）。

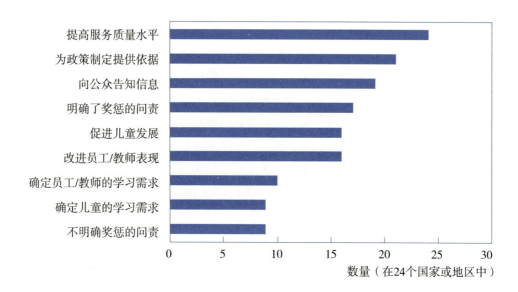

图3.1　早期教育与保育服务质量监测的目的

注：按照服务质量监测目的被国家或地区提到次数的降序排列。

来源：经合组织早期教育与保育网络工作组关于"早期学习与发展质量监测在线调查"的数据，2013年11月。

StatLink 📊 *http://dx.doi.org/10.1787/888933243177*

　　当出于问责目的评估质量时，早期教育与保育机构被视为政策实施的一个工具，如国家、地区和地方关于家庭、劳动力市场和教育的政策。早期教育与保育机构和员工/教师对提供服务的质量负责，通常由质量指标来衡量。和其他监测领域相比（员工/教师质量和儿童发展），服务质量的监测相对来说比较频繁，目的是基于评估结果进行问责并给予奖惩（24个国家或地区中的17个）。

　　智利、哈萨克斯坦、卢森堡、荷兰和挪威等国家，在监测结果后面附上了跟进处理意见。比如挪威，没有达到最低质量标准（minimum quality standards）的机构会失去资助，或必须至少归还一些之前接受的公共资金。也有监测问责不与奖惩挂钩的，24个国家或地区中的9个便是如此。芬兰、法国和墨西哥不会基于监测结果给予惩罚或奖励，但是英格兰和苏格兰等却完全相反。10个国家或地区开展服务质量监测的目的是确定员工/教师的学习需求以及可能需要的员工/教师培训，例如瑞典早期教育与保育机构、比利时荷语文化区学前教育机构。捷克、斯洛伐克等9个国家或地区强调的目的是确定儿童的学习需求。

　　各个国家或地区开展服务质量监测都有多个目的，而不是单一的，如捷克总共有9个监测目的（见表3.1）。捷克监测的主要目的是向公众告知监测结果，因此公众、早期教育与保育管理人员和员工/教师均可得知结果。评估报告突出强调一个机构的长处和短板，并提供质量改进的建设性策略。服务提供者经常通过评估报告开展内部的自我评估，并着手改进需要重视的领域。

　　但是也有一些国家或地区限制监测的目的。例如，比利时法语文化区的问责目的（与奖惩挂钩）是为政策制定者提供依据，以及提升早期教育与保育机构的质量。智利也有类似的目的，但监测不是为政策制定提供信息，而是向公众告知结果。在比利时荷语文化区，早期教育与保育机构监测的问责目的是提高质量和促进儿童发展。监测学前教育提供者的目的还包括为公众和政策制定者提供信息，以及确定员工/教师的学习需求以改进他们的表现。

表3.1　服务质量监测的目的

国家或地区	监测目的								
	问责目的		为政策制定提供依据	向公众告知信息	提高服务质量水平	改进员工/教师表现	确定员工/教师的学习需求	促进儿童发展	确定儿童的学习需求
	无惩罚或奖励	有惩罚或奖励							
澳大利亚		×	×	×	×	×		×	
比利时荷语文化区		×	×*	×*	×	×*	×	×	
比利时法语文化区		×	×		×				
智利		×		×	×				
捷克	×	×	×	×	×	×	×	×	×
芬兰	×		×		×	×	×	×	×
法国	×		×	×	×				
德国				×	×	×			

续表

国家或地区	监测目的								
	问责目的		为政策制定提供依据	向公众告知信息	提高服务质量水平	改进员工/教师表现	确定员工/教师的学习需求	促进儿童发展	确定儿童的学习需求
	无惩罚或奖励	有惩罚或奖励							
爱尔兰		×	×	×	×			×	
意大利			×		×				
日本					×				
哈萨克斯坦		×	×		×	×	×	×	×
韩国	×	×	×	×	×	×	×		
卢森堡		×	×	×	×	×	×	×	×
墨西哥	×	×	×	×	×	×	×	×	×
荷兰	×	×	×	×	×	×			
新西兰		×	×	×	×	×		×	
挪威	×	×	×	×	×	×		×	×
葡萄牙									
斯洛伐克		×	×	×	×	×	×	×	×
斯洛文尼亚*	×	×	×	×	×			×	
瑞典	×	×				×	×	×	
英格兰（英国）		×	×	×	×			×	
苏格兰（英国）		×	×	×	×	×	×	×	×

　　注：表中比利时荷语文化区一栏标注为×*，指监测目的仅限于早期教育部门。荷语文化区不会基于监测结果给予奖励。

　　在斯洛文尼亚，基于常规监测流程的框架，服务质量监测的问责没有明确的奖惩。但是监测后的跟进措施没有落实的话，很有可能会予以惩罚。

　　来源：经合组织早期教育与保育网络工作组关于"早期学习与发展质量监测在线调查"的数据，2013年11月。

StatLink ⿻ *http://dx.doi.org/10.1787/888933243059*

服务质量监测有哪些典型做法？

　　服务质量的监测包括外部评估和内部评估。外部评估一般由外部机构、评估者或评估办公室承担，如评估者不来自被监测的机构。内部评估一般由本机构的员工/教师担任，比如管理者和实践者。各地开展服务质量外部和内部评估的情况请参见表3.2。

　　国家层面对监测一般没有统一的管理，而是由地区、市甚至机构决定（比如德国）。各国提供的信息表明，最常见的监测方法和差异发生在各国的地区之间。

表3.2　服务质量的外部和内部监测实践（按机构划分）

国家或地区	机构类型	外部评估		内部评估
		督导	家长调查	自我评估
澳大利亚	所有早期教育与保育机构	×		
比利时荷语文化区	所有早期教育与保育机构	×		×
比利时法语文化区	幼儿园	×		×
智利	社区幼儿园	×	×	
	幼儿园	×	×	×
	为3～5岁儿童提供的学前教育	×	×	×
	为4～5岁儿童提供的学前教育	×	×	×
捷克*	日间托儿所	×		
	学校注册的公立幼儿园；学校注册的私立幼儿园	×	×	×
	按《贸易法》建立的私立儿童保育机构	没有规定		
芬兰*	所有早期教育与保育机构	×	×	
法国	社区托儿所；家庭日托	×	×	×
	学前学校	×		
德国	家庭日托	×		
	儿童日托中心	×	×	×
爱尔兰	全天看护服务	×		
意大利*	托儿所	×	×	×
	学前学校	×	×	×
日本*	幼儿园	地区、市级决定，没有国家数据		
	托儿中心	×		
哈萨克斯坦	所有早期教育与保育机构	×	×	×
韩国	儿童保育中心	×		×
	幼儿园	×	×	×
卢森堡*	家庭日托	×		×
	日托中心；儿童早期教育项目；义务制学前教育	×		×

续表

国家或地区	机构类型	外部评估		内部评估
		督导	家长调查	自我评估
墨西哥	为0～3岁儿童提供基于家庭的联邦早期教育		×	×
	为0～5岁儿童提供服务的公立儿童发展中心	×	×	×
	义务制幼儿园	×		×
	为国家工作人员0～5岁儿童提供基于中心的联邦早期教育与保育；为低社会经济地位家庭0～5岁儿童提供基于中心的保育；为双职工父母1～5岁儿童提供基于家庭的联邦保育	没有规定		
	为0～5岁儿童提供基于中心的联邦社会安全保育	×	×	
荷兰	所有早期教育与保育机构	×	×	×
新西兰*	所有早期教育与保育机构	×		×
挪威*	所有早期教育与保育机构	×	×	×
葡萄牙	儿童托管	×		
	托儿所；家庭看护	×		×
	幼儿园	×		×
斯洛伐克*	托儿所；母婴中心/儿童中心	a	a	a
	幼儿园	×	×	×
斯洛文尼亚*	学前儿童托管	×		
	幼儿园（针对1～5岁儿童的一体化早期教育与保育机构）	×	×	×
瑞典	幼儿园；学前班	×	×	×
	教育关怀（例如家庭日托）	×		
英格兰（英国）	所有早期教育与保育机构	×	各地采用的监测各不相同	
苏格兰（英国）	所有早期教育与保育机构	×	×	×

a=不适用

注：在捷克，托儿所和依《贸易法》建立的私立机构开展自我评估不是国家的法律规定，因此国家或中央层面对自我评估没有要求。

在芬兰，服务质量监测由各自治市单独开展。州层面对应该开展哪些监测实践没有统一的规定。表中列出的监测实践不能代表整个国家的情况，而且也不是国家层面决定或管理的。

在意大利，学校系统（包括学前学校）的监测在全国开展，但是地区学校办公室（Regional Scholastic Offices）的督导员可以决定具体的操作流程，因此没有国家级的服务质量监测系统。学前学校和综合服务机构的监测由地方管理并开展。表中列出了学前学校和综合服务机构常见的监测实践，尽管国家层面没有相应的规范或规定。家长调查很常见，尽管没有全国数据，但是可以代表全国的情况。

在日本，服务质量的监测由地方政府决定，因此没有全国的数据。然而，托儿中心的督导比较常见。

在卢森堡，家长调查不是强制规定的，机构或学校可自行开展。

在新西兰，个别服务机构使用家长调查得到对质量的反馈，但是各个机构的情况并不相同。

在挪威，不会每年开展针对所有幼儿园的全国性家长满意度调查。但是，一些全国性的调查会直接对取样父母进行调查，很多自治市和幼儿园会自行开展满意度调查。

在斯洛伐克，托儿所和母婴/儿童中心不是监测的对象。

在斯洛文尼亚，没有全国性的家长调查，一般由机构自行开展。

来源：经合组织早期教育与保育网络工作组关于"早期学习与发展质量监测在线调查"的数据，2013年11月。

StatLink 🔢📑 *http://dx.doi.org/10.1787/888933243065*

服务质量的外部监测

一般而言，督导和家长调查用于服务质量的外部评估（见表3.2）。

督　导

经合组织国家普遍采用督导来观察和评估早期教育与保育的表现。无论是在国家还是地区/市级层面，在监测服务质量时都运用督导。督导通常由国家督导机构或地区分支机构负责执行，尽管这些机构经常独立运作，但实际上是早期教育与保育管理部门的组成机构。例如卢森堡、比利时荷语文化区和法语文化区，督导员隶属于中央或地区服务质量监测的部门或机构。

哪些机构接受督导因国家的不同而不同，甚至因机构类型的不同而有所不同。绝大多数国家或地区督导早期教育与保育机构的质量水平，侧重保育和侧重教育的机构都包含在内。例如澳大利亚、比利时荷语文化区和法语文化区、智利、法国、哈萨克斯坦（指公立早期教育与保育机构）、卢森堡、荷兰和苏格兰的情况都是如此。一些国家或地区只督导特定的机构。在意大利，学前学校接受督导，其他机构的质量监测由地方自行决定。在墨西哥，只有为0~5岁儿童提供基于中心的联邦社会安全保育（IMSS）才接受督导。葡萄牙和斯洛伐克共和国只对学前教育机构进行督导。在德国，柏林是唯一一个建立了督导体系的州。督导在芬兰很常见，地方有责任对机构进行督导，而且各自治市或地方政府可以决定监测的方式。

家长调查

家长调查给了家长们一个发表关于机构服务水平想法和观点的机会，和一个引发他们关注质量的机会。另外，家长可能会被问到早期教育与保育员工/教师表现的内容（第四章会讨论）。家长调查作为外部监测工具的使用频率不是很高：15个国家或地区使用该方法，包括巴伐利亚（德国）、韩国、斯洛伐克和瑞典。各国（地区）开展的家长调查不是强制性的，也不是统一设计和规定的，一般由地方或机构自行设计和执行。早期教育与保育机构可以自行决定是否采用家长调查这种方法。

在一些国家或地区，家长调查是监测所有早期教育与保育机构的一个工具（芬兰、哈萨克斯坦、荷兰、挪威、苏格兰），但在智利、韩国、斯洛伐克、斯洛文尼亚和瑞典，家长调查只在幼儿园或学前班（入小学前的一年）使用（见表3.2）。家长调查有时也用于家庭式机构：墨西哥为0～3岁儿童提供基于家庭的联邦早期教育与保育（CONAFE）一般采用该方法，法国的日托服务机构也是如此。

法国的学前教育不开展收集家长观点的系统调查。但是，根据法律，法国的学校计划必须规定实施程序或将实施的程序，以确保家长的参与。这涉及员工/教师和家长之间的沟通，以及家长如何参与幼儿园的信息共享。例如家长成为幼儿委员会的代表。幼儿委员会每三年举行一次，被选中的家长代表可以在幼儿委员会发表有关服务质量的看法。妇幼保护机构（the child and maternal protection agency, PMI）开展的实地走访活动，特别关注员工/教师和家长的关系，以及机构与家长合作的相关规定。此外，法国家长如果对机构服务质量不满意，可以联系督导员，还有地方政府会定期接待家长代表，了解他们对早期教育与保育质量的看法。

服务质量的内部监测

早期教育与保育机构还可以开展内部评估。例如瑞典，每一个早期教育与保育机构会准备一份基于内部评估的年度评估报告。内部评估，或内部服务质量监测，也被称为自我评估。

自我评估

各个国家或地区使用自我评估从内部评估早期教育与保育机构的质量水平。自我评估由早期教育与保育管理者和/或实践人员来评价他们所工作机构的质量水平。他们也可以合作开展评估，提供管理者和员工/教师对机构质量的整体看法。自我评估为机构提供了一个找出自身优劣势并获取改进信息的机会。

绝大多数国家或地区（24个国家或地区中的19个）运用自我评估从内部监测服务质量。在一些国家或地区，比如法国，仅在保育机构使用自我评估。在其他国家或地区，例如智利、捷克、斯洛伐克和斯洛文尼亚等，在幼儿园广泛开展自我评估。在德国等地，所有早期教育与保育机构都运用自我评估，只有家庭日托机构不使用该方法。然而，在法国和葡萄牙等地，家庭保育也开展自我评估。英格兰和芬兰等指出，内部评估由地方甚至机构决定，因此没有相应的地区数据。

自我评估经常和督导一起用于服务质量的监测。在新西兰，自我评估是外部评估（国家督导）的一部分。教育审查办公室（The Education Review Office, ERO）负责新西兰的外部评估，它在2012年至2013年期间修改了中心制早期儿童服务的督导方式。修改了督导方式的外部评估的一个特点是，每一个早期教育服务机构需要在外部督导开始前完成自我报告（自我评估）。因此，每次督导的起点是自我报告提供的信息。自我评估的过程为每个机构的管理者和教师提供了一个机会，与督导组分享他们对与督导框架关键内容相关的评估过程和实践的了解。在斯洛文尼亚，家长调查和自我评估一起用于服务质量的内部监测，专栏3.2会详细介绍。

专栏3.2　自我评估的实践：来自斯洛文尼亚的案例

在斯洛文尼亚，自我评估是强制性的，但每个幼儿园（针对1～5岁儿童的一体化早期教育与保育机构）可以自行选择评估领域和评估方法。在教育部资助的"幼儿园早期教育质量评估与保障"研究项目中，自我评估是其中的研究内容，为此已开展了几项与其相关的调查。调查发现，幼儿园经常使用不同的调查、问卷和等级量表来评估服务质量。针对早期教育与保育员工/教师的调查包含了直接影响质量的领域，如员工/教师满意度，员工/教师之间的合作，与其他幼儿园和机构的合作。该员工/教师调查还包括课程设计、实施和一日生活活动（用餐、卫生、休息、来园和离园等）等。管理者的调查主要包括结构质量、员工/教师之间的合作、和其他机构的合作以及持续的专业发展等。外部监测通过家长调查完成，包括幼儿园和家长的合作，以及质量水平。一些幼儿园通过对儿童的访谈来获取他们对质量的看法。一般通过半结构化访谈，询问儿童有关机构、员工/教师、活动、社会关系等内容以及他们的看法。

幼儿园可以自行决定他们使用的方法，但是自评过程中采取哪些步骤有一些可供参考的指导方针。自我评估首先必须确定评估领域，然后是评估方法。所实施的评估方法提供了待处理、分析和解释的数据，应成为幼儿园质量保障计划的一部分。

来源：经合组织早期教育与保育网络工作组关于"早期学习与发展质量监测在线调查"的数据，2013年11月。

服务质量监测涵盖哪些领域？

需要监测的质量领域，即监测范围，根据各国（地区）开展的实践而有所不同。本小节会概括地介绍督导、家长调查和自我评估的监测范围。最经常监测的领域将通过不同的监测实践来讨论：首先是督导，其次是家长调查，最后是自我评估的监测领域。不同实践涵盖的监测范围的概况可以在表3.3、表3.4和表3.5中找到。

通过督导监测的领域

督导的重点是机构的结构和管理，但也可以更多地关注内容，比如监测课程的实施。下面介绍督导最常见的监测领域，之后是对结果的分析。

- 师生比：指一个早期教育与保育机构允许一名员工/教师所能照顾的最大儿童数。例如师生比是1∶10，即一个员工/教师在同一空间同时负责照顾10个孩子。一旦超过10个孩子，则要求再增加一位专业人员。师生比会影响一位专业人员和每一位儿童相处的时间和对儿童的关注，并会影响专业人员开展的活动类型。

- 室内/室外空间：指法律规定每位儿童享有的最小空间，或法律规定教室或机构的最小空间。与师生比一样，空间规定影响质量，因为空间影响教学活动的开展以及材料的使用。

- 健康和卫生：指与健康和卫生相关的质量标准。这些标准保证最低的健康和卫生水平，并保证儿童和员工/教师的健康和卫生安全。相关的管理规定指食物和药品的保存，以及任何人患病必须遵守的规则。

- 安全管理：指保证所有早期教育与保育机构安全的最低标准。具体指机构允许使用的物品和工具，以及空间规划和安全出口的数量等。

- 使用的学习和游戏材料：指提供的玩具和书，以及实践者如何使用这些材料激发和支持自己的工作和儿童的发展。

- 员工/教师资质：指员工/教师通过第一学历或专业发展获得的资质，有助于提高教学质量，而且与儿童最终能否取得更高的学习成果密切相关。

- 工作计划和人员安排：指早期教育与保育机构安排员工/教师和儿童时间的方式，这可能会影响员工/教师的表现。日程表可以支持员工/教师组织他们的活动并决定他们的教学方式。员工/教师怎么安排可利用时间，如室内小组活动或户外实地考察，也会影响他们的表现，并可能需要他们调整教学方式。另外，也会监测员工/教师和管理者是如何安排工作日程表的。

- 工作条件：包括工作量和工作时间，也包括老师的薪酬、假期和加班安排等福利。各个国家规定了最低的工作条件，每个早期教育与保育机构都应该遵守。

- 课程实施：指一个国家或机构通常有一个课程框架。可以是国家/中央层面的课程，允许机构和员工/教师根据自身的需求进行调整，也可以是机构层面的课程。督导也经常监测课程的实施是否符合其目标和预期成果。

- 人力资源管理：指一个机构内正式的人员管理系统。人力资源管理包括人员配置（如雇佣新员工/教师）、员工/教师薪酬和福利及员工/教师工作定义/设计，员工/教师培训和专业发展也包含在内。

●财务资源管理：指资金的高效管理和分配，以实现机构的目标。

从监测特定领域（见包括所有机构的表3.3和针对综合性机构和保育机构的图3.2）的国家或地区数量来看，服务管理是监测最频繁的领域。绝大多数国家或地区（24个国家或地区中的23个）指出，师生比、安全管理和员工/教师最低资质等管理方面在督导中会被监测，接下来是健康和/或卫生管理，以及空间使用的最低标准（前者是22个，后者是21个）。

除了上述领域，监测中还较为经常地检查教室、游戏室或整个机构所使用的材料：20个国家或地区提到了这个领域。19个监测工作计划和人员安排、课程实施，13个监测财务资源管理，12个监测人力资源管理，11个监测工作条件。其他管理机构或部门也会对早期教育与保育机构进行监测，如劳动督导部门或会计师，但不属于服务质量监测。

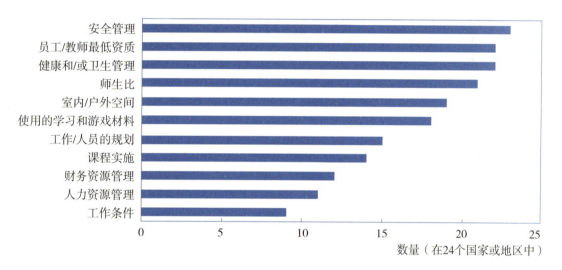

图3.2　儿童保育、幼儿园（或一体化管理体制下的综合机构）服务质量督导的领域

注：服务质量的监测领域按照开展该领域监测的各个国家或地区数量的降序排列。

来源：表3.3，经合组织早期教育与保育网络工作组关于"早期学习与发展质量监测在线调查"的数据，2013年11月。

StatLink　*http://dx.doi.org/10.1787/888933243184*

和保育或游戏中心（或更倾向保育服务的机构）的设施检查相比，一些国家或地区学前教育督导（学前班或幼儿园）的关注点往往更广泛。例如，值得注意的是捷克和苏格兰，托儿所督导的主要目的是落实规定，而幼儿园的检查重点则比托儿所更广泛。在其他国家或地区，托儿所和日托中心（如卢森堡）的督导范围基本是一致的。总体来说，同时关注保育和教育的机构（或综合机构）会强烈关注管理方面的监测（见图3.2和表3.3）。

在英格兰，教育标准办公室（Ofsted）规定了广泛的质量监测范围，包括监测师生比以保证人员安排满足所有儿童的需求和安全。教育标准办公室可以基于调查结果要求服务提供者遵守比最低标准更严格的师生比，以保证儿童的安全和健康幸福。教育标准办公室还监测儿童游戏和休息的可用空间来保证法规的执行，并监测员工/教师资质以保证他们在培训后达到一定的水平。员工/教师质量的监测是强制性的，因为研究表明，高质量的儿童学习体验离不开高质量的员工/教师。具备一定技能的称职员工/教师极大地增加了一个机构为儿童提供最佳发展支持的可能性（OECD，2012）。另外，督导关注安全和儿童的身心发展需求，目的是帮助服务提供者建设一个受人欢迎的、安全的、充满刺激的高质量机构，使儿童能够享受学习和自信成长。教育标准办公室还监测课程实施，保证儿童的学习和发展需求能及时、适当地得到满足。

通过家长问卷监测的领域

家长调查询问家长对机构质量的个人看法和意见。尽管评估家长对其孩子就读的早期教育与保育机构的意见很重要，但是有关服务满意度的问题不一定与质量有关。此外，家长不一定是好的质量评估者，主要是因为他们可能不知道早期教育与保育机构内部发生了什么，或者对高质量的构成要素不是很清楚。还有家长认为重要的质量要素，研究却发现不一定影响质量（Litjens，2013）。

表3.4概括介绍了各国（地区）家长调查包含的领域。许多国家不在国家层面开展家长调查，而是在机构层面开展。因此，家长调查的监测数据指最常见监测领域的数据。然而，不是所有使用家长问卷的地区都有全国信息。例如，在挪威，家长满意度的全国调查不会每年都在所有的幼儿园开展。一些调查会直接给样本父母发问卷，但是很多自治市和幼儿园会自行开展调查。挪威将在2016年开展一个父母满意度的全国调查，所有机构自愿参加。

在所有提供了家长调查监测信息的国家或地区中，12个使用家长调查评估服务质量的总体满意度。除了教室和建筑物的质量（15个中的11个），家长对保教质量、参与可能性和儿童发展的观点在问卷中也经常会被问到：10个在家长问卷中包括这方面的内容。三分之二的国家或地区（15个中的10个）包含了家长与员工/教师的联系、与员工/教师共享信息的方式以及机构开放或运行的时间。其他督导领域很少被各国（地区）提及。关于父母之间能否建立联系和交流，只有一半不到的国家（地区）会评估家长的看法（15个中的6个），家长关于儿童一日生活安排和活动计划的看法也是如此。家长也不会经常被问到机构使用的材料（15个中的6个），也不会被问到早期教育与保育课程与家庭学习的关系：只有四分之一的国家（地区）会对这块内容进行督导。

专栏3.3　市级服务质量监测：来自卑尔根（挪威）的案例

在挪威，市级监测的任务是检查早期教育与保育机构是否遵守法律和相关的管理条例。卑尔根市的监测实践表明了，市政当局是如何落实监测早期教育与保育服务的法律职责，并开展符合质量提升框架的监测实践的。在挪威市政当局保证机构高质量的工作中，监测发挥着重要作用。基于监测结果，市政当局要求服务机构进行必要的整治，以达到法规的标准和要求。如一个服务提供者不进行整治的话，市政当局可以永久或在规定时间内关闭它。

幼儿园质量监测可以采取不同的方式。卑尔根市采用四种主要的监测方式保证服务质量：（1）系统整治；（2）专项整治；（3）督导监测；（4）地区评估。系统整治基于内部调控和在线机构评估进行，而且会提前公布评估计划。专项整治指根据《幼儿园法》和《框架计划》涵盖的特定内容进行监测。卑尔根最新的幼儿园专项检查包括儿童和家长的参与。专项检查是一项典型的提前公布的监测活动。督导监测可能不提前通知，通常基于特定事件开展，或在出现违反法律规定或违规迹象时开展。地区评估指基于数据对某地区整个早期教育与保育部门进行评估，包括评估幼儿园经营法规要求的资金、成本、参与等数据。

给服务提供者的监测反馈可能是"不合格"，如果幼儿园实践直接违反了法律法规，或者可能是一个"警告"，这时对幼儿园实践较为主观的评估是"不足"。例如，《幼儿园法》对机构的运营和组织有一些明确的要求。《框架计划》是一个法律文件，对幼儿园的内容和教学实践提供指导。这是一个广泛描述幼儿园内容的纲领性文件，通常只给出建议和推荐，而不是规定。因此，根据《幼儿园法》《框架计划》等法律法规监测服务质量是有挑战性的。对违反指导文件的实践进行评估通常可以给出主观解释，但幼儿园糟糕的实践却很少被认为直接违反了法律。

为了更有效地运用监测改进幼儿园质量，卑尔根市制定了最佳实践标准。这些标准是由国家部分资助的"大城市联盟"项目确定的，通过实践描述区分了四种不同的质量水平。这些标准是根据幼儿园《框架计划》涵盖的主题制定的。卑尔根市在监测和督导幼儿园时采用这些标准。

监测是市政当局依法承担的任务。此外，市政当局作为幼儿园管理主体承担了更大的责任。卑尔根市分别成立了监测团队和质量提升团队。"共同为质量努力"团队是卑尔根市质量提升的专业指导团队。在2013年至2016年间，该团队重点关注幼儿园的工作：（1）语言作为核心能力；（2）数学能力；（3）教学—互动能力。该团队采取的措施包括提供指导文件、指导、培训和确定员工/教师的能力，以便确定他们的专业发展需求。

来源：挪威教育局准备的案例，由经合组织秘书处编辑。

家长调查还可以包括其他内容，例如员工/教师对事件的回应或对所提供食物的满意情况。例如墨西哥，为0~5岁儿童提供基于中心的联邦社会安全保育（IMSS）的机构每四个月开展一次满意度调查。每一个问题采用五点计分法，来评估以下各方面服务的质量水平，如建筑物的总体状况、提供给儿童的食物、提供的教育活动、儿童获得的知识、养成的卫生习惯，以及发生投诉或事故时员工/教师的回应。

通过自我评估监测的领域

经合组织国家常常通过自我评估来评估一个机构的服务质量水平。自我评估和家长调查一样，不是强制性的，而且国家或地方层面通常不规定评估的领域。因此，本小节和表3.5的数据指各个国家或地区自我评估中最常见的监测领域。在一些国家或地区，如比利时法语文化区，国家（地区）层面没有自我评估监测领域的相关信息。正如前文提到的，许多国家或地区同时开展自我评估和督导，而一些国家或地区在评估服务提供者时也会用到自我评估的结果。作为自我评估的一部分，最常见的评估领域列在表3.5中。

自我评估主要关注合作和沟通，并评估那些可以改进的领域。机构最常见的一个评估领域是员工/教师和家长的交流，从表3.5的概述中可以清楚地看出来：19个国家或地区中的16个强调了这个重点领域。员工/教师和管理者之间的合作（19个中的15个）也是一个常见的监测领域，员工/教师之间的合作也是如此（19个中的15个）。通过这两个评估领域，实践者和管理者有机会评估团队和合作是否符合他们的期望。机构内部的自我评估自然也会常常询问其所提供的或体验到的服务质量的水平。

此外，实践者和管理者还会评估材料的使用和课程的实施：约四分之三的国家或地区认为这些领域通常是自我评估的组成部分。机构和/或班级或游戏室的质量也经常被实践者和领导者视为自我评估的领域。早期教育与保育专业人员还有机会评估早期教育与保育机构的领导或管理，这比较常见，19个国家或地区中的14个开展相关的监测。其他领域的监测不太常见，如通过早期教育与保育实践者和管理者监测员工/教师质量，以及法规的执行情况，这通常在督导中进行监测。自我评估中最不常见的评估领域是员工/教师的工作条件。这似乎符合常理，因为工作条件通常通过督导来监测（见表3.5）。

表3.3　通过督导监测的服务质量的领域（按机构划分）

国家或地区	机构类型	师生比	室内/户外空间	健康和/或卫生管理	安全管理	使用的学习和游戏材料	员工/教师最低资质	工作/人员的规划	工作条件（如满意度、变动、工资、工作量）	课程实施	人力资源管理（人员供给等）	财务资源管理
澳大利亚	家庭日托和家庭看护；全天看护；临时看护；校外看护	×	×	×	×	×	×					
	幼儿园	×	×	×	×	×	×					
比利时荷语文化区	家庭日托	×	×	×	×	×	×	×				
	日托中心	×	×	×	×	×	×	×		×	×	×
	学前学校		×	×	×	×	×	×		×		×
比利时法语文化区	托儿所；儿童托管	×	×	×	×	×	×			×		
	幼儿园	×		×	×	×	×	×		×	×	×
智利	社区幼儿园		×	×	×	×	×					
	幼儿园			×	×							
	为3~5岁儿童提供的学前教育	×	×	×	×	×	×		×			×
	为4~5岁儿童提供的学前教育	×			×				×			×
捷克	日间托儿所										×	
	学校注册的公立幼儿园；学校注册的私立幼儿园	×	×	×	×	×	×	×	×	×	×	×
	根据《贸易法》建立的私立儿童保育机构	没有规定										
芬兰*	所有早期教育与保育机构	×		×	×		×					

续表

国家或地区	机构类型	师生比	室内/户外空间	健康和/或卫生管理	安全管理	使用的学习和游戏材料	员工/教师最低资质	工作/人员的规划	工作条件(如满意度、变动、工资、工作量)	课程实施	人力资源管理(人员供给等)	财务资源管理
法国	社区托儿所；家庭日托	×	×	×	×	×	×	×	×			×
	学前学校	×	×	×	×	×	×	×	×	×	×	
德国*	家庭日托	×	×	×	×	×	×	×	×	×	×	
	儿童日托中心	×	×	×	×	×	×	×	×	×	×	
爱尔兰	所有早期教育与保育机构	×	×	×	×	×	×	×			×	×
意大利	托儿所	×	×	×	×	×	×	×	×	×		
	学前学校	×	×	×	×	×	×	×	×	×	×	
日本*	m	m	m	m	m	m	m	m	m	m	m	m
哈萨克斯坦	所有早期教育与保育机构	×	×	×	×	×	×	×	×	×	×	
韩国*	所有早期教育与保育机构	×	×	×	×	×	×	×	×	×	×	×
卢森堡	家庭日托	×	×	×	×	×	×	×	×	×	×	×
	日托中心	×	×	×	×	×	×	×	×	×	×	
	儿童早期教育项目；义务制学前教育	×	×	×	×	×	×	×	×	×	×	
墨西哥	为0~5岁儿童提供服务的公立儿童发展中心；义务制幼儿园	×	×	×	×	×	×	×		×	×	
	为0~5岁儿童提供基于中心的联邦社会安全保育		×	×	×	×	×	×	×	×		
荷兰	所有早期教育与保育机构	×	×	×	×	×	×	×	×	×	×	

续表

国家或地区	机构类型	师生比	室内/户外空间	健康和/或卫生管理	安全管理	使用的学习和游戏材料	员工/教师最低资质	工作人员的规划	工作条件（如满意度、变动、工资、工作量）	课程实施	人力资源管理（人员供给等）	财务资源管理
新西兰*	所有早期教育与保育机构	×		×	×	×	×	×		×	×	×
挪威	所有早期教育与保育机构	×	×	×	×	×	×	×	×	×	×	×
葡萄牙*	托儿所；家庭看护	×	×	×	×	×	×	×				
	幼儿园	×	×	×	×	×	×	×		×		
斯洛伐克	托儿所；母婴/儿童中心	a	a	a	a		×	a	a	a	a	a
	幼儿园	×	×	×	×	×	×	×	×	×		
斯洛文尼亚	学前儿童托管	×	×	×	×	×	×	×	×	×	×	×
	幼儿园（针对1～5岁儿童的一体早期教育与保育机构）	×	×	×	×	×	×	×		×		
瑞典	幼儿园	×	×	×		×	×	×	×	×	×	×
	学前班	×	×	×		×	×	×		×		×
	教育关怀（如家庭日托）	×		×	×	×	×		×			×
英格兰（英国）	所有早期教育与保育机构	×	×	×	×	×	×	×	×	×	×	×
苏格兰（英国）	与当地政府合办的私立托儿所；地方公立托儿所	×	×	×	×	×	×	×	×	×	×	×
	家庭托管	×	×	×	×	×	×			×		×

a＝不适用　m＝缺失

注：在捷克，捷克学校督导评估标准规定了监测领域。各市/地区政府机构在接到投诉后会开展检查，或者是对私立机构进行督导。因此，表中

在芬兰，质量监测不在国家层面而是在地区层面开展。

列出了督导中最常见的监测领域。尽管各市或地区的督导重点可能存在差异。表中的数据不能代表全国的情况。

在德国，表中数据指标常见用于结构性指标，如KES-R等级评估量表监测的质量领域（尽管不同机构采用不同的工具）。KES-R包含了7个子量表（43个项目），主要关注质量的过程性和结构指标：空间和材料资源、个人保育流程、认知和语言刺激、活动、师生和生生互动、教学实践的规划和组织、员工/教师的工作状况和与家长合作的情况。

在日本，督导的工作状况和与家长的合作。表中的数据反映每个机构每次督导平的数据。

在韩国，保育中心的紧急设施设备、劳动合同、国家层面没有相关数据。因此，国家层面由地方政府决定。和教师薪酬作为质量结构的要素也会被监测。

在新西兰，教育审查办公室（ERO）制定了督导评估指标。在幼儿园、健康教育、管理、儿童/教师/设施的保险单和教师薪酬作为质量结构的要素也会被监测。

标。教育督导办公室还着手开发以家庭需求为基础的早期服务机构的督导评估指标。教育督导还会制定了"语言桌"的评估指标。

在葡萄牙，督导还会监测特殊需求的教育，评估流程和其他待评估的方面。

来源：经合组织早期教育与保育网络工作组关于"早期学习与发展质量监测在线调查"的数据，2013年11月。

StatLink 📊 http://dx.doi.org/10.1787/888933243071

表3.4 通过家长问卷监测的服务质量的领域（按机构划分）

国家或地区	机构类型	服务质量、员工/教师质量和管理的总体满意度	游戏室/班级/建筑的质量	员工/教师指导/教学/保育质量	员工/教师或管理者获取或掌握信息	早期教育与保育课程与家庭学习环境的相关性	材料、玩具、数据等的使用	家长参与的可能性	家长建立交流和联系的可能性	日常安排/规划/校外参观学习	开放时间，运行时间	儿童获得的经验和取得的学习成果
澳大利亚	所有早期教育与保育机构	a	a	a	a	a	a	a	a	a	a	a
比利时荷兰语文化区	所有早期教育与保育机构	a	a	a	a	a	a	a	a	a	a	a
比利时法语文化区	所有早期教育与保育机构	a	a	a	a	a	a	a	a	a	a	a
智利	社区幼儿园：为3~5岁儿童提供的学前教育；为4~5岁儿童提供的学前教育	m	m	m	m	m	m	m	m	m	m	m
	幼儿园	×	×	m	m	m	m	m	m	m	m	m

续表

国家或地区	机构类型	服务质量、员工/教师和管理质量的总体满意度	游戏室/班级/建筑的质量	员工/教师指导/教学/保育质量	员工/教师或管理者获取或分享信息	早期教育与保育课程与家庭学习环境的相关性	材料、玩具、数据等的使用	家长参与的可能性	家长建立交流和联系的可能性	日常安排/规划/校外参观学习	开放时间、运行时间	儿童获得的经验和取得的学习成果
捷克		m	m	m	m	m	m	m	m	m	m	m
芬兰*	所有早期教育与保育机构	×	×	×	×	×	×	×	×	×	×	×
法国	社区托儿所；家庭日托 / 学前学校	a	×	a	a	a	a	a	a	a	a	a
德国*		m	m	m	m	m	m	m	m	m	a	m
爱尔兰	所有早期教育与保育机构	a	a	a	a	a	a	a	a	a	a	a
意大利	托儿所和学前学校	×	×	×	×	×	×	×	×	×	×	×
日本	所有早期教育与保育机构	a	×	a	a	a	a	a	a	×	×	a
哈萨克斯坦	所有早期教育与保育机构	×	×	×	×	×	×	×	×	×	×	×
韩国	幼儿园	×	×	×	×	×	×	×	×	×	×	×
卢森堡		a	a	a	a	a	a	a	a	a	a	a
墨西哥*	为0~5岁儿童提供服务的公立儿童发展中心 / 为0~3岁儿童提供基于家庭的联邦早期教育 / 为0~5岁儿童提供中心的联邦社会安全保育	×	×	×	×	×	×	×	×			×
荷兰		m	m	m	m	m	m	m	m	m	m	m
新西兰		a	a	a	a	a	a	a	a	a	a	a
挪威*	所有早期教育与保育机构	×	×	×	×	×	×	×	×	×	×	×

续表

国家或地区	机构类型	服务质量，员工/教师质量和管理的总体满意度	游戏室/班级/建筑的质量	员工/教师指导/教学/保育质量	员工/教师或管理者获取或分享信息	早期教育与保育课程与家庭学习环境的相关性	材料、玩具、数据等的使用	家长参与的可能性	家长建立交流和联系的可能性	日常安排/规划/校外参观学习	开放时间、运行时间	儿童获得的经验和获得的学习成果
葡萄牙	所有早期教育与保育机构	a	a	a	a	a	a	a	a	a	a	a
斯洛伐克	托儿所；母婴/儿童中心	a	a	a	a	a	a	a	a	a	a	a
	幼儿园	×	×	×	×	×	×	×	×	×	×	×
斯洛文尼亚*	学前儿童托管	a	a	a	a	a	a	a	a	a	a	a
	幼儿园（针对1~5岁儿童的一体化早期教育与保育机构）	×	×	×	×	×	×	×	×	×	×	×
瑞典	幼儿园；学前班	×	×	×	×	×	×	×	×	×	×	×
	教育关怀（如家庭保育）	a	a	a	a	a	a	a	a	a	a	a
英格兰（英国）	所有早期教育与保育机构	a	a	a	a	a	a	a	a	a	a	a
苏格兰（英国）	和当地政府合作的私立托儿所；地方公立托儿所	×	×	×	×	×	×	×	×	×	×	×
	家庭托管	m	m	m	m	m	m	m	m	m	m	m

a=不适用　m=缺失

注：在芬兰，家长调查在市级层面而不在国家层面进行，而且不具有法律约束力。表中列出了家长调查的常见内容，但是不能代表整个国家或每次父母调查的情况。各市和机构开展监测的领域各不相同。

在德国，家长调查在国家层面开展，各市的监测的领域不相同。国家的监测领域各不相同，各机构的监测领域相关的数据。

在意大利，国家层面没有相关数据，早期教育与保育机构基于自身的考虑开展家长满意度调查。表中列出的是最常见领域。各州的学校倾向于每年结合自我评估活动开展家长调查，有些可以在网上填写。

在墨西哥，对于为0~5岁儿童提供服务的公立儿童发展中心（CENDI）来说，家长问卷的回答只涉及3岁以下儿童的早期教育。对于为0~3岁儿童提供基于家庭的联邦早期教育（CONAFE）的机构来说，调查还包括另在住在儿童教养中的参与度，这与墨西哥的习俗相关。在为0~5岁儿童提供基于中心的联邦社会安全保育（IMSS）的机构来说，消费者满意度调查的机构来说，每个问题采用五点计分法评估服务质量，建筑物的总体状况，提供的食物，提供的教育活动，所需的知识，建立的健康习惯，疫苗接种，事故发生时员工/教师的反应等。此外，每年还要开展一次由外部机构负责的调查。

在挪威，全国满意度调查不会每年都在所有幼儿园开展。一些国家调查会直接发给样本中的父母，很多市政当局和幼儿园会自行开展调查。表中列出了这些调查中典型的监测领域。

在斯洛文尼亚，国家层面不会开展家长满意度调查。表中列出了部分家长满意度调查中典型的监测领域。家长满意度调查是机构自我评估的一个工具。另外，经合组织早期教育与保育网络工作组关于"早期学习与发展质量监测在线调查"的数据。

表来源：经合组织早期教育与保育委员会可以向幼儿园提供意见和建议。

表来源：经合组织早期教育与保育网络工作组关于"早期学习与发展质量监测在线调查"的数据，2013年11月。

StatLink ⇩ http://dx.doi.org/10.1787/888933243086

表3.5 通过自我评估监测的服务质量的领域（按机构划分）

国家或地区	机构类型	服务质量、员工/教师质量和管理的总体满意度	游戏室/班级/建筑的质量	员工/教师指导/教学/保育的质量	员工/教师或管理者获取或分享的信息	早期教育与保育课程与家庭学习环境的相关性	材料、玩具、数据等的使用	家长参与的可能性	家长交流和建立联系的可能性	日常安排/规划/校外参观学习	开放时间、运行时间	儿童获得的经验和取得的学习成果
澳大利亚	所有早期教育与保育机构	a	a	a	a	a	a	a	a	a	a	a
比利时荷语文化区	家庭日托	a	a	a	a	a	a	a	a	a	a	a
	日托中心	×	×	×	×	×	×	×	×	×	×	×
	学前学校	×	×	×	×	×	×	×	×	×	×	×
比利时法语文化区	m	m	m	m	m	m	m	m	m	m	m	m
智利	社区幼儿园	a	a	a	a	a	a	a	a	a	a	a
	幼儿园	×	×	×	×	×	×	×	×	×	×	×
	为3~5岁儿童提供的学前教育；为4~5岁儿童提供的学前教育	×	×	×	×	×	×	×	×	×	×	×

续表

国家或地区	机构类型	服务质量、员工/教师质量和管理的总体满意度	游戏室/班级/建筑的质量	员工/教师指导/教学/保育的质量	员工/教师或管理者获取或分享信息	早期教育与保育课程与家庭学习环境的相关性	材料、玩具、数据等的使用	家长参与的可能性	家长交流和建立联系的可能性	日常安排/规划/校外参观学习	开放时间、运行时间	儿童获得的经验和取得的学习成果
捷克	日间托儿所：依据《贸易法》建立的私立儿童保育机构	a	a	a	a	a	a	a	a	a	a	a
	学校注册的公立幼儿园；学校注册的私立幼儿园	×	×	×	×	×	×	×	×	×	×	×
芬兰	所有早期教育与保育机构	a	a	a	a	a	a	a	a	a	a	a
法国	社区托儿所	×	×	×	×	×	×	×	×	×	×	×
德国*	家庭日托	a	a	a	a	a	a	a	a	a	a	a
	儿童日托中心	×	×	×	×	×	×	×	×	×	×	×
爱尔兰	a	a	a	a	a	a	a	a	a	a	a	a
意大利*	托儿所	×	×	×		×	×	×	×	×	×	×
	学前学校	×	×	×		×	×	×	×		×	×
日本	a	a	a	a	a	a	a	a	a	a	a	a
哈萨克斯坦	所有早期教育与保育机构	×	×	×	×	×	×	×	×	×	×	×
韩国	所有早期教育与保育机构	×	×	×	×	×	×	×	×	×	×	×
卢森堡	家庭日托	m	m	m	m	m	m	m	m	m	m	m
	日托中心	×	×	×	×	×	×	×	×	×	×	×
	儿童早期教育项目；义务制学前教育	×	×	×	×	×	×	×	×		×	×

续表

国家或地区	机构类型	服务质量，员工/教师和管理的质量的总体满意度	游戏室/班级/建筑的质量	员工/教师指导/教学/保育的质量	员工/教师或管理者获取或分享信息	早期教育与保育课程与家庭学习环境的相关性	材料、玩具、数据等的使用	家长参与的可能性	家长交流和建立联系的可能性	日常安排/规划/校外参观学习	开放时间、运行时间	儿童获得的经验和取得的学习成果
墨西哥	为0~3岁儿童提供基于家庭的联邦早期教育	×		×	×	×	×	×	×	×		×
	为0~5岁儿童提供服务的公立儿童发展中心	m	m	m	m	m	m	m	m	m	m	m
	义务制幼儿园	m	m	m	m	m	m	m	m	m	m	m
荷兰	所有早期教育与保育机构	m		m	m	m	m	m	m	m	m	m
新西兰	所有早期教育与保育机构	×	×	×	×	×	×	×	×	×	×	×
挪威*	幼儿园；家庭幼儿园	×	×	×	×	×	×	×	×	×	×	m
	开放式幼儿园	m	m	m	m	m	m	m	m	m	m	m
葡萄牙*	托儿所；家庭看护	m	m	m	m	m	m	m	m	m	m	m
	幼儿园	×	×	×	×	×	×	×	×	×	×	×
斯洛伐克	托儿所；母婴儿童中心	a	a	a	a	a	a	a	a	a	a	a
	幼儿园	×	×	×	×	×	×	×	×	×	×	×
斯洛文尼亚	学前儿童托管	a	a	a	a	a	a	a	a	a	a	a
	幼儿园（针对1~5岁儿童的一体化早期教育与保育机构）	×	×	×	×	×	×	×	×	×	×	×
瑞典*	幼儿园；学前班	m	m	m	m	m	m	m	m	m	m	m

续表

国家或地区	机构类型	服务质量，员工/教师质量和管理的总体满意度	游戏室/班级/建筑的质量	员工/教师指导/教学/保育的质量	员工/教师或管理者获取或分享信息	早期教育与保育课程与家庭学习环境的相关性	材料、玩具、数据等的使用	家长参与的可能性	家长交流和建立联系的可能性	日常安排/规则/校外参观学习	开放时间、运行时间	儿童获得的经验和取得的学习成果
英格兰（英国）	所有早期教育与保育机构	a	a	a	a	a	a	a	a	a	a	a
苏格兰（英国）*	和当地政府合作的私立托儿所；地方公立托儿所	×	×	×	×	×	×	×	×	×	×	
	家庭托管	m	m	m	m	m	m	m	m	m	m	m

a=不适用　m=缺失

注：在比利时荷语文化区，在为3～5岁儿童提供服务的早期教育与保育领域，督导组要求机构设置和学校一样的内部质量管理系统。每个机构自主选择自己的内部系统。

在智利，全国幼儿园委员会（JUNJI）资助的社区公立幼儿园和私立幼儿园都使用"自我评估指南"。"自我评估指南"由全国幼儿园委员会设计，包括6个监测领域：领导力、教育过程的管理、家庭和社区的参与和责任、照料和保护、人力资源管理、财务资源管理。为3～5岁和4～5岁儿童提供服务的早期教育机构，在接受质量评估前必须准备好自我评估报告。

在德国，服务质量评估机构通常自由选择评估领域。表中列出的是最常见的自我评估领域。

在意大利，国家层面没有相关的信息。表中的信息指国家代表提到的常见领域。服务质量的自我评估有时包括家长对所提供服务的满意度。

在挪威，根据《框架计划》，幼儿园的工作需要进行评估，即对《幼儿园法》和《框架计划》和其他地方指导文件和计划中提出的标准进行描述、分析和解释。个别幼儿园可以根据当地的情况和需要自由选择评估领域。

在葡萄牙，托儿所和家庭日托中心对有自己的框架，国家层面自我评估监测包括市政当局委托开展的外部监测。在这份报告中，市政当局要求报告幼儿园各面的质量。

在瑞典，国家层面没有这方面的信息。瑞典家庭日托没有框架，国家层面自我评估监测包括市政当局的自我评估。

在苏格兰，如监测结果与幼儿园的工作、规范和价值。

在英格兰，目前没有家庭托管的评估信息。

来源：经合组织早期教育与保育网络工作组关于"早期学习与发展质量监测在线调查"的数据，2013年11月。

StatLink ᵃⁱˢᵖ http://dx.doi.org/10.1787/88893243094

专栏3.4　评估与家长的合作和社会环境：来自莱茵兰-普法尔茨州的案例（德国）

　　Kita!Plus是莱茵兰-普法尔茨州的一个项目，该项目包括7个与家长、家庭和社会环境主题相关的活动领域，其中一个活动领域关注的就是质量。针对与质量相关的活动，莱茵兰-普法尔茨州的家庭、儿童、青年和妇女综合部与科布伦茨大学合作，共同发起了一个"质量发展"项目。该项目的内部监测工具重点关注两个方面：一是早期教育与保育机构与家长和家庭的合作，另一个是社会环境。目标是开发一个标准化的、统一的、适用的工具，确保监测莱茵兰-普法尔茨州所有早期保育机构的质量，并提高早期保育机构的质量。

　　"质量发展"项目包括五个步骤，内部监测工具的开发应该在2015年年底完成。第一步是分析目前莱茵兰-普法尔茨州不同机构使用的质量评估工具，分析其中与家长、家庭合作以及社会环境相关的指导方针。另外，采用质性内容分析法对不同机构进行分析。第二步是基于质性分析开发一个新的两阶段的早期保育机构的自评工具。该工具应该可以用于：第一阶段检查当前的质量状况，并确定与家长、家庭合作和社会环境相关的质量发展需求；第二阶段提出可实施的建议，帮助早期保育机构提高待改进领域的质量。在开发过程的工具访谈阶段，小组讨论和座谈会结果被视为考虑了实践经验。第三步是在早期保育机构进行试测。第四步是询问使用工具的员工/教师的反馈，并在此基础上进行修订。最后一步是大量地培训员工/教师，以便在早期保育机构推广和实施该工具。总之，该工具应有助于发现早期保育机构质量的实际状况，并成为质量提升的一个资源库。

　　来源：德国青年研究所准备的案例，由经合组织秘书处编辑。

服务质量监测使用哪些方法和工具？

　　父母调查既是调查方法又是调查工具，但是督导和自我评估则运用特定的工具来开展调查。与自我评估不同，督导可以运用各种不同的工具，包括等级量表、核查表和访谈等。在督导或其他监测实践中，评估者使用什么工具没有统一的规定，而是由监测机构（例如法国和挪威的地区或市）或早期教育与保育机构（自我评估的情况）自己选择确定。本小节和各表中的数据通常指最常用的工具，一个国家或地区的不同地区或机构所使用的工具各不相同。服务质量监测工具一览表可以在本章附录的表A3.1中找到。

督　导

　　观察、访谈和机构内部文件分析是督导最常用的方法。24个国家或地区中的21个在督导时常常使用这些方法/工具（见表3.6）。在16个国家或地区，自我评估通常在督导前进行，其结果也被督导认可。此外，核查表，即与质量相关的类别或标准清单也是受欢迎的。由评估者（24个中的15个）、管理者与员工/教师（24中的13个）或家长（24中的11个）开展的调查相对来说比较少。等级评估量表指对机构分级分类的定量或定性指标的集合，这种工具很少使用：11个国家或地区表示它们在督导中常常使用这个工具。

　　当使用等级评估量表时，国家（地区）可以修改现有的等级评估工具（见表3.5）以适应并满足本地服务质量监测的需要。例如，意大利的帕维亚大学（Pavia University）的研究者们将著名的婴幼儿托育环境评估量表（Infant Toddler Environment Rating Scale，ITERS）改编为意大利版婴幼儿托育环境评估量表（Scala per la Valutazione dell'Asilo Nido，SVANI），用于监测意大利早期教育与保育机构的质量。意大利版婴幼儿托育环境评估量表将原有量表的35个评估项目扩展为37个，新增的2个项目用于评估机构儿童入学适应的组织情况，这是意大利早期教育与保育服务中的常见活动，目的是帮助儿童顺利度过从家庭到日托中心的转变期。同时，意大利版量表的得分表也有修改，每部分配备了相应的使用指南。改编后的意大利版量表对25个托儿所的68个班级（其中20个是婴儿班，48个是学步儿班）组成的实验组进行了第一次测试。这些样本来自5个地区，代表了意大利早期教育与保育服务的多样性。在婴幼儿托育环境评估量表改编并测试后，这个量表被广泛地运用到意大利0～3岁早期教育与保育机构的评估，目的是改进这些机构的服务质量，并通过培训提高在职教师创设儿童学习环境的能力。另外一个著名的评估工具儿童早期教育环境评估量表（Early Childhood Environment Rating Scale，ECERS）也经历了类似的改编过程（意大利版幼儿学习环境评估量表，Scala per l'osservazione e la valutazione della scuola d'infanzia，SOVASI），该评估量表主要用于学前学校的评估。两个改编的评估工具与意大利分年龄段的早期教育与保育体系是一致的。

　　与意大利不同，智利研发了本国的等级评估量表，该工具一直用到2013年。智利负责评估所有公立和私立幼儿园服务质量的机构是全国幼儿园委员会（JUNJI），2013年之前采用的评估方法是督导，幼儿园的排名会公布在网络上，目的是为家长提供透明的早期教育与保育机构质量水平的排名信息，同时鼓励机构提高自身的质量水平。督导使用一个名叫《审查指南》（*Pauta Digital de Fiscalición*）的等级评估量表，该工具由全国幼儿园委员会研制，包括四个等级的水平表现或评估。当早期教育与保育机构的运行符合标准并表现优异时，该机构会被评为最高水平。最高水平的下一个等级是中等水平，中等水平指早期教育与保育机构的运行符合最低标准。当早期教育与保育机构的运行不符合最低标准时，该机构的等级会降一级。当早期教育与保育机构不符合安全标准并对幼儿构成高风险时，该机构会排在等级排名的末位。每次督导后，机构的等级排名会自然地发生变化。

表3.6 服务质量监测使用的督导工具/方法

国家或地区	机构类型	调查（督导员负责）	等级评估量表	核查表	观察（不是等级量表或核查表）	访谈	自评结果	由管理者与员工/教师完成的调查结果	由家长完成的调查结果	机构内部文件分析
澳大利亚	所有早期教育与保育机构		×		×	×	×			×
比利时荷语文化区	家庭日托；日托中心		×	×	×	×	×			×
	学前教育	×	×		×	×				×
比利时法语文化区	托儿所				×	×	×			×
	幼儿园	×	×		×	×	×	×		×
智利	社区幼儿园			×	×					
	幼儿园			×	×				×	×
	为3～5岁儿童提供的学前教育；为4～5岁儿童提供的学前教育			×	×	×	×			×
捷克	日间托儿所				×					
	学校注册的公立幼儿园；学校注册的私立幼儿园	×	×	×	×	×	×	×		×
	依《贸易法》建立的私立儿童保育机构	a	a	a	a	a	a	a	a	a
芬兰*	所有早期教育与保育机构	×	×	×	×	×	×	×	×	×
法国	社区托儿所，家庭日托			×	×	×		×		×
	学前学校				×	×		×		×
德国	家庭日托	m	m	m	m	m	m	m	m	m
	儿童日托中心	×	×	×	×	×	×	×	×	×
爱尔兰	全天看护服务			×	×	×				
意大利*	托儿所								×	×
	学前学校				×	×		×	×	×
日本*	m	m	m	m	m	m	m	m	m	m
哈萨克斯坦	幼儿园	×	×	×	×	×	×	×	×	×
	迷你中心（全天和部分）	m	m	m	m	m	m	m	m	m

续表

国家或地区	机构类型	调查（督导员负责）	等级评估量表	核查表	观察（不是等级量表或核查表）	访谈	自评结果	由管理者与员工/教师完成的调查结果	由家长完成的调查结果	机构内部文件分析
韩国*	儿童保育中心	×	×	×	×	×	×	×		×
	幼儿园	×	×	×	×	×	×	×	×	×
卢森堡*	家庭日托；日托中心			×	×	×				×
	儿童早期教育项目；义务制学前教育				×	×	×			×
墨西哥	为0~5岁儿童提供服务的公立儿童发展中心；强制性幼儿园			×	×		×			
	为0~5岁儿童提供基于中心的联邦社会安全保育	×		×	×					
荷兰*	儿童托管	m	m	m	m	m	m	m	m	m
	游戏小组；儿童看护	×	×	×	×	×				
	为弱势家庭儿童服务的儿童看护/游戏小组/幼儿园	×	×	×	×	×				
新西兰	所有早期教育与保育机构				×	×	×			×
挪威*	所有早期教育与保育机构	×		×		×			×	
葡萄牙	托儿所；儿童托管；家庭看护	m	m	m	m	m	m	m	m	m
	幼儿园	×			×	×		×		×
斯洛伐克	托儿所；母婴中心/儿童中心	a	a	a	a	a	a	a	a	a
	幼儿园	×	×	×	×	×	×	×	×	×
斯洛文尼亚	学前儿童托管	×		×		×				×
	幼儿园（针对1~5岁儿童的一体化早期教育与保育机构）	×		×			×		×	×
瑞典	所有早期教育与保育机构				×	×	×	×	×	×

续表

国家或地区	机构类型	调查（督导员负责）	等级评估量表	核查表	观察（不是等级量表或核查表）	访谈	自评结果	由管理者与员工/教师完成的调查结果	由家长完成的调查结果	机构内部文件分析
英格兰（英国）	所有早期教育与保育机构	×			×					
苏格兰（英国）	与地方政府合办的私立托儿所	×	×		×	×	×	×	×	×
	地方公立托儿所	×	×		×	×	×			
	家庭托管	×	×		×	×	×		×	

a=不适用　m=缺失

注：芬兰没有统一的监测系统，各市自行选择督导工具和方法。表中列出的工具在芬兰都可以用，但是各市使用的工具不尽相同。

意大利没有早期教育机构督导的总体框架；督导或监测可以综合使用各种工具。目前没有全国统一的监测。托儿所的监测，由地区或市政当局成立的监测机构在当地进行。幼儿园的督导由教育部临时组建的督导团负责，每个督导员可以自行选择工具和确定流程。家长调查通常由中心或幼儿园自行开展，但其结果在督导中不一定用得到。

在日本，督导工具由地方政府决定，国家层面没有督导工具使用情况的数据。

在韩国，幼儿园和儿童保育中心督导的工具几乎是一样的，但是同行互评和家长调查只在幼儿园使用，因为幼儿园需要通过教师专业发展评价来监测教师质量。教师评价通过同行互评和家长调查完成。

在卢森堡，督导员在质量监测中发挥的作用，就其意义而言，就是与学校共同商定"学校发展计划"。他们帮助学校开展自我评估（国家标准化测试的结果，学校人口的社会经济背景，学生的语言状况等），让学校在制订发展计划的时候考虑到上述情况。对非正规教育机构的督导还在建设之中。

在荷兰，儿童托管的督导主要基于政令而开展。督导员每年抽样督导，主要检查设施和环境。

在挪威，各市根据《幼儿园法》第16节的要求对幼儿园进行督导。工具的使用没有明确规定，所以工具可以根据实际情况决定。表中列举了在挪威比较常用的督导方法和工具，通常包括：分析机构的内部文件，由督导员根据核查表进行访谈和调查。父母调查的结果或其他信息，在很大程度上，也会纳入督导，可以是背景信息，也可以是现场督导的一部分。

来源：经合组织早期教育与保育网络工作组关于"早期学习与发展质量监测在线调查"的数据，2013年11月。

StatLink 副詞 http://dx.doi.org/10.1787/888933243108

智利的学前教育系统也有一个类似的等级评估量表。招收3~5岁儿童的幼儿园由国家质量机构负责督导，使用一个包含了12个不同质量指标（反映质量的显性标准）的等级评估量表。早期教育与保育机构按照评估的最终结果从高到低排为：优异、符合标准、中等偏下、不合格。使用等级评估量表的其他案例可以在表3.5中找到。

在督导过程中，综合使用不同的评估方法监测机构服务质量的做法是很普遍的，所以质量评估会用到不同的工具（见表3.6）。例如，在西班牙荷语文化区和葡萄牙的幼儿园，督导组运用三位一体的评估方法，包括档案法、访谈法和观察法。再如在芬兰、挪威和日本，评估人员可以自由选择评估方法，因而地区间的差异非常明显。在挪威，机构督导主要检查内部文件，访谈、核查表和调查有时也可能会用到。另外，很多督导员会考虑家长满意度的调查结果。在卢森堡，督导员和学校一起讨论"学校发展计划"，帮助学校基于以下情况对自身现状进行评价：国家标准化测试结果（如果有的话），儿童的社会经济状况，以及儿童的语言发展状况。

父母调查

父母调查既是一个监测活动，也是一个监测方法。父母调查通过问卷，列出一系列家长可以填写的开放或封闭问题，如机构的整体服务水平和家长对机构服务的满意度，也可以包括员工/教师实践或儿童是否喜欢机构等具体问题。调查或问卷还可以包括等级评估量表，让家长对早期教育与保育机构的特定方面进行等级评估，如"向家长提供信息"或"空间大小"。经合组织国家父母调查的监测内容在前面已介绍过了。

在英格兰2011年的一个调查中，父母被问到他们是否认为早期教育与保育机构能够促进孩子的发展。绝大多数父母认为，正式的保教机构能够帮助他们的孩子在"早期基础阶段教育方案"[1]的每个学习与发展领域获得发展。78%至93%的家长认为，机构能够增强他们孩子的社会情感能力、交流能力、语言与读写能力、问题解决能力、推理和数学能力、对世界的认知和理解能力、身体发育和创造力发展。

自我评估

表3.7呈现了各国（地区）在机构服务质量自我评估中使用的方法。服务质量和员工/教师质量的评估方法（这部分内容将在第四章详细介绍）有重叠，这并不奇怪，因为各国（地区）都会监测服务质量和员工/教师质量，而且两者的监测领域是一致的或整合在一起。各个国家或地区指出，不同服务机构的自评工具差异很大，因为机构通常自由选择他们使用的工具，芬兰、新西兰和挪威的情况就是这样。此外，尽管许多国家或地区（例如斯洛文尼亚）经常开展自评，但是自我评估通常不是强制性的。因此，本小节和表3.7中的数据统计的是最常用

---

① 早期基础阶段教育方案（Early Years Foundation Stage，EYFS）出自英国政府的《儿童保育法案》（Childcare Act 2006），于2007年由英国教育与技能部完成，并于2008年9月开始在英格兰实施，实施对象包括公/私立预备班与托儿所、日间托儿所、儿童托管，游戏小组，课后班与早餐俱乐部，假日游戏方案，以及儿童中心，但并不包含母亲与学步儿小组、孩子照看者以及短期或临时性照顾，例如育儿所。EYFS统整原有的3～5岁《基础阶段课程指南》《重要的0～3岁》（Birth to three matters, 2002），以及《8岁以下儿童托育标准》（National Standards for under 8s daycare and child minding, 2003），配合《确保开端》力图在英国建立一个从出生开始的统一、连续而灵活的早期教育系统，以支持出生至5岁所有学龄前婴幼儿的照顾、发展与学习。

的自评工具。某些国家或地区对自我评估的方法和工具没有规定，所以没有提供最常用评估工具的信息。

专栏 3.5　等级评估量表在美国质量评估中的应用

美国没有一个全国的早期教育与保育机构的监测系统。服务0～5岁儿童的项目由联邦政府、州和地方的多个机构负责监督。项目的质量涉及广泛，导致各州采取跨部门的系统方法来改进项目，所使用的方法逐渐演变为学前教育质量评级与改进系统（QRISs）。学前教育质量评级与改进系统是一个多元评估，目的是保证项目质量的信息透明易懂。参与评估的各州需要接受多方面的评估，包括项目标准、质量提升的支持力度、财政奖励和补贴、质量保证与监测、推广及相应的宣传。项目接受等级评估（通常是五星制或四等级制）是因为等级评估将帮助家长、投资者和其他利益相关者更明智地选择和支持机构，并将激励机构提升质量。学前教育质量评级与改进系统还包括支持项目一步步达到更高的标准。

最初，在20世纪90年代，学前教育质量评级与提升系统得到了美国健康和人力服务部（Department of Health and Human Services, HHS）的资助，并根据国家儿童保育许可条例建立了更高的质量标准，对健康、安全和儿童发展提出了最低要求。儿童学习成果经过努力也成为等级评估的一个领域。2012年，美国教育部（US Department of Education, ED）、健康和人力服务部通过"跑步到顶端——早期学习挑战项目"（Race to the Top –Early Learning Challenge programme, RTT-ELC）开始支持各州的学前教育质量评级与提升系统，该项目现在为20个州提供拨款。联邦拨款要求各州对本州的学前教育质量评级与改进系统进行验证，以了解评级系统是否准确区分了项目质量的不同等级，以及质量评级变化在多大程度上影响儿童的学习、发展和入学准备。2014年，36个州建立了41个质量等级评估和改进系统（2010年是26个）。

马里兰州

马里兰州的学前教育质量评级与改进系统叫作"马里兰超越"（Maryland EXCELS），它使用一个五级的模块化等级评估结构，对项目的不同方面进行评估，包括：（1）等级评估量表和认证；（2）许可和规定；（3）人员配备和专业发展；（4）管理政策和实践。马里兰州于2012年11月开始对"马里兰超越"的标准进行实地调查。实地调查的330个项目，包括儿童保育中心、儿童家庭保育、公立学前班、学龄儿童看护，自愿参加了在线系统的测试。2013年7月1日，"马里兰超越"向全州的早期教育与保育机构开放。在2013年7月1日至2013年12月31日期间，参加测试的项目数量从330个增加到1579个。同时，截至2013年12月31日，221个项目在"马里兰超越"网站上公布了他们的等级评定结果。因为对实地调查信息的评估经过了审查，所以项目标准进入了修订阶段。目前正在参与"马里兰超越"或是已公布的项目有12个月的整改时间，以达到修订后的标准。马里兰州是美国为数不多通过财政激励、培训和技术支持促进机构提升质量的州之一，如达到修订后的新马里兰州项目标准。

华盛顿州

华盛顿州的学前教育质量评级与改进系统叫作"早期成功者"（Early Achievers），始于2012年，是一个五级的混合等级评估结构。符合条件的项目包括所有获得许可的保育中心和家庭保育。项目一旦注册参与，要接受四个方面的等级评估：（1）儿童学习成果；（2）设施、课程、学习环境和互动；（3）专业发展和培训；（4）家庭参与和合作。截至2013年年底，"早期成功者"已经覆盖了全州的所有地区，注册项目2011个，包括754个儿童保育中心、1042个家庭保育点和215个美国健康和人力服务部（HHS）支持的美国幼儿教育与援助项目（Early Childhood Education and Assistance Program, ECEAP），总共服务了60719名儿童。华盛顿州建立了一个有效的指导模式，帮助所有早期学习项目提高质量，等级评估为一级和二级的项目可以得到更多的指导。另外，华盛顿州正在开发虚拟指导模式，作为现场指导工作的补充。作为虚拟模式的一部分，参与项目将能够查看并上传视频，展示在质量改进目标方面取得的进展。

华盛顿州已开始评估"早期成功者"的成效，最终的结果会在2016年年初完成。"早期成功者"的成效评估主要聚焦儿童学习成果、父母和家庭档案以及机构与项目的组织。评估将帮助华盛顿州了解"早期成功者"的标准和等级在多大程度上和儿童学习成果与入学准备相关，标准的哪些要素能够积极地预测儿童学习成果和入学准备。这个系统的评估随机抽样了婴儿、学步儿和学龄前儿童，通过标准化工具对他们进行直接评估，以及通过父母或机构报告对他们进行间接评估（indirect assessment）。同时从现有的其他途径收集二手数据，用于了解儿童随时间的推移在知识与技能方面的发展。

来源：由美国教育部门提供案例并由经合组织秘书处编辑。

自我评估的常用方法有自我报告调查、自我反思报告或日记，以及核查表（19个国家或地区中的12个开展自评）。档案袋也比较普遍。19个国家或地区中的8个指出上述自评工具都是常用的。档案袋指员工/教师和管理者的作品集，而核查表包括一系列与服务质量相关的内容，这些内容在自评中应该说清楚。相反，视频反馈在自评中不常用。

以下简述一个荷兰自评采用的方法。荷兰儿童保育协会（Dutch Consortium for Child Care，NCKO）是荷兰一个研究保育质量效果和水平的机构，它开发了一个保育中心用于评估自己质量的"监测器"。它的结果会呈现机构的弱项和强项，目的是帮助其提高质量。"监测器"评估教师之间的互动、保育环境的质量和机构的结构因素，使用的工具是核查表和等级评估量表。"监测器"配有专门的培训课程，帮助保育中心所有员工/教师和管理者学会使用这个方法，同时还提供分析和改进师生互动的培训，师生互动被认为是早期儿童发展的关键因素。

表3.7 服务质量监测的自评工具/方法（基于机构类型）

国家或地区	机构类型	工具/方法				
		自我报告问卷/调查	自我反思报告或日记	档案袋	检查清单	视频反馈
澳大利亚	所有早期教育与保育机构	a	a	a	a	a
比利时荷语文化区	儿童保育机构（家庭日托和日托中心）				×	
	学前教育	机构决定使用的工具				
比利时法语文化区	托儿所	机构决定使用的工具				
智利	幼儿园	×				
	为3～5岁儿童提供的学前教育	×				
	为4～5岁儿童提供的学前教育	×	×			
捷克*	学校注册的公立幼儿园；学校注册的私立幼儿园	×	×	×	×	×
芬兰	所有早期教育与保育机构	机构决定使用的工具				
法国*	社区托儿所和家庭日托	×	×			
德国	儿童日托中心	×	×	×	×	
爱尔兰	全天看护服务	a	a	a	a	a
意大利*	托儿所		×		×	
	学前学校	×	×		×	
日本	托儿中心	a	a	a	a	a
	幼儿园	a	a	a	a	a
哈萨克斯坦	所有早期教育与保育机构	×	×	×	×	
韩国	所有早期教育与保育机构	×	×	×	×	
卢森堡	家庭日托		×			
	日托中心；儿童早期教育项目；义务制学前教育		×			

续表

国家或地区	机构类型	工具/方法				
		自我报告问卷/调查	自我反思报告或日记	档案袋	检查清单	视频反馈
墨西哥	为0~5岁儿童提供服务的公立儿童发展中心	×	×			
	为0~3岁儿童提供基于家庭的联邦早期教育；义务制幼儿园	×	×			
荷兰*	所有早期教育与保育机构				×	
新西兰*	所有早期教育与保育机构	根据机构的不同而有所不同				
挪威	所有早期教育与保育机构	机构/自治市决定使用的工具				
葡萄牙	托儿所				×	
	儿童托管		×			
	幼儿园	×	×	×	×	
斯洛伐克	幼儿园	×		×	×	×
斯洛文尼亚*	幼儿园（针对1~5岁儿童的一体化早期教育与保育机构）	×	×	×	×	
瑞典*	幼儿园	×	×		×	×
	学前班	×	×			
英格兰（英国）	所有早期教育与保育机构	a	a	a	a	a
苏格兰（英国）	所有早期教育与保育机构	m	m	m	m	m

a=不适用　m=缺失

注：在捷克，早期教育与保育机构可以自行决定它们实际使用的评估工具。表中列出的所有工具都可用于早期教育与保育机构的自我评估，但各机构实际使用的评估工具各不相同。

在法国，地区/机构使用的工具各不相同。表中的数据指普遍使用的工具。

在意大利，可能还用到其他的工具。表中列出的是已翻译成意大利语的工具，或大学支持的机构在自评过程中使用的工具。表中的信息不是来自国家对早期教育与保育机构质量监测的调查结果。意大利没有全国性的幼儿园自我评估指南。幼儿园通常自愿开展评估，有些幼儿园则在大学等外部合作机构的帮助下开展自评。

在荷兰，地区/机构使用的工具各不相同。表中的数据指普遍使用的工具。

在新西兰，评估工具因机构而异，但是自评报告比较普遍。机构在教育审查办公室的外部督导前需准备好自评报告，自评报告是一个自评工具。此外，很多机构使用教育审查办公室的指标，并把自评报告作为自评的一个工具。教育审查办公室是新西兰的公共服务部门，负责所有学校和早期教育服务质量的督导和报告。

在斯洛文尼亚，幼儿园使用的自评工具各不相同。幼儿园可以使用表中列出的所有工具，但各机构实际使用的工具并不一样。

　　在瑞典，表中列出了瑞典使用到的一些工具。但是在实际情况中，各地区和机构使用的工具不尽相同，因为他们可以自行选择工具。

　　来源：经合组织早期教育与保育网络工作组关于"早期学习与发展质量监测在线调查"的数据，2013年11月。

StatLink 📲🗐 *http://dx.doi.org/10.1787/888933243114*

谁负责服务质量监测？

　　自我评估自然是由参评机构的实践者、管理者和其他负责人自行开展的。因此，应该发挥参评实践者的积极作用，让他们成为主动参与者，而不是把他们看作被动参与者。例如在捷克，自评是强制性的，但是对于自评工具通常没有规定。父母调查由家长完成，但通常由机构分发给家长，而且每个机构分发的问卷各不相同，因为绝大多数国家没有统一的全国父母问卷。然而，督导主体通常不是很明确，一般是国家督导部门或早期教育与保育部门的附属或组成机构。

　　表3.8介绍了各个国家或地区负责早期教育与保育督导的机构。在一些国家或地区，监测职责下放到地区或地方政府。例如，意大利的托儿所由地方政府和地方卫生机构联合督导。韩国幼儿园的督导由教育部的地区或地方教育办公室负责。此外，韩国2005年成立了由地方政府管理和监督的父母监测组（Parent Monitoring Groups）。父母监测组参观儿童保育中心，观察和监测现场活动，并向当地政府提供儿童保育的相关政策意见（OECD Network on Early Childhood Education and Care，2012）。在德国，儿童日托中心质量监测的责任主体是机构自己。很多大规模的早期教育与保育福利机构有自己的质量评估体系，通常还包括督导，但是机构自愿选择是否接受监测，因为评估不是强制性的，也没有规定具体做法。此外，德国地方青少年福利办公室（Local Youth Welfare Offices）成立的专家顾问组参观儿童日托中心和家庭日托机构，更多的是为他们提供咨询，而不是督导。

表3.8　服务质量督导的职责（按机构划分）

国家或地区	机构类型	谁负责督导（例如法定机构/负责人）？明确机构名称和它所属的政府层级（国家/州/地方等）
澳大利亚	所有早期教育与保育机构	政府管理监督局
比利时荷语文化区	家庭日托；日托中心	保育督导机构（荷语文化区）
	学前教育	教育督导机构
比利时法语文化区	托儿所；儿童托管；私立儿童托管	保育协调员（负责托儿所），咨询机构/顾问（负责家庭保育/私立幼儿托管）

续表

国家或地区	机构类型	谁负责督导（例如法定机构/负责人）？明确机构名称和它所属的政府层级（国家/州/地方等）
智利	社区幼儿园；幼儿园	全国幼儿园委员会
	为3～5岁儿童提供的学前教育；为4～5岁儿童提供的学前教育	质量机构；高级教育督导（国家级/中央级）
捷克	日间托儿所	健康部
	学校注册的公立幼儿园；学校注册的私立幼儿园	捷克学校督导
	依《贸易法》建立的私立儿童保育机构	没有相应的督导系统
芬兰	所有早期教育与保育机构	地区国家行政机构和自治市
法国	社区托儿所；家庭日托	社会事务和健康部；家庭补助办公室；妇幼保护机构（Protection Maternelle et Infantile, PMI）；教育部
	学前学校	教育部
德国	家庭日托	当地青年福利办公室的专家顾问
	儿童日托中心	当地青年福利办公室的专家顾问
爱尔兰	全天看护服务	儿童和家庭事务机构（之前的国家医疗服务中心）
意大利	托儿所	地方当局，如自治市、地区；卫生管理部门
	学前学校	国家教育部及分支机构（地区学术办公室）
日本	m	m
哈萨克斯坦	所有早期教育与保育机构	地方教育监测部门；教育科学部；地方教育部门（16个地区和2个城市），教育监测的地方部门
韩国	儿童保育中心	韩国儿童保育促进委员会（健康和福利部）
	幼儿园	地区/当地教育办公室（教育部）
卢森堡	保育家庭；日托中心	地方机构
	早期教育项目；强制性幼儿园教育	符合国家教育、儿童和青年部能力要求的督导员（国家级）
墨西哥	为0～5岁儿童提供服务的公立儿童发展中心；强制性幼儿园	地区/地方教育办公室
	为0～5岁儿童提供基于中心的联邦社会安全保育	m
荷兰	幼儿托管；游戏小组；儿童保育	国家健康督导
	招收处境不利儿童的保育，游戏小组/幼儿园	健康和教育督导机构
新西兰	所有早期教育与保育机构	教育督导办公室

续表

国家或地区	机构类型	谁负责督导（例如法定机构/负责人）？明确机构名称和它所属的政府层级（国家/州/地方等）
挪威	所有早期教育与保育机构	自治市
葡萄牙	托儿所，幼儿托管，家庭儿童保育 幼儿园	政府管理监督局 督导（国家级）
斯洛伐克	幼儿园	国家学校督导
斯洛文尼亚	学龄前儿童保育 幼儿园（招收1～5岁儿童的整合型早期教育与保育机构）	教育与体育督察；卫生督导机构 教育与体育督导；卫生督导机构
瑞典	幼儿园；教学中心（如家庭日托中心）；学前班	瑞典学校督导机构（国家级），州和市政当局
英格兰	所有早期教育与保育机构	英国教育标准局
苏格兰（英国）	与地方政府合办的私立幼儿园 当地授权幼儿园 儿童托管	苏格兰教育部；保育督导机构（负责保育部分） 苏格兰教育部 保育督导机构

m=缺失

来源：经合组织早期教育与保育网络工作组关于"早期学习与发展质量监测在线调查"的数据，2013年11月。

StatLink ᵇᶦᵐˢᴸ *http://dx.doi.org/10.1787/888933243124*

服务质量监测的时间和频率如何？

很多国家或地区对机构服务质量的监测次数没有法律规定，尤其是自评。在绝大多数国家或地区，机构服务质量监测的次数取决于最近的监测结果（见表3.9）。例如在智利，如果一个机构的等级评估是中等或不合格，那么该机构每两年或四年需要接受新的评估。相反，如果一个机构的等级评估是优秀，那么对它的监测会比较少，而且其他机构会向它学习，并要它分享实践经验。英格兰也采用类似的监测体系，但是监测频率更高。如果一个机构的监测结果是"发展不足"，那么它在三个月内会再次被监测，在六个月内会接受新的督导。如果一个机构的监测结果是"需要进一步改进"，那么它在一年内还需要接受督导。

德国对监测次数没有特别的管理，但是柏林例外。柏林计划要求早期教育中心每五年开展一次外部评估，内部评估则要求每年开展。在意大利，学前学校（公立）的监测通常会引发各种不满，因此这些学校的服务质量监测往往都是临时安排的。在法国，保育机构服务质量的监测次数也是没有规定的，通常每两年开展一次。

表3.9 服务质量监测的频率（按机构划分）

国家或地区	机构类型	每年不止一次	每年一次	每年一次和每两年一次（含）	每两年一次和每三年一次（含）	基于上次的监测结果	其他
澳大利亚	家庭日托和家庭看护；全天看护；幼儿园；校外看护					×	
	临时看护	m	m	m	m	m	m
比利时荷语文化区	学前教育					×	
比利时法语文化区	托儿所；儿童托管				×	×	
	幼儿园				×	×	
智利*	社区幼儿园；幼儿园		×			×	
	为3～5岁儿童提供的学前教育；为4～5岁儿童提供的学前教育					×	
捷克	日间托儿所	m	m	m	m	m	m
	学校注册的公立幼儿园；学校注册的私立幼儿园	m	m	m	m	m	m
	依《贸易法》建立的私立儿童保育机构	m	m	m	m	m	m
芬兰	所有早期教育与保育机构	地方当局/地区情况不一致					
法国	社区托儿所；家庭日托					×	
	学前学校					×	
德国*	家庭日托	m	m	m	m	m	m
	儿童日托中心						只有柏林实施管理
爱尔兰	全天看护服务			×			
意大利*	所有早期教育与保育机构						没有固定的频率
日本	幼儿园		×				
	托儿中心	×					
哈萨克斯坦*	所有早期教育与保育机构						每五年一次
韩国*	所有早期教育与保育机构				×		
卢森堡	家庭日托；日托中心		×				
	儿童早期教育项目；义务制学前教育	×					

续表

国家或地区	机构类型	每年不止一次	每年一次	每年一次和每两年一次（含）	每两年一次和每三年一次（含）	基于上次的监测结果	其他
墨西哥	为双职工父母1～5岁儿童提供基于家庭的联邦保育；为0～5岁儿童提供基于中心的联邦社会安全保育	×					
	为国家工作人员0～5岁儿童提供基于中心的联邦早期教育与保育		×				
	为0～5岁儿童提供服务的公立儿童发展中心；为低社会经济地位家庭0～5岁儿童提供基于中心的保育		×				
	义务制幼儿园		×				
荷兰*	儿童托管；游戏小组；儿童看护；为弱势家庭儿童服务的游戏小组和儿童看护		×			×	
新西兰	所有早期教育与保育机构					×	
挪威*	所有早期教育与保育机构	没有管理					
葡萄牙	托儿所；儿童托管；家庭看护					×	
	幼儿园		×			×	
斯洛伐克*	托儿所；母婴中心/儿童中心	m	m	m	m	m	m
	幼儿园					×	
斯洛文尼亚*	学前儿童托管					×	
	幼儿园（招收1～5岁儿童的一体化早期教育与保育机构）		×（自评）				每五年一次
瑞典	所有早期教育与保育机构		×（内部）				每五年一次
英格兰（英国）*	所有早期教育与保育机构					×	
苏格兰（英国）	所有早期教育与保育机构	×					

m=缺失

注：在智利，对于没有注册或不受监管的机构来说，没有规定督导的次数，但是全国幼儿园委员会（JUNJI）每年至少督导一次。质量督导机构检查注册机构的频率取决于每个机构上一次的监测结果。评

为"不合格"和"中下"的机构，分别是每两年和每四年至少督导一次。评为"中等"的机构，质量督导机构可以在任何认为合适的时候去督导，但是督导次数少于被评为"不合格"和"中下"机构的最低督导次数。评为"高级"的机构不需要再次接受评估，只接受学习观摩，目的是总结成功的实践经验并将经验传播到其他机构。

在德国，除了柏林，对督导次数没有专门的要求。"柏林计划"要求早期教育与保育中心的外部评估每五年开展一次。内部评估是一个持续（每年）的过程。

在意大利，公立学校的服务质量随时接受监测，没有明确的次数要求。监测通常是由投诉引起的。对持证学校服务质量的监测是基于样本进行的。对0～2岁儿童机构的监测次数在国家层面没有相关数据。

在韩国，儿童保育的认证和幼儿园的评估每三年进行一次。

在荷兰，早期教育与保育机构通常每年监测一次。当一个机构表现优异时，监测次数可以减少。

在挪威，自治市开展的监测次数不受法律限制，而且各机构各不相同。内部评估的次数也没有明确规定，但是相关规定要求每个幼儿园制订年度计划。除此之外，年度计划要求包括幼儿园如何开展保育工作、制度建设以及儿童游戏和学习，并详细说明幼儿园法的规定如何推进、记录和评估。一般来说，幼儿园有一些年度评估。

在斯洛伐克，内部评估的次数没有法律规定，而是根据各学年督导活动计划中的监测任务（内容重点）进行督导。

在斯洛文尼亚，幼儿园确定的监测领域每年必须自评。国家教育和体育督导组的常规督导按规定是每五年开展一次。如果机构有违法迹象，督导组会启动特别检查程序。常规检查的主动权属于儿童或学生、家长、监护人、养父母、家长委员会、幼儿园或学校工会代表或员工/教师。卫生督导的次数取决于风险评估。操场的安全检查每天由园长或校长负责，每年必须由卫生督导员检查一次。

在英格兰，服务机构接受监测的次数取决于之前的监测结果。评为"不足"的机构在三个月内需要接受监测，在六个月内需要再次接受评估。评为"需要改进"的机构在一年内需要再次接受评估。

来源：经合组织早期教育与保育网络工作组关于"早期学习与发展质量监测在线调查"的数据，2013年11月。

StatLink 🔗 *http://dx.doi.org/10.1787/888933243135*

如何使用服务质量的监测结果？

绝大多数国家或地区要求向公众公布机构服务质量监测的结果，22个国家或地区中的16个会公开监测结果（见表3.10），包括澳大利亚、爱尔兰、葡萄牙、斯洛伐克、苏格兰。新西兰的教育评论办公室（Education Review Office）会出版国家评估报告并公布在网络上，还会出版一些报告手册，发放给所有早期教育与保育机构。早期教育与保育机构的反馈报告非常有用，可以帮助它们了解实践情况，并在此基础上进行自我评估。

比利时法语文化区和斯洛文尼亚指出，整体的监测结果可以公开。每个机构的监测结果作为内部文件不予公开。在法国，所有监测报告都是不公开的，但是德国的每个机构可以自行决定是否向公众公开结果。比利时荷语文化区保育中心的监测结果，还有墨西哥和挪威服务质量监测的结果，可以应要求而公布。例如在挪威，地方可以自行决定是否公开督导报告，同时根据《公共信息法》(*Public Information Act*)的要求，如果公众提出公开要求，地方必须公开并遵循隐私保护的规定。

表3.10　机构服务质量监测结果的公开

国家或地区	服务质量监测结果的公开		
	必须公开	要求公开才会公开	不公开（内部文件）
澳大利亚	×		
比利时荷语文化区	×（学前教育）	×（保育机构）	
比利时法语文化区	×（总体结果）		×（每个机构的结果）
智利	×		
捷克	×		
芬兰*	没有相应管理		
法国			×
德国	机构自行决定是否向公众发布监测结果		
爱尔兰	×		
意大利*			×
日本	m	m	m
哈萨克斯坦		×	
韩国	×		
卢森堡	×（只有日托中心和家庭日托必须公布）		×（早期教育与保育项目和学前教育）
墨西哥	×（只有义务制学前教育必须公布）	×	
荷兰	×		
新西兰	×		
挪威*		×（督导）	
葡萄牙	×		
斯洛伐克	×		×（每个机构的结果）
斯洛文尼亚*	×（总体结果）		
瑞典	×		
英格兰（英国）	英国教育标准局自行决定是否公开结果，但是一般来说所有结果都会公布		
苏格兰（英国）	×		

m=缺失

注：在芬兰，没有一个负责公开监测结果的管理机构，尽管监测结果一般都是公布的。

在意大利，有些监测结果通常不向公众公布，而是作为内部文件。

在挪威，内部评估的结果只向家长和早期教育与保育机构的员工/教师公布。

在斯洛文尼亚，幼儿园的监测结果只发给幼儿园，不会公开发布。然而，基于学校督导法，督察组必须向部长提交一份年度报告，这份年度报告会公布在网站上，但是报告不会提供每个幼儿园的信息，而是一个汇总。

来源：经合组织早期教育与保育网络工作组关于"早期学习与发展质量监测在线调查"的数据，2013年11月。

StatLink 🔗 *http://dx.doi.org/10.1787/888933243141*

在荷兰，儿童机构的督导报告是完全公开的。市卫生局（Gemeentelijke Gezondheidsdienst, GGD）开展的突击检查，除了其他评估项之外，将评估一个机构是否符合国家对师生比和专业资质的要求。卫生局督导员在检查后必须准备好报告并向公众公布。

监测服务质量（见图3.3）带来的最常见影响是，中心或员工/教师必须采取措施解决机构存在的不足（如哈萨克斯坦、卢森堡和荷兰），必须接受后续督导或采取其他监督措施（如新西兰），极端情况是关闭机构或不再更新机构的经营许可证，如比利时荷语和法语文化区、意大利、挪威（见专栏3.3挪威卑尔根的案例）和瑞典。在爱尔兰，2013年之前，督导组必须借助法院才能关闭早期教育与保育机构，这是一个复杂的漫长过程。2013年出台的相关管理条例规定，如果一个机构违反了规定，督导组可以给予资金制裁。爱尔兰政府认为这是原有体制的改进。

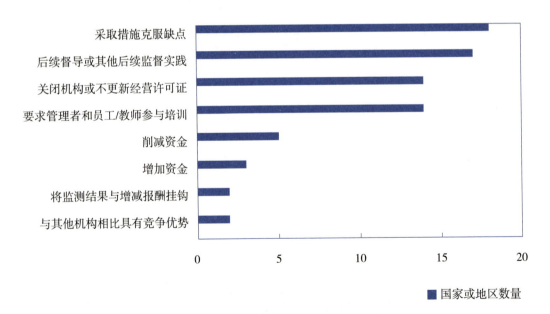

图3.3 早期教育与保育机构服务质量监测的影响

来源：经合组织关于儿童早期教育与保育的"早期学习与发展质量监测在线调查"的数据，2013年11月。

StatLink 🔗 *http://dx.doi.org/10.1787/888933243192*

　　同时，基于监测结果对员工/教师和管理者进行培训是正常的做法。在卢森堡，如果一个机构存在明显不足，那么这个机构会得到针对全体员工/教师的专业培训支持，或者在一定时间内得到一位专家的定期指导（见表3.11或图3.3）。

　　根据监测结果调整资金投入（无论是增加还是减少）的情况不太常见。然而，韩国的机构如果取得好的监测结果，那么它们会得到更多的资金投入，而墨西哥则是把预算向表现差的机构倾斜。在捷克，私立幼儿园部分接受中央政府的资金资助（公立幼儿园完全由公共资金投入）。如果私立幼儿园在捷克学校督导室（Czech School Inspection）组织的等级评估中取得平均以上或更好的结果，可以获得额外（全部）的资金资助以覆盖园所的运行成本。在其他国家，如新西兰，督导机构无权根据监测结果调整财政投入。监测结果和早期教育与保育管理者薪酬的升降没有关联，在评估中表现优秀的机构和其他机构相比没有竞争优势。然而，在德国，获得优秀的参评机构会授予质量证书，由此家长可以分辨机构的好坏。质量证书可能会增加机构的竞争优势，尽管实际情况是否如此还未确定。

　　服务质量监测还可以带来其他的影响和结果，例如提高质量或丰富质量的相关知识。这方面的内容还在研究中，但不少国家或地区指出某些结果可能与监测有关。例如在新西兰，家长们很清楚早期教育与保育机构的质量水平，因为监测报告是在线公布的。葡萄牙发现，监测帮助早期教育与保育机构更关注儿童学习经验的质量。哈萨克斯坦认为，监测可以提升公立机构的质量，使其遵循更高的标准和建立更训练有素的员工/教师队伍，但是面临的问题是私立机构很少遵循国家的质量标准，哈萨克斯坦希望通过给私立机构员工/教师和管理者提供监测标准方面的培训来解决这个问题。

表3.11　监测机构服务质量结果的影响

国家或地区	采取措施克服缺点	要求管理者和员工/教师参与培训	后续督导或其他后续监督实践	资金投入：削减资金	资金投入：增加资金	与其他机构相比具备竞争优势	将监测结果与增减报酬挂钩	关闭机构或不再更新经营许可证
澳大利亚	×	×	×			×		×
比利时荷语文化区*	×		×					×
比利时法语文化区	×	×	×	×				×
智利	×	×					×	
捷克	×	×	×		×			×
芬兰*		×	×					
法国	×	×	×					×
德国	×							

续表

国家或地区	采取措施克服缺点	要求管理者和员工/教师参与培训	后续督导或其他后续监督实践	资金投入：削减资金	资金投入：增加资金	与其他机构相比具备竞争优势	将监测结果与增减报酬挂钩	关闭机构或不再更新经营许可证
爱尔兰								
意大利*	×							×
日本	m	m	m	m	m	m	m	m
哈萨克斯坦	×	×	×		×			×
韩国	×		×		×	×		
卢森堡*	×	×	×					×
墨西哥	×	×	×					×
荷兰	×	×	×					×
新西兰			×					×
挪威								×
葡萄牙	m	m	m	m	m		m	m
斯洛伐克	×	×	×				×	×
斯洛文尼亚	×	×	×					
瑞典	×		×					×
英格兰（英国）	×	×	×	×				
苏格兰（英国）*	×	×	×					

m=缺失

注：在比利时荷语文化区，表中的数据主要指日托机构和学前教育的信息。

在芬兰，监测的后续跟进在国家层面没有规定，自治市有权决定监测后的后续工作。表中列举的后续工作可以附在监测结果后面，尽管各自治市的实践各不相同。

在意大利，关闭一个机构在理论上是很有可能的，但是在实践中一般不太可能。

在卢森堡，表中的数据指日托中心和家庭日托的信息。对于儿童早期教育与保育项目和学前教育来说，最有可能的后续工作是后续督导或是其他的监测实践。

在苏格兰，在特殊情况下会采取其他后续工作。

来源：经合组织早期教育与保育网络工作组关于"早期学习与发展质量监测在线调查"的数据，2013年11月。

StatLink ᵃᵖᵖ *http://dx.doi.org/10.1787/888933243152*

服务质量的监测还影响到了政策。斯洛文尼亚提到，监测是凸显早期教育重要性的一个重要举措，同时帮助机构维持高质量的结构标准，尽管监测成本高昂。另外，监测为政策制定者提供哪些方面需要和应该进一步投入或改进的信息。

根据捷克的经验，服务质量监测还有利于保持早期教育与保育系统的透明度，但是墨西哥指出这方面还面临着挑战，特别是监测结果的公布问题。建立了分权制监测系统的那些国家或地区（如芬兰），因为没有统一的监测系统，各系统之间"混战不断"。这种情况在德国也很突出，每个联邦州遵循的标准各不相同。

墨西哥和法国面临的挑战是，如何通过监测促进儿童的学习成果，以及如何评估类似墨西哥为0~5岁儿童提供基于中心的联邦社会安全保育（IMSS）中儿童的学习成果。最近，不少国家或地区指出受过更好培训的评估者和观察者存在缺口，同时还指出家长参与评估尚未广泛实施。

专栏3.6 比利时荷语文化区督导的咨询功能

比利时荷语文化区学前班/幼儿园督导组的角色不是简单地批准早期教育与保育机构的成立，最重要的是鼓励早期教育与保育机构提供优质的服务。如果早期教育与保育机构在督导中被发现存在问题，督导组最关心的是如何保证它们的质量达到预期水平。如果一个幼儿园在认证过程中得到负面反馈，它将有机会提交一个改进方案，并寻求教育咨询服务的指导。督导组的所有成员须达成一致的督导意见，包括特定领域的督导专家。督导组的这种组织工作方式使它能够承担质量管理的工作，目标是为幼儿园提供更有针对性的反馈，如一些建设性的、正向的批评意见。如果机构存在不足或需特别关注的方面，督导组会写清楚意见背后的原因，从而为学校提供改进的参照。每个幼儿园都可以拿到督导报告，幼儿园能够积极主动地检查自己是否运行良好，能够通过比较发现其他机构的长处并向它们学习。督导组和咨询服务在这方面提供支持，并提供改进方面的帮助。所以督导组是一个有助于长期监测和改进质量的工具。

来源：经合组织早期教育与保育网络工作组关于"早期学习与发展质量监测在线调查"的数据，2013年11月。

参考文献

Cubey, P. and C. Dalli (1996), *Quality Evaluation of Early Childhood Education Programmes*, Occasional Paper No. 1, Institute for Early Childhood Studies, Wellington, New Zealand.

Edwards, C.P., S.M. Sheridan and L. Knoche (2008), *Parent Engagement and School Readiness*: *Parent-Child Relationships in Early Learning*, Nebraska Center for Research on

Children, Youth, Families and Schools, University of Nebraska, Lincoln, NE.

Gatt, S., M. Ojala and M. Soler (2011), "Promoting social inclusion counting with everyone: Learning Communities and INCLUD-ED", *International Studies in Sociology of Education*, Vol. 21, No. 1, pp. 33-47.

Harms, T. and R.M. Clifford (1994), *SOVASI - Scala per l'osservazione e la valutazione della scuola dell'infanzia* [Scale for the observation and evaluation of preschool], (Italian adaptation by M. Ferrari and A. Gariboldi), Edizioni Junior, Bergamo.

Harms, T., D. Cryer and R.M. Clifford (1992), *Scala per la Valutazione dell'Asilo Nido*, [Scale for the evaluation of nursery school and infant-toddler centers] (Italian adaptation by M. Ferrari and P. Livraghi), Franco Angeli, Milan.

Hidalgo, N.M., J.K. Epstein and S. Siu (2002), "Research on families, schools, and communities. A multicultural perspective", in J.A. Banks and C.A. Banks (eds.), *Handbook of Multicultural Education*, Macmillan, New York, NY.

Lee, J.-H. and D. J. Walsh (2004), "Quality in early childhood programs: Reflections from program evaluation practices", *American Journal of Evaluation*, Vol. 25, No. 3, pp. 351-373.

Litjens, I. (2013), *Literature Review on Monitoring Quality in Early Childhood Education and Care (ECEC)*, OECD, Paris.

Marjanovič Umek, L. (2014), "The structural quality of preschools: How it influences process quality and children's achievements", *Journal of Contemporary Educational Studies*, No. 2, pp. 11-23.

Matthews, P. and P. Sammons (2004), *Improvement Through Inspection: An Evaluation of the Impact of Ofsted's Work*, Office for Standards in Education, London.

National Association for the Education of Young Children (NA EYC) (2010), *Quality Rating and Improvement Systems (QRIS) Toolkit*, NA EYC, Washington, DC.

Norris, D. J., L. Dunn and L. Eckert (2003), *Reaching for the Stars*, Center Validation Study Final Report, Early Childhood Collaborative of Oklahoma, Stillwater, OK.

Norris, D. J. and L. Dunn (2004), *Reaching for the Stars*, Family Child Care Home Validation Study Final Report, Early Childhood Collaborative of Oklahoma, Stillwater, OK.

OECD (2012), *Starting Strong III: A Quality Toolbox for Early Childhood Education and Care*, OECD Publishing, Paris, http://dx.doi.org/10.1787/9789264123564-en.

OECD Network on Early Childhood Education and Care (2012), *Draft Position Paper of the Thematic Working Group on Monitoring Quality*, background document for the 12th

ECEC Network Meeting, OECD, Paris.

Ofsted (2013), *The Report of Her Majesty's Chief Inspector of Education, Children's Services and Skills*: *Early Years 2012/13*, Ofsted, London.

Tout, K., M. Zaslow, T. Halle and N. Ferry (2009), "Issues for the next decade of quality rating and improvement systems", *Issue Brief No.3*, Office of Planning, Research and Education, US Department of Health and Human Services, Washington, DC.

Weiss, H., M. Caspe and M. E. Lopez (2008), "Family involvement promotes success for young children: A review of recent research", in M. M. Cornish (ed.), *Promising Practices for Partnering with Families in the Early Years*, Information Age Publishing, Plymouth.

Zellman, G.L., M. Perlman, V.-N. Le and C. M. Setodji (2008), *Assessing the Validity of the Qualistar Early Learning Quality Rating and Improvement System as a Tool for Improving Child-Care Quality*, RAND Corporation, Santa Monica, CA.

附录A3 服务质量监测的工具

表A3.1 服务质量的监测工具

工具名称	所使用国家或地区	年龄段	机构类型			评估目的	工具类型	评估领域	工具开发者	网址
			中心/学校	家庭	举例					
幼教项目评估法APECP	美国	0~12岁	×	×	早期教育；学龄儿童项目；家庭育儿中心	发现项目的优势；确定可能改进的领域；认证/许可	观察检核表	类别：计划，学习环境，安全与健康，课程教学，个性化，互动；中心型：项目管理，员工，教师资质，食物服务，体育发展，项目发展；家庭型：互动，学习环境，健康与营养，安全，室外环境，职业责任	美国质量保证公司（Quality Assist）	www.qassist.com/pages/research-and-evaluaiton
背景—输入—过程—输出分析框架（CIPO）	比利时荷语文化区	3~6岁（也用于招收更大年龄儿童的机构）	×		3~6岁的学前儿童教育，小学	检查一个机构的质量，分析所检查机构是否符合儿童/学生要求，提供改进意见和建议	核检表（检查的指标列表）	如建筑和管理等背景信息；输入：员工/教师特点和儿童/学生特点；过程：一般制度，员工教师管理制度，后勤管理制度和教育政策；输出：如儿童，员工/教师相关和其他合作者/利益相关人的满意度，儿童福利和发展	比利时荷语文化区教育督学（Education Inspectorate of the Flemish Community of Belgium）	www.ondvlaanderen.be/inspectie/opdrachten/doorlichten/extra-info.htm

续表

工具名称	所使用国家或地区	年龄段	机构类型			评估目的	工具类型	评估领域	工具开发者	网址
			中心/学校	家庭	举例					
儿童早期教育环境评估量表（ECERS-R）*	美国，加拿大，欧洲，亚洲和南美洲的其他国家	通常是2.5～5岁	×		幼儿园、学前班、儿童保教班	观察过程质量；信息数据收集；为项目改进做出明智选择	用量表进行观察（7个子量表共43个观察项）量表用途：项目管理者的监管，项目改进，机构人员及员工开展的监督，员工/教师自评，教师培训	空间和设施 员工/教师保育流程 语言一推理活动 互动 项目结构 家长和员工/教师	Harms, Clifford, Cryer/环境评定量表协会（Environment Rating Scale Institut, ERSI）	www.ersi.info
儿童早期教育环境评估量表（第三版）（ECERS-3）*	美国，加拿大，欧洲，亚洲和南美洲的其他国家	通常是3～5岁	×		幼儿园、学前班、儿童保教班	观察过程质量，关于幼儿互动和环境准备；信息数据收集；为项目改进做出明智选择	用量表进行观察（6个子量表共35个观察项）量表用途：项目管理者的监管，项目改进，机构人员及员工开展的监督，员工/教师自评，教师培训，美国质量评定与改进系统的建立	空间和设施 员工/教师保育流程 语言和读写 学习活动 互动 项目结构	Harms, Clifford, Cryer/环境评定量表协会（Environment Rating Scale Institut, ERSI）	www.ersi.info
早期语言&读写班级观察法（ELICO）*	美国俄亥俄州	3～8岁	×		早期教育班、K-3班（包括学前班、小学一年级至三年级）	评估教学实践，班级环境质量；项目改进和专业发展	班级观察、教师访谈（由监督者、校长、研究者、项目负责人、管理者或教师开展）	课程、书本和书本阅读、语言环境、班级结构、印刷和早期书写	布鲁克斯出版（Brookes Publishing）	www.brookpublishing.com/resource-center/screening-and-assessment/ellco/

续表

工具名称	所使用国家或地区	年龄段	机构类型			评估目的	工具类型	评估领域	工具开发者	网址
			中心/学校	家庭	举例					
由儿童早期教育环境评估表扩展的四个课程量表（ECERS）*	英国、美国	3~5岁	×		学前教育与保育	为教育机构的课程设置额外提供信息	使用一个量表进行观察	读写、数学、科学和环境、多样性	Kathy Sylva, Iram Siraj-Blatchford, Brenda Taggart/教师学院出版社（Teachers' College Press）	www.ecersuk.org/4.html
儿童早期有效学习项目（EEL）*	英国、葡萄牙、荷兰、澳大利亚	0~7岁	×		儿童机构（承担教育责任）	评估和比较早期学习的质量；学习质量和有效性的改进（四个阶段：评估、行动、改进、反思）	自评：观察儿童和成人、文档分析、调查问卷、家长、儿童和同事（与外部EEL顾问合作的实践者）的访谈 观察方法：儿童量表（聚焦儿童的观察），成人参与量表（成人—儿童互动）	儿童参与信号：注意力、创造力、精力、坚持、准确、面部表情和肢体动作、反应时间、语言的满意度 成人参与：敏感、刺激、自主 其他：培训、课程、互动、设施、计划和评估过程、每日计划、家庭与学校伙伴关系、公平的机会、质量监测过程	Prof. Christine Pascal, Prof. Tony Bertram（儿童研究中心）；基于Prof. F. Laevers的工作（比利时鲁汶大学）	www.crec.co.uk/

续表

工具名称	所使用国家或地区	年龄段	机构类型			评估目的	工具类型	评估领域	工具开发者	网址
			中心/学校	家庭	举例					
指标表现评价	智利	3~18岁	×		招收3~5岁儿童的学前教育，招收4~5岁儿童的学前教育，小学和初中教育	提高教育机构制度建设和自我评估的能力；为计划改进的详细说明提供指导；促进已提供教育质量的持续改进	检查（国家质量机构）；信息要求（国家质量机构）；调查，聚焦小组，调查问卷和其他国家质量机构认为合适的方法	领导力、教学法、学生的教育和培训、人力资源/财务/教育资源的管理	教育部	*http://archivos. agenciaedu cacion.cl/doc umentos-web/ Estandares_ Indicativos_ de_Desempe no.pdf*
家庭儿童看护环境评估量表修订版（FCCER S-R）*	美国，加拿大，欧洲，亚洲和南美洲的其他国家	0~12岁		×	家庭儿童看护项目	观察过程质量；信息收集；数据收集；为项目改进做出明智的选择	用量表进行观察（7个子量表共38个观察项）	空间和设施；员工教师保育流程；聆听和谈话；活动；互动；项目结构；家长和服务提供者	环境评定量表协会（Environ- ment Rating Scale Institut, ERSI）	*www.ersi. info*
婴幼儿托育环境评估量表（ITER S-R）*	美国，加拿大，欧洲，亚洲和南美洲的其他国家	不超过30个月	×		中心型儿童看护项目	观察过程质量；信息收集；数据收集；为项目改进做出明智的选择	用量表进行观察（7个子量表共39个观察项）；量表用途：项目管理者的监管，项目改进，机构监督，员工展开监督，教师自评，员工/教师培训	空间和设施；员工教师保育流程；聆听和谈话；活动；互动；项目结构；家长和服务提供者	环境评定量表协会（Environ- ment Rating Scale Institut, ERSI）	*www.ersi. info*

续表

工具名称	所使用国家或地区	年龄段	机构类型			评估目的	工具类型	评估领域	工具开发者	网址
			中心/学校	家庭	举例					
幼儿园评估量表（KES-R）	德国	3～5岁	×		幼儿园	评估和支持教育领域的质量，教学与保育	用包含了身体、社会、情感和认知领域发展指标的量表进行评估；（由受过训练的观察者进行；也可以用于自评或外部评估）	空间和材料资源，员工教师保育流程，认知和语言刺激，活动，师幼和幼儿之间的互动，教学实践计划实施，员工/教师情况和与家长的合作	德国版ECERS，由Tietze, Schuster, Grenner, Roßbach修订/康乃馨出版集团（Cornelsen Scriptor）	www.ewi-psy.fu-berlin.de/einrichtungen/arbeitsbereiche/kleinkindpadagogik/publikationen/index.html
Kita!Plus内部监测工具*	莱茵兰－普法尔茨州（德国）	0～5岁	×		儿童日托中心	评估质量的提高；提高儿童养育设施的质量	内部自我监测（和额外的访谈，小组讨论，座谈会）	早期教育机构和家长、家庭的合作；社会环境方面	科布伦茨大学（College of Koblenz）/莱茵兰－普法尔茨州家庭、儿童、青年与妇女综合事务部（Ministry of Integration, Family, Children, Youth and Women of Rhineland-Palatinate）	https://kita.rlp.de/index.php?id=673
德国版婴幼儿托育环境评估量表（KRIPS-R）	德国、奥地利、瑞士	0～2岁	×		托儿所	评估和支持教育领域的质量，教学与保育	用包含了身体、社会、情感和认知领域发展指标的量表进行评估；（由受过训练的观察者进行；也可以用于自评或外部评估）	空间和材料资源，员工教师保育流程，认知和语言刺激，活动，师幼和幼儿之间的互动，教学实践计划实施，员工/教师情况和与家长的合作	德国版ITERS-R，由Tietze, Bolz, Grenner, Schlecht, Wellner修订/贝尔茨出版社（Beltz Verlag）	www.ewi-psy.fu-berlin.de/einrichtungen/arbeitsbereiche/kleinkindpaedagogik/publikationen/index.html

续表

工具名称	所使用国家或地区	年龄段	机构类型			评估目的	工具类型	评估领域	工具开发者	网址
			中心/学校	家庭	举例					
荷兰儿童保育协会质量监测（NCKO）*	荷兰	0~4岁	×		儿童保育中心（Kinderdagopvang）	提高质量水平；一个机构优劣势概况	由儿童保育中心的员工/教师和管理者根据等级（低、中、高）评估方式评估以自评的质量。还包括优秀实践案例和清单（和应避免的不良案例）	教学质量，教学人员之间的互动，员工/教师对儿童需求的敏感性，结构性质量要素（保育环境，机构结构的质量）	荷兰儿童研究协会（Nederlands Consortium Kinderopvang Onderzoek）（荷兰儿童保育研究联合会）（Dutch Consortium of Child Care Research）	www.kinderopvangonderzoek.nl/drupal/content/nckokwaliteitsmonitor-0
审查指南	智利	0~5岁	×		公立和私立幼儿园	向家长提供关于机构水平的透明信息，激励机构提高质量水平	用一个等级评估量表进行检查（排名结果在线公布）	组织，教学工具，保育和家庭互动和营养，卫生和安全与设施，合作和启勤	全国幼儿园委员会（JUNJI）	www.bienestarmada.cl/prontus_bienestar/site/artic/20140422/asocfile/201404 2209458/valoracion_de_indicadores_de_fiscalizacion_en_jardines_infantiles_particulares.pdf

续表

工具名称	所使用国家或地区	年龄段	机构类型			评估目的	工具类型	评估领域	工具开发者	网址
			中心/学校	家庭	举例					
早期教育项目质量评估量表（第二版）（PQA）*	美国	0～5岁	×	×	婴儿—学步儿项目，早期教育项目，家庭保育项目	评估学习环境和成人与幼儿的互动；报告；培训；认证	通过进入机构进行观察和访谈（包括机构负责人的自评和专业评估人员的他评），完成等级评估	婴儿—学步儿项目评估：观察条目（计划和流程，学习环境，课程计划与儿童观察，成人与幼儿互动）；机构条目（家庭服务，项目管理，员工/教师资质和发展）；早期教育项目评估：班级条目（日常流程，学习环境，课程与评价，成人与幼儿互动，家长参与和家庭服务，员工/教师资质和发展）；家庭保育项目：日常计划，安全和健康环境，看护人与幼儿的互动，学习环境	高瞻教育研究基金会（HighScope Educational Research Foundation）	*www.highscope.org/Content.asp?Contentld=79*
保育机构的自评工具（SiCs/ZiKo）*	比利时荷语文化区	0～12岁	×	×	招收0～3岁儿童的日托中心；招收0～3岁儿童的家庭日托中心；招收12岁以下儿童的校外保育中心	确保/改进儿童的福利与参与，评估保育机构提供的早期经验；提高教师的专业发展	过程导向的自评；通过量表对儿童进行观察（由机构负责人、外部顾问和或协调人负责）；由实践者在小组工作中对教学法进行自评	儿童的福利和参与；教学法（设施和活动提供，小组氛围，儿童主动性，成人风格和组织，实践者的指导方式）	Kind & Gezin/体验教育研究中心（Research Centre for Experiential Education）（比利时鲁汶大学（Leuven University-Belgium））	*www.kindengezin.be/img/sics-ziko-manual.pdf*

续表

| 工具名称 | 所使用国家或地区 | 年龄段 | 机构类型 | | | 评估目的 | 工具类型 | 评估领域 | 工具开发者 | 网址 |
			中心/学校	家庭	举例					
家庭日托中心评估量表（TAS）	德国	0~5岁		×	家庭日托中心	评估和支持教育领域的教学质量，教学和保育	量表包含了身体、社会、情感和认知领域发展指标；访谈（由受过训练的观察者进行；也可用于自评或外部评估）	空间和材料资源，员工/教师保育流程，认知和语言刺激、活动，师幼和幼儿之间的互动，教学实践的计划实施，员工/教师情况和与家长的合作	德国版FCC ERS-R，由Tietze, Knobeloch, Gerszonowicz修订）贝尔茨出版社（Beltz Verlag）	*www.ewi-psy.fu-berlin.de/einrichtungen/arbeitsbereiche/kleinkindpaedagogik/publikationen/index.html*

a=暂无　m=缺失

注：表中提到到的国家（地区），并不是意味着这些评估工具必须在全国（地区）范围内使用。表中提到的工具也可以在表以外的国家（地区）运用实施。请注意NCKO Quality Monitor, ECERS-3, ITERS-R, FCCERS-R, ECERS-E, APECP, ELLCO, PQA, SiCs, TAS, KES-R, KRIPS-R, EEL也可以用于评估员工/教师质量，SiCs还可以用于评估儿童学习成果。

ECERS-E是基于ECERS-R开发的深入观察课程的工具。它是ECERS-R的一个补充。

EEL（The Effective Early Learning Programme）还有一个婴儿版BEEL，根据年龄段特征略有修改。

KitaPlus项目目的监测工具目前正在研制中，计划于2015年年底完成。

来源：Brookes Publishing website, www.brookespublishing.com, accessed 20 March 2015.

Centre for Research in Early Childhood website, www.crec.co.uk, accessed 20 March 2015.

Environment Rating Scales Institute website, www.ersi.info, accessed 20 March 2015.

Gobierno de Chile, Ministerio de Educación (2014), Estándares Indicativos de Desempeño para los Establecimientos Educacionales y sus Sostenedores, http://archivos.agenciaeducacion.cl/documentos-web/.

Estandares_Indicativos_de_Desempeno.pdf, accessed 20 March 2015.

Kind & Genzin website, www.kindengezin.be, accessed 20 March 2015.

Kita-Portal Mecklenburg-Vorpommern, Die Kindergarten Einschätz-Skala KES-R, www.kita-portal-mv.de/de/kita-management/qualitaet/instrumente_zur_qualitaetsentwicklung_sicherung_und_messung/kes_r, accessed 27 March 2015.

Klaudy, E (20 December 2005), review of Tietze W., J. Knobeloch, E. Gerszonowicz (2005), Tagespflege-Skala (TAS): Feststellung und Unterstützung pädagogischer Qualität in der Kindertagespflege, Beltz.

Verlag, Basel, in Socialnet Rezensionen, www.socialnet.de/rezensionen/2987.php, accessed 27 March 2015.

Klaudy, E (20 December 2005), review of: Tietze W., M. Bolz, K. Grenner (2005), Krippen-Skala (KRIPS-R). Feststellung und Unterstützung pädagogischer Qualität in Krippen, Beltz Verlag, Basel, in Socialnet Rezensionen, www.socialnet.de/rezensionen/2986.php, accessed 27 March 2015.

Klaudy, E. (25 January 2002) review of: Tietze W., K.M. Schuster, K. Grenner, Die Kindergarten-Skala (KES-R). Feststellung und Unterstützung pädagogischer Qualität im Kindergarten, Cornelsen.

Scriptor, Berlin, in Socialnet Rezensionen, www.socialnet.de/rezensionen/201.php, accessed 27 March 2015.

Litjens, I. (2013), Literature Review on Monitoring Quality in Early Childhood Education and Care (ECEC), OECD, Paris.

National Center for Education Statistics (NCES) (1997), "Measuring the quality of program environments in Head Start and other early childhood programs: A review and recommendations for future research", Working Paper, No. 97-36, Washington, DC.

OECD Network on ECEC, "Online Survey on Monitoring Quality in Early Learning and Development", November 2013.

Servicio de Bienestar Social, Armada de Chile website, www.bienestararmada.cl, accessed 20 March 2015.

Sylva et al. (2004), "Technical Paper 12, The Final Report: Effective Pre-School Education", The Effective Provision of Pre-School Education (EPPE) Project, The Institute of Education, London, www.ioe.ac.uk/EPPE_TechnicalPaper_12_2004.pdf, accessed 26 March 2015.

Teachers' College Press, ECERS-E, http://store.tcpress.com/0807751502.shtml, accessed 26 March 2015.

The University of North Carolina at Chapel Hill, Frank Porter Graham Child Development Institute, Environment Rating Scales:B. Development of FCCERS-R, http://ers.fpg.unc.edu/b-developmentfccers-r, accessed 25 March 2015.

UK ECERS website, www.ecersuk.org/index.html, accessed 26 March 2015.

UNICEF (2012), "Draft: A Framework and Tool Box for Monitoring and Improving Quality", www.unicef.org/ceecis/ECD_Framework_PART_II_june3.pdf, accessed 20 March 2015.

StatLink ᴍsᴏ http://dx.doi.org/10.1787/888933243166

第四章
早期教育与保育员工/教师
质量的监测

　　所有参与调查的国家或地区都监测员工/教师质量，主要通过督导和自我评估的方式。督导侧重于监测员工/教师的资质、保育和教育的整体质量、过程质量，以及规划能力等。观察、访谈、内部文件分析和自我评估的结果常常用于员工/教师质量的督导。同行评审侧重于监测整体教学质量、课程实施、过程质量和同事之间的团队合作等方面。自我评估使用自评报告和自我反思报告，侧重于监测沟通技巧，而家长调查则通过询问儿童发展情况了解员工/教师和家长之间的沟通。在大多数国家或地区，员工/教师质量监测的频率通常由地方政府或机构自行决定，大多数国家或地区还会考虑前一次的监测结果。

　　监测员工/教师质量的目的是提供决策依据、改善员工/教师绩效、提高质量，以及明确员工/教师的培训需求。监测的作用包括更好地训练员工/教师并提高员工/教师资质，以及更好地描述清楚早期教育与保育领域不同级别员工/教师的职责。

主要信息

- 众所周知，员工/教师质量，以及他们开展的教学活动、互动能力与知识水平对儿童的发展和幸福影响深远。有效的员工/教师监测是服务持续改进的关键，这也表明将员工/教师监测与专业发展联系起来的重要性。

- 所有参与本调查的24个国家或地区都对员工/教师质量进行监测。员工/教师质量和服务质量一样，是监测最频繁的领域，其目的是提高服务质量水平和提供决策依据。此外，监测员工/教师表现的目的是确定其是否需要加以改进。

- 员工/教师质量监测最常用的方法是督导和自我评估。家长调查、同行评议和员工/教师测试较为少见。大多数国家或地区对监测频率没有相关的法律规定，尤其是自我评估。督导和自我评估的次数，取决于最近的监测结果，或由机构自行决定。

- 员工/教师质量的督导主要检查员工/教师是否具备必要的资质、教育与保育的整体质量，以及员工/教师如何实施课程。督导还注重过程质量的水平、员工/教师的规划能力，以及常用的材料等。督导主要基于访谈、内部文件分析和员工/教师自我评估结果来进行。

- 自我评估侧重于员工/教师的沟通技巧，包括与其他员工/教师、家长的沟通。自我评估常用的方法是自评报告和自我反思报告或日志，视频反馈不太常用。

- 同行评审往往关注员工/教师的整体质量和课程的实施情况。同行评审会定期监测团队工作和过程质量。家长调查更侧重于员工/教师与家长的沟通和课程情况。

- 过程质量主要涉及课程实施、员工/教师与儿童的互动，以及教育与保育的整体质量。

- 在大多数国家或地区，员工/教师质量监测的结果必须公之于众，不过通常公布的是一般或总体结果，而非个别员工/教师的结果。各个国家或地区可以在监测结果后附上相应的意见。最常见的是要求员工/教师通过诸如培训等来改进不足之处。

概　述

　　所有参与调查的24个国家或地区①都监测正规或注册的早期教育与保育机构员工/教师的素质和绩效。本章将介绍这些国家或地区开展员工/教师质量监测的做法和程序的总体情况。几乎在所有的国家或地区，对员工/教师质量进行监测都是建议性的，而非强制性的。对员工/教师质量的外部监测通常在地区/州或市一级进行，而内部监测则在机构层面进行。在大多数国家或地区，对员工/教师质量的监测是与服务质量的监测相结合或一致的。尽管在侧重点（监测领域）和手段上有差异，服务质量监测和员工/教师质量监测的做法和途径确实存在共同之处。

　　由于员工/教师评估的责任在权力下放的地方当局或机构，执行差别很大，因此，监测哪些方面和使用哪些工具都由地方决定（例如，柏林就属于这种情况），而内部监测由机构自行决定。所以，大多数国家或地区没有员工/教师质量监测的全国（地区）数据，只能提供它们最常见的做法或具体的地区案例。这些例子和常见做法不能代表一个国家或地区整体的员工/教师质量监测体系。

　　对员工/教师的监测由外部评估者或机构完成，或由内部员工/教师和/或管理者完成。对早期教育与保育员工/教师的监测主要集中在儿童福利机构、幼儿园、学前班和托儿所。很少对家庭日托或托管服务机构的员工/教师质量进行监测，但澳大利亚、比利时、德国、卢森堡、瑞典、英格兰和苏格兰的员工/教师监测也会覆盖这些服务机构。

　　本章首先会解释员工/教师质量监测可能产生的成效或影响的相关研究。接下来将介绍各个国家或地区开展员工/教师质量监测的做法和政策。本章还将讨论监测员工/教师表现的目的，并介绍某些国家的方法和做法，包括监测哪些领域、使用的工具、监测频率、监测结果的使用以及监测后采取的措施等。此外，本章还会讨论作为员工/教师质量监测一部分的过程质量监测的问题。

员工/教师质量监测产生了什么影响？

　　相关文献普遍认为，员工/教师质量和组织的教学活动、互动能力和知识水平对儿童的发展和幸福具有重大影响（Fukkink, 2011; OECD, 2012）。对员工/教师进行有效监测是持续改进早期教育与保育服务的关键。研究认为，在促进高质量服务和学习成果方面具有重要意义的员工/教师特质包括：对儿童发展和学习的充分认识，了解儿童想法的能力，适宜年龄的

---

① 24个国家或地区是澳大利亚、比利时荷语文化区、比利时法语文化区、智利、捷克、芬兰、法国、德国、爱尔兰、意大利、日本、哈萨克斯坦、韩国、卢森堡、墨西哥、荷兰、新西兰、挪威、葡萄牙、斯洛伐克、斯洛文尼亚、瑞典、英格兰（英国）、苏格兰（英国）。

沟通和实践、领导力和解决问题的能力，以及开发针对性教学法或课程计划的能力（OECD，2012）。

然而，很难衡量员工/教师质量监测对以下各方面的影响，如提高服务质量水平、员工/教师表现和课程实施，以及儿童学习成果/发展水平。各国（地区）之间甚至内部监测方法的设计和实施存在巨大的差异，使得很难从员工/教师质量监测本身的成效或影响中得出一般性的结论。虽然相关研究（主要来自盎格鲁-撒克逊国家）已经开始抓住这个复杂话题表面上的影响，但是倾向于研究特定监测方法的影响，而不是员工/教师质量监测的一般性影响（Litjens，2013）。

等级量表

在新泽西州（美国），质量等级评分的引入使得新泽西州贫困学区幼儿园项目的员工/教师和管理者改进了他们的做法，而且数据显示对儿童读写能力有统计学上的显著效果（Frede et al.，2007; Frede et al.，2009）。1999—2000学年以来，该州一直在系统地收集观察数据，并定期报告结果。课堂质量逐年稳定提高，到2004—2005学年，升入学前班的幼儿在语言和读写能力方面比前些年更接近全国平均水平。这一进步的部分原因是观察中使用的等级量表。等级量表提示员工/教师哪些教学实践可能需要改进，进而为他们设定教学目标提供了依据。

自我评估

一些研究表明，员工/教师的自我评估是提高实践者技能的重要工具，而且还能帮他们更好地反思自己的工作。自我评估会凸显员工/教师实践中特别有效的方面（Cubey and Dalli，1996）。此外，人们还发现，自我评估还能加深员工/教师对正在进行的活动和教学过程的认识（Sheridan，2001）。意大利的研究发现，自我评估中对教育实践的系统记录和分析有助于鼓励早期教育实践者的专业化（Picchio et al.，2012）。

英国的一项研究考察了自我评估作为监测、评估和提高日托机构服务质量方法的有效性（Munton, Mooney and Rowland，1997）。早期教育与保育提供者对他们工作的这些方面进行自我评估，如管理儿童的行为、帮助孩子学习，以及营造温暖友好的氛围等。评估研究的结果显示，是否使用自我评估材料对日托机构的质量没有显著差异。但是，控制组（不使用自评材料的机构）和干预组（使用自评材料的机构）师幼互动和教学技能之间存在的小差异却值得注意，即成人与儿童互动的语气、纪律和文化意识等。尽管如此，干预组不采用惯用的方法进行评估，但其提供的保育质量在评估期间也可能有所改善。总的来说，研究结论认为需要更深入地了解机构是如何开展自我评估以及如何在实践中发起变革的。

2004年，比利时荷语文化区向保育机构员工/教师介绍了一个过程导向的自我评估工具（Self-evaluation instrument for care settings, SiCs）。观察发现，使用这种自我评估工具的机构发生了重大变化。员工/教师觉得该工具有助于他们的专业发展和团队合作。在教学过程中，他们表示学会了考虑孩子们的想法，并在此基础上为他们的社会情感和认知的发展创造最佳条件（OECD, 2006）。尽管这些结果是主观的，但表明监测有助于员工/教师更有意识地了解实践与知识。

儿童学习成果监测结果的使用

检查儿童学习成果监测结果的使用情况时，研究人员认为，通过儿童学习成果监测的结果得出对员工/教师个人质量的公正评估是不充分的，也是不可靠的（Goe, 2007; Lockwood, Louis and McCaffrey, 2002; Waterman et al., 2012; Zaslow, Calkins and Halle, 2000）。教师、看护人与师幼互动的确影响儿童的学习成果和发展，但这并不意味着儿童的学习成果是专业人员开展教学和活动的结果。员工/教师并不是影响儿童学习成果的唯一因素，儿童所在家庭的氛围与诸如噪声和其他孩子分散注意力的行为等环境因素也会产生影响。最后，员工/教师教学对儿童的影响不仅仅限于通过测试可以评估的知识和技能，还包括对心理素质和终身学习能力的影响（Barblett and Maloney, 2010; Isoré, 2009; Margo et al., 2008）。

把监测与专业发展联系起来

把监测与专业发展联系起来对儿童和员工/教师都有好处。例如，一项涉及全美学龄前儿童的51个幼儿班员工/教师质量的评估，暴露了课程中某些科目教学的不足，因而开发并提供针对这些科目的员工/教师培训。对员工/教师能力欠缺的科目进行培训，并培训他们如何在这些科目的教学中更好地指导儿童，结果发现通过对员工/教师的培训，儿童在这些科目上取得了更好的成绩（Odom et al., 2010）。

为什么监测员工/教师质量？

各个国家或地区监测员工/教师质量的目的或动机各不相同（见表4.1）。图4.1显示，大多数国家或地区报告说，它们监测早期教育与保育员工/教师是为政策制定提供依据（24个国家或地区中的20个）。监测结果用于政策调整或形成新的政策建议。监测目标还经常与提高早期教育与保育的质量挂钩；80%的受访国家或地区报告称，上述两个目标在员工/教师质量和表现的监测方面发挥了作用。此外，员工/教师质量监测还用于确定如何改善员工/教师的表现（24个国家或地区中的18个）。员工/教师质量和表现的改进都有助于提高教学质量和促进儿童发展。

提高员工/教师质量和表现的另一个关键原因是促进儿童的发展，这往往也是提供早期教育与保育服务的主要目标，如《强壮开端III》所述（OECD, 2012）。少数国家或地区开展员工/教师质量监测的目的是确定儿童的学习需要（24个中只有7个）。

14个被调查国家或地区表示，监测员工/教师质量的目的在于问责，且与奖惩挂钩。监测员工/教师或服务质量可能会对早期教育与保育机构及其员工/教师造成影响。在少数国家或地区（10个），监测员工/教师质量的目的也是问责，但与奖惩无关。过半（13个）的国家或地区将员工/教师质量监测的结果公之于众，以实现问责和信息透明。

监测员工/教师表现的原因各不相同。在新西兰，员工/教师监测的主要目的是改进他们的实践和确定他们需要进一步培训的领域。在斯洛文尼亚，员工/教师监测的目的是达到表4.1所示的所有目标，而最终目标是为早期教育与保育机构和员工/教师提供改进建议。斯洛文尼亚的早期教育与保育员工/教师享有专业发展的合法权利，监测的目的是提升他们的教学技能和知识，从而提高早期教育与保育机构的质量和效益。员工/教师表现和自我评估结果有助于制订使员工/教师受益的培训计划。员工/教师参与培训计划的经费由公共资金承担。

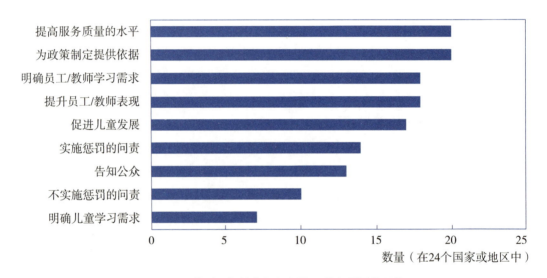

图4.1　监测早期教育与保育员工/教师质量的目的

注：员工/教师监测目的按国家（地区）所列数量的降序排列。

来源：表4.1，经合组织早期教育与保育网络工作组关于"早期学习与发展质量监测在线调查"的数据，2013年11月。

StatLink ━ *http://dx.doi.org/10.1787/888933243300*

表4.1　早期教育与保育员工/教师质量监测的目的

国家或地区	员工/教师质量监测的目的								
	问责		为政策决策提供依据	告知公众	提高服务质量的水平	提升员工/教师表现	明确员工/教师学习需求	促进儿童发展	明确儿童学习需求
	无惩罚/奖励	有惩罚/奖励							
澳大利亚		×	×	×	×			×	
比利时荷语文化区	×		×	×	×	×	×	×	

续表

国家或地区	员工/教师质量监测的目的								
	问责		为政策决策提供依据	告知公众	提高服务质量的水平	提升员工/教师表现	明确员工/教师学习需求	促进儿童发展	明确儿童学习需求
	无惩罚/奖励	有惩罚/奖励							
比利时法语文化区		×	×		×		×	×	
智利		×	×			×	×		
捷克	×	×	×	×	×	×	×	×	×
芬兰	×						×		
法国	×							×	
德国					×	×			
爱尔兰		×	×	×				×	
意大利			×		×				
日本									
哈萨克斯坦		×	×	×	×	×	×	×	×
韩国	×		×	×	×	×	×	×	
卢森堡		×	×		×	×	×	×	
墨西哥	×		×	×	×	×	×	×	
荷兰	×	×	×		×	×			
新西兰						×	×		
挪威	×	×	×	×	×	×	×	×	×
葡萄牙						×	×		
斯洛伐克	×	×	×	×	×	×	×		×
斯洛文尼亚	×	×	×	×	×	×	×	×	×
瑞典									
英格兰（英国）		×	×	×	×				
苏格兰（英国）		×	×	×	×	×	×	×	×

注：表中比利时荷语文化区的数据仅涉及学前学校和日托中心。

来源：经合组织早期教育与保育网络工作组关于"早期学习与发展质量监测在线调查"的数据，2013年11月。

StatLink ▮▮▮ *http://dx.doi.org/10.1787/888933243203*

员工/教师质量监测有哪些典型做法？

本节将介绍内部监测和外部监测的实践。内部监测指被监测的早期教育与保育机构员工/教师自行开展的评估，外部监测指由不在被监测早期教育与保育机构工作的外部评估者对员工/教师的表现和质量进行监测。本节概述了不同国家或地区开展外部和内部监测的实践情况（见表4.2）。

对员工/教师表现的外部监测

以下为各个国家或地区进行外部监测时常用的做法（完整概述见表4.2）。

- 督导：经合组织国家将其广泛应用于观察和评估一个机构的表现。在督导一个机构的服务质量时，通常会考虑员工/教师的整体表现，因此如果员工/教师质量是服务质量督导工作的一部分，那么对服务和员工/教师质量的监测通常是整合在一起的。国家级督导很少评估个别员工/教师的表现，而是侧重于机构所有员工/教师的总体表现。也有一些例外情况，比如，爱尔兰新任教师的注册是有条件限制的，取决于教育和技能督导部的评估。通过两次暗访，督导员观察试用教师的教学和学习情况、检查备课情况和教学过程记录，并评估学生作业样本，以评价试用教师的专业能力。评估决定了试用教师能否注册成为正式教师（Litjens，2013; OECD Network on Early Childhood Education and Care，2012）。

- 家长调查：关于员工/教师表现的家长调查通常在机构层面进行，国家层面没有统一的标准、规定，或者强制执行的要求。机构通常可以自行选择是否开展家长调查。家长可以通过与员工/教师的持续互动来评估员工/教师质量，这种调查通常用于分析家长的满意度。部分经合组织国家使用调查和问卷评估员工/教师质量（见表4.2）。

- 同行评审：外部同行评审指由机构外的评估人员通过观察对某个机构的员工/教师质量进行监测。担任外部评估人员的可以是来自其他早期教育与保育机构的员工/教师或管理者。同行评审是基于同行或专家的判断对员工/教师表现进行评价，从而促使员工/教师提高技能、调整实践适应儿童的需要，并为员工/教师的专业发展提供意见（Litjens，2013）。

国家层面通常不会规定员工/教师质量监测的方法，地方当局或早期教育与保育机构（比如在芬兰、挪威、日本和英国）可以自由选择它们采用的方法。因此，不同地区和机构之间的做法存在巨大的差异。表4.2呈现了员工/教师质量监测的最常见做法。

一般来说，督导是员工/教师质量外部监测最常用的做法：24个国家或地区中有22个使用督导的方式（见表4.2）。芬兰、日本和挪威通常在市一级而不是国家一级开展督导，而法国等则由国家组织开展督导。

表4.2　员工/教师质量外部监测和内部监测的方法（按机构划分）

国家或地区	机构类型	外部			内部		
		督导	家长调查	同行评审	自我评估	同行评审	员工/教师测试
澳大利亚	所有早期教育与保育机构	×					
比利时荷语文化区	儿童保育机构（家庭日托和日托中心）	×			×		
	学前学校	×			×		
比利时法语文化区	托儿所	×			×	×	
	儿童托管和幼儿园	×			×		
智利	幼儿园和社区幼儿园	×			×		
	为3~5岁儿童提供的学前教育	×	×		×		
	为4~5岁儿童提供的学前教育	×	×	×	×	×	
捷克*	学校注册的公立幼儿园；学校注册的私立幼儿园	×			×	×	
芬兰*	所有早期教育与保育机构	×			×		
法国	社区托儿所和家庭日托	×	×	×			
	学前学校	×	×				
德国	儿童日托中心	×			×		
爱尔兰	全天看护服务	×					
意大利*	早期儿童综合服务，如父母与婴儿中心或活动中心	×					
	托儿所	×			×		
	学前学校	×	×		×		
日本*	幼儿园	由地区/市级决定——没有国家层面的可用数据					
	托儿中心		×				
哈萨克斯坦	所有早期教育与保育机构	×	×	×	×	×	×
韩国	儿童保育中心	×	×		×		
	幼儿园	×	×		×	×	
卢森堡	家庭日托	×					
	日托中心；儿童早期教育项目；义务制学前教育	×			×		
墨西哥	为0~3岁儿童提供基于家庭的联邦早期教育				×	×	
	为0~5岁儿童提供服务的公立儿童发展中心和义务制幼儿园	×				×	

续表

国家或地区	机构类型	外部			内部		
		督导	家长调查	同行评审	自我评估	同行评审	员工/教师测试
墨西哥	为0~5岁儿童提供基于中心的联邦社会安全保育	×	×				
荷兰	所有早期教育与保育机构	×	×		×		
新西兰	所有早期教育与保育机构				×	×	
挪威	所有早期教育与保育机构	×			×		
葡萄牙	幼儿园	×					
斯洛伐克	幼儿园	×	×	×	×		
斯洛文尼亚*	学前儿童看护机构	×					
	幼儿园（针对1~5岁儿童的一体化早期教育与保育机构）	×	×		×	×	
瑞典	教育关怀（如家庭日托）	×					
	幼儿园和学前班	×	×	×	×		
英格兰（英国）	所有早期教育与保育机构	×	×	由地区/市级决定			
苏格兰（英国）*	所有早期教育与保育机构	×	×	×	×	×	

注：在捷克，根据《贸易法》，不对托儿所和私立儿童保育机构进行监测。

在芬兰，尽管督导和自我评估也普遍实施，但如何监测员工/教师质量由地区/市一级决定。

在意大利，如何监测员工/教师质量由区/市一级决定。表中的数据是指意大利最常见的做法。

在日本，国家对早期教育与保育员工/教师质量的监测没有强制要求，因此没有相关国家层面的可用数据，监测由地方/市一级组织进行。幼儿园员工/教师的质量通常由家长和当地的其他利益相关者进行监测，托儿所员工/教师的质量则由利益相关者（包括家长）和政府通过外部调查进行检查。

在斯洛文尼亚，没有国家层面的家长调查，只有机构层面的。

在苏格兰，国家层面不会通过家长调查对早期教育员工/教师的质量进行监测。家长调查由地方一级组织：根据《儿童和青少年法》，地方当局每两年开展一次家长调查，通过家长代表了解何种早期学习与校外保育方式能够满足他们的需要。

来源：经合组织早期教育与保育网络工作组关于"早期学习与发展质量监测在线调查"的数据，2013年11月。

StatLink http://dx.doi.org/10.1787/888933243213

13个国家或地区使用家长调查监测员工/教师质量。例如，法国每两年向1200个家庭发送一份"父母满意度调查"，以调查儿童保育和托育服务是否满足家长的需要和诉求。调查要求家长就一些话题给出他们的满意度，包括时间的灵活性、专业人员的培训和技能等。

智利的学校、法国的托儿所和家庭日托、哈萨克斯坦的早期教育与保育机构、斯洛伐克共和国的幼儿园、瑞典的幼儿园和学前班，以及苏格兰的早期教育与保育机构均使用同行评审的方法。在德国，地方青年福利办公室成立了一个专家顾问系统，专家顾问对儿童日托中心和家庭日托及其员工/教师和管理者进行访问并提供咨询，而不是进行检查。

　　值得注意的是，一般来说，与侧重保育的儿童托管、家庭日托和日托中心相比，对员工/教师质量的外部监测在幼儿园、托儿所或综合机构中更为常见。

对员工/教师表现的内部监测

　　内部监测的做法如下。

- 自我评价或评估：评价员工/教师表现的一个常用方法是自我评估，即员工/教师评价自己的表现（OECD，2012）。自我评估可以通过使用自评问卷（关于实践、教学和关爱技巧的调查，由员工/教师自填）、反思报告、工作日志或记录、作品集或视频反馈来进行。自我反思的过程让专业人员认识到自己的优势和不足，并帮助他们明确自己在能力提升、专业发展或指导方面的需求（Isoré，2009）。自我评估可以作为同行评审的一部分或作为单独活动来进行。

- 同行评审：在内部同行评审中，同一机构的早期教育与保育专业人员或管理者对评估对象进行观察，并对其提供建设性的反馈意见。同行评审可以使用不同的方法（工具），下一节将会讨论。

- 员工/教师测试：员工/教师的知识和教学技能可以通过测试来评估，但经合组织国家很少使用这种方法（见表4.2）。在一些国家，测试更常用于新入职的学前教育教师，但往往不作为员工/教师监测的方法。智利、卢森堡和西班牙的情况就是这种，新教师入职前需要通过选拔性的测试，这种测试通常包括课程科目和教学实践方面的考试（OECD，2014）。在智利，学前教师在加入教师队伍之前要接受初步的专业测试，该测试涵盖行为管理和教学，并与该国的专业标准挂钩。测试结果为培训学前教师的大学和学校提供诊断信息，并为它们提供课程改进方面的信息。

　　自我评估的应用十分广泛：24个国家或地区中有20个使用该方法（见表4.2）。意大利的学前班、荷兰和苏格兰的早期教育与保育机构，以及智利的学前教育机构都采用该方法。10个国家或地区使用内部同行评审，包括比利时法语文化区的托儿所、智利为4～5岁儿童提供教育的学前学校、捷克的幼儿园、哈萨克斯坦的早期教育与保育机构、韩国的幼儿园、墨西哥的幼儿园、墨西哥为0～3岁儿童提供基于家庭的联邦早期教育的机构和为0～5岁儿童提供服务的公立儿童发展中心、新西兰的早期教育与保育机构、斯洛伐克和斯洛文尼亚的幼儿园，以及苏格兰的早期教育与保育机构。只有哈萨克斯坦把员工/教师测试作为监测或评估员工/教师表现的方法。

员工/教师质量监测涵盖哪些领域？

本节概述各个国家或地区员工/教师表现监测覆盖的范围，即监测领域。

监测员工/教师质量时，可监测的领域包括以下几个方面。

- 员工/教师资质：通过正规教育或专业发展获得，资质有助于提高教学质量，并最终与儿童取得的更高学习成果密切相关。但是并非资质本身影响员工/教师表现和儿童学习成果，而是高质量员工/教师具备创造高质量教学环境的能力（OECD, 2012）。

- 过程质量：指发生在早期教育与保育机构中的过程质量。可以指教育和保育的质量，早期教育与保育员工/教师和儿童之间的互动与关系，员工/教师和家长之间、员工/教师和管理者之间以及员工/教师彼此之间的协作。此外，过程质量还涉及教育教学的方法和实践，以及课程实施和员工/教师在教学准备和教学方法上投入的时间。本章将详细讨论过程质量的监测。

- 材料使用：指玩具和书籍等材料的使用情况，以及员工/教师如何、何时使用这些材料来提高或支持自身工作和儿童发展。

- 时间管理：在早期教育与保育机构中，如何安排员工/教师和儿童的时间可能会影响员工/教师的表现。日程安排表能够支持员工/教师组织活动和确定教学方法。无论是室内小组活动还是户外实地考察，他们对可用时间的利用会影响其表现，而且可能需要他们对教学方法进行一些调整。

- 学科（学习领域）知识：员工/教师对他们所指导的学科或领域知识的掌握自然是相当重要的。如果缺乏必要的学科或领域知识，并且不知道如何以适宜孩子年龄的方式解释相关知识，员工/教师将无法促进儿童的发展。

- 教学/指导/保育的整体质量、课程实施、准备工作：员工/教师在开展教学、保育和指导工作方面具备的综合素质。包括员工/教师如何实施课程，以及如何准备即将开展的实践和使用的教学方法。

- 团队合作和沟通能力：与其他员工/教师和管理者的合作能够拓宽视角、增长知识，并促进员工/教师甚至管理者在提供高质量早期教育与保育服务方面的表现。分享知识、最佳实践和学习彼此的经验（同伴学习）可以为员工/教师和管理者补充相关信息，如何如何巧妙地处理问题、实施课程主题，与儿童互动或促进儿童发展等。

- 员工/教师和家长之间的沟通：员工/教师和家长之间的协作就像与其他员工/教师和管理者的协作一样，可以获得儿童发展及其需求的信息。通过这种沟通协作，员工/教师可以调整实践做法，以更好地适应儿童的个别需要，最终结果是不仅提高了员工/教师的实践水平，而且促进了儿童的早期发展。

- 管理和领导：强有力的管理和领导能够提高员工/教师的质量。例如，管理者能够为员工/教师提供专业发展机会，为他们提供指导，并为他们树立榜样。

- 工作条件：包括员工/教师的薪酬（津贴）、工作量和工作时间，但也可以指与儿童互动的时间与行政工作的比例。这些工作条件会影响员工/教师的执行能力。

- 专业发展机会：员工/教师提高资质或增加知识的可能性，不仅影响他们对某些学科知识的掌握，如最新教学方法或新开发的课程，而且还可以改进他们的技能和实践，如与儿童的互动、开展适宜年龄的实践等。

- 儿童的学习成果：员工/教师质量和表现的监测可以考虑儿童的学习成果。可以指儿童总体的发展情况，也可以指儿童在特定学科的发展或表现，或与课程制定的发展目标一致的发展和表现。

当前员工/教师表现正在监测什么，以及在监测中考虑哪些领域方面，各国开展的监测实践（内部和外部）可能有所不同。表4.3会对此进行概述。

通过督导监测的领域

如果使用督导评估员工/教师质量，最频繁监测的是员工/教师资质（所有采用这一方法的国家或地区都会对资质进行监测），即员工/教师是否具备所要求的资格，以及不同层次合格员工/教师的比例是否达到要求。此外，大约80%的国家或地区对保育教育和课程实施的整体质量进行监测。时间管理或活动规划、材料的使用以及过程质量也经常被监测。过程质量是英格兰督导的重点（见专栏4.1）。管理和领导，以及员工/教师和家长之间的沟通的监测是最少的，其次是员工/教师对他们所教授学科的掌握情况。有趣的是，在对员工/教师质量进行监测的所有国家或地区中，只有一半（12个）在监测时会考虑儿童的学习成果。虽然儿童发展反映出早期教育与保育的成效和儿童环境的影响作用，但如文献所示，它不一定是员工/教师努力的直接产出。早期教育与保育儿童的发展，除了受员工/教师的影响之外，还受到许多其他因素的影响，包括家庭环境。

员工/教师质量的其他方面也会被监测。在法国，全国性的定性研究收集更多员工/教师质量方面的信息。信息收集采用多种方法，如调查或观察。这些研究还收集其他方面的补充信息：对个人实践的意见，员工/教师对某些实践的偏好，选择某些实践的原因，专业培训的内容。这些研究对督导或其他监测实践是一种补充。

专栏4.1　英格兰员工/教师质量监测关注过程质量

员工/教师质量的督导是评估机构对员工/教师如何支持儿童朝着早期学习目标不断进步的评价和规划。督导员必须判断成人是否对儿童有适当的期望，尤其是判断儿童是否表现出典型的发展水平，以及处境不利儿童与普通儿童之间的差距是否在缩小。

对员工/教师质量的督导还包括收集第一手证据，通过观察儿童和员工/教师在学习活动、游戏和日常生活中的表现，以及检查员工/教师对早期基础阶段教育体系学习和发展需求的理解和掌握程度。督导员需要观察员工/教师的干预是否只涉及对孩子的管理和照顾，他们是否激励与鼓励孩子的独立，并支持孩子管理适合他们年龄的个人需求等。特别是，督导员应该评估成人提出的问题是否会激发孩子更多的思考与探索，鼓励他们通过反复试验来推理和验证自己的想法。

督导员还应该评估成人是否做了好的语言示范，促进儿童表达能力的发展，以及扩大他们运用新词汇的机会。督导员应该清楚孩子可以独立做什么，以及当员工/教师支持时可以做什么。

来源：经合组织早期教育与保育网络工作组关于"早期学习与发展质量监测在线调查"的数据，2013年11月。

通过家长调查监测的领域

家长满意度调查通常不在国家层面组织，而是在机构层面进行。通过家长调查监测的内容因机构而异，有时最常监测的内容也没有可用的全国数据。然而，使用家长调查的大多数国家或地区能够提供一些常见问题的信息（见表4.3）。除了调查以外，一些国家还采取其他的做法，为家长提供评估质量的机会。例如，苏格兰保育督导组在督导儿童保育服务时会约见一些家长，与他们讨论服务和员工/教师的质量。

四分之三的通过家长调查对员工/教师质量进行监测的国家或地区中，调查的重点是家长对员工/教师、课程以及与保教人员沟通的整体质量的看法。此外，家长调查经常询问家长儿童的发展情况（14个国家或地区中有6个）。家长还经常被问到过程质量的问题，因为过程质量很可能与教学和保育的整体质量有关。然而，家长可能很难针对员工/教师的工作过程或机构的整体质量给出客观或明确的观点，因为他们不在机构现场。此外，家长可能认为重要的员工/教师质量要素与研究结果显示对质量和儿童发展影响至深的要素存在差异。家长调查很少问及早期教育与保育机构的领导和管理，以及员工/教师之间的团队合作，这两个领域对于家长来说很难回答，因为他们不太可能观察到这些方面。家长调查中其他不太常见的监测领域是规划过程和材料使用情况。

通过同行评审（外部和内部）监测的领域

员工/教师开展实践和实施课程的整体质量是同行评审的重要监测内容。所有国家或地区都报告称运用同行评审来评估这些领域。团队合作和沟通，以及过程质量也是同行评审中特别重要的领域（10个中的9个）。例如，在韩国，员工/教师评估主要集中在课程实施和过程质量上，尤为关注员工/教师创造的环境是否是发展适宜性的。同行评审还关注员工/教师对所授学科的了解以及员工/教师的专业发展机会，这两个方面可以联系起来：知识方面的挑战或不足都可以在专业发展中得以解决。最不常见的监测领域是管理和领导技能，尽管它们对活动的组织和机构的顺利运行是至关重要的。

通过自我评估监测的领域

自我评估通常在机构层面组织和实施。表4.3列出了自我评估中最常见的监测领域。许多国家或地区的自我评估侧重于员工/教师的沟通技巧，包括员工/教师之间的沟通（20个中的17个）、与家长的沟通（20个中的15个）。此外，材料的使用和课程的实施也是自我评估的重要领域：四分之三的国家或地区的自我评估通常评估这些领域。在自我评估中，员工/教师也经常有机会评估自己的保育和教育技能，以及管理和领导技能：20个国家或地区中有14个提到了这一点。基于儿童发展结果的自我评估是非常罕见的。

员工/教师质量监测使用哪些方法或工具？

从观察到基于纸张或计算机的核查表，不同的方法或工具均可用于员工/教师质量监测的实践。监测方法或工具因监测实践的不同而不同。监测实践中使用哪些方法或工具通常没有规定，一般由国家（地区）或地方层面决定（例如法国的情况），或直接由机构层面决定（通常是内部监测的情况）。本节数据涵盖了最常用的工具或方法。常用的工具或方法见本章附录表A4.1。

督　　导

访谈（22个国家或地区中的19个）、观察（18个）和内部文件分析（18个）是督导中最常用的方法。督导前进行的自我评估的结果通常也被考虑在内。督导员编制的核查表和开展的调查也相当受欢迎，22个国家或地区中的12个使用这两个工具对员工/教师质量进行监测。管理者和员工/教师开展的调查或家长调查不经常使用。通过督导对员工/教师质量进行监测时常常使用多种方法（见表4.4）。

表4.3 员工/教师质量监测的领域/方面（按监测类型划分）

国家或地区	机构类型	员工/教师资质	过程质量	材料使用	时间管理/规划	学科知识	课程实施	教学/指导/保育整体质量	员工/教师团队合作与交流	员工/教师和家长的沟通	管理和领导力	工作条件	专业发展机会	儿童学习成果和发展
澳大利亚	所有早期教育与保育机构	I	I	I	I		I	I	I					I
比利时荷语文化区*	日托中心	I	I	I; S	I			I; S	S	S	S			
	家庭日托	I	I	I; S	I			I; S		S	S			
	学前学校	I	I	I; S	I	I	I; S	I; S	I; S	S	S	S	I	I
比利时法语文化区*	托儿所和儿童托管	I		I			I	I	I		I		I	
	幼儿园	I		I	I	I	I	I	I		I		I	I
智利*	社区幼儿园；幼儿园		S						S	S	S	S		
	为3~5岁儿童提供的学前教育	I	PS	PS; S	I		P	P ; PS	I; S	PS; S	I; S	I; S		
	为4~5岁儿童提供的学前教育													
捷克	学校注册的公立幼儿园；学校注册的私立幼儿园	I; P; S	I; P; S	I; P; S	I; P; S	I; P; S	I; P; S	I; P; S	I; P; S	I; P; S	S	I; P; S	I; P; S	I; P; S
芬兰	所有早期教育与保育机构	I	I	I	I	I	I	I	I			I	I	
法国	社区托儿所和家庭日托	I	I; PS; S	I; S	I; PS; S		I	PS	I; PS; S	I; PS; S	PS ; S	S	I; S	I
	学前学校		I	I	I			I				I	I	
德国	儿童日托中心	I	I; S	I; S	I; S		I; S	I	I; S	I; S	I; S			

续表

国家或地区	机构类型	员工/教师资质	过程质量	材料使用	时间管理/规划	学科知识	课程实施	教学/指导/保育整体质量	员工/教师团队合作与交流	员工/教师和家长的沟通	管理和领导力	工作条件	专业发展机会	儿童学习成果和发展
爱尔兰	全天看护服务	I												
意大利*	早期儿童综合服务,如父母与婴儿中心或游戏中心	I												
	托儿所	I								S				
	学前学校	I	PS		PS		PS; S	PS		PS; S				
日本	m	m	m	m	m	m	m	m	m	m	m	m	m	m
哈萨克斯坦	所有早期教育与保育机构	I; P; PS; S;T	I; P; PS; S;T	I; P; PS; S;T	I; P; PS; S; T	I; P; PS; S;T	I; P; PS; S;T	I; P; PS; S; T	I; P; PS; S; T	I; P; PS; S; T	I; P; PS; S;T	I; P; PS; S;T	I; P; PS; S;T	I; P; PS; S;T
韩国*	儿童保育中心	I	I	I, S	I	I	I, S	I	I, S	I, S	I, S	I, S	I	I
	幼儿园	I	I, PS, P	I, PS, P, S	I, P	I, PS, P	I, PS, P, S	I, PS, P	I, P, S	I, PS, S	I, S	I, S	I	I, PS
卢森堡	家庭日托	I	I	I	I		I		I					
	日托中心	I	I	I	I		I	I, S	S	S	S	I, S		
	儿童早期教育项目;义务制学前教育		I	I, S	I		I	I, S	I	S	I, S			I
墨西哥	为0~3岁儿童提供基于家庭的联邦早期教育		P	P; S	P	P	P; S	P; S	P; S	S	S			P
	为0~5岁儿童提供服务的公立儿童发展中心和义务制幼儿园			I	I; P		I	I						I; P

续表

国家或地区	机构类型	员工/教师资质	过程质量	材料使用	时间管理/规划	学科知识	课程实施	教学/指导/保育整体质量	员工/教师团队合作与交流	员工/教师和家长的沟通	管理和领导力	工作条件	专业发展机会	儿童学习成果和发展
墨西哥	为0~5岁儿童提供基于中心的联邦社会安全服务	I		I	I		I; PS	I; PS						
荷兰*	儿童托管，游戏小组和儿童看护	I	I	I	I	I			I					
	为弱势家庭儿童服务的儿童看护、托儿所/幼儿园	I; S	I; S	I; S	I; S	I; S	I; S	I; S	I; S					
新西兰*	所有早期教育与保育机构		P; S				P; S	P; S	P; S	P; S	P; S			
挪威	所有早期教育与保育机构	I												
葡萄牙	幼儿园	I	I, S	I, S	I, S	S	I	I, S	S	S	I	I, S	S	S
斯洛伐克	托儿所	m	m	m	m	m	m	m	m	m	m	m	m	m
	幼儿园	I; P	I; P; P	I; P; S	I; P	I; P	I; PS; P;S	I; PS; P;S	I; P; S	PS; S	S	I; P; S	I; P	I; PS; P
斯洛文尼亚*	学前儿童托管	I												
	幼儿园（针对1~5岁儿童的一体化早期教育与保育机构）	I	I; PS; P;S	I; PS; S	I; PS; S		I; P; S	I; PS; P;S	P; S	PS; S	I; S	I; S	I; P	PS

续表

国家或地区	机构类型	员工/教师资质	过程质量	材料使用	时间管理/规划	学科知识	课程实施	教学/指导/保育整体质量	员工/教师团队合作与交流	员工/教师和家长的沟通	管理和领导力	工作条件	专业发展机会	儿童学习成果和发展
瑞典*	教育关怀（如家庭日托）	I	I											
	幼儿园和学前班	I; P; S	I; P; S				I; PS; P;S	I; PS; P;S	I; P; S	PS	S		I; P; S	PS
英格兰（英国）*	所有基于中心的早期教育与保育机构	I	I	I	I		I	I		I	I	I	I	I
苏格兰（英国）*	与地方政府合办的私人托儿所，地方公立托儿所	I	I; P	I; S	I; PS	I; P	I; PS; P;S	I; P; S	I; P; S	PS; S	S	I	I; P	I; PS
	家庭托管	m	m	m	m	m	m	m	m	m	m	m	m	m

I=督导（inspections）　PS=家长满意度调查（parental satisfaction surveys）　P=同行评审（peer reviews）　S=自我评估（self-assessment）　T=员工/教师测试（tests for staff）

注：在比利时荷语文化区，招收0～2岁儿童的保育中心还监测员工/教师和儿童的关系以及员工/教师的专业发展需求。日托中心和家庭日托的课程实施不会督导，因为2013年还未出台课程或指导的文件，2014年才开始实施统一的教学框架。

在比利时法语文化区，同行评审和自我评估的监测领域没有规定，因此不同市/机构会有所不同。地区层面没有这方面的数据。通常来说，同行评审和自我评估一般至少会包含员工/教师资质和专业发展机会两个方面的内容。

在智利，除了上面表里列出的自我评估领域，还监测人力和财务资源的管理。同行评审这方面只有为4岁和5岁儿童提供的学前教育的数据。

在意大利，幼儿园督导基于特殊情况开展，通常是在机构或员工/教师遭到投诉之后。督导主要检查是否符合规定，包括员工/教师资质。自我评估在机构层面开展，全国没有统一的要求。自我评估的重点是员工/教师和家长的沟通，以及课程。列出的工具来自全国代表性实践中的经验。对于0～3岁年龄段来说，根据国家教育制度评估局（INVALSI）对现有规范性文件的分析，21个地区和自治省中的17个监测规范性文件的执行情况，包括员工/教师资质要求。只有两个地区监测员工/教师表现，以及规定的管理和领导力。在所督导的规范性文件中没有提到特定的工具，因此列举的是全国代表性实践中的经验。

在韩国，幼儿园监测通过"幼儿园评估"和"幼儿园教师专业发展评价"进行，而儿童保育中心通过"儿童保育认证"进行。

在荷兰，自我评估的领域指最常见的监测内容。家长问卷的监测目的由机构决定，所以各机构各不相同。国家层面目前还没有家长调查中常见监测领域的数据。

在新西兰，员工/教师质量监测只在机构层面进行，教师标准明确了员工/教师必须达到的标准。数据指关键领域/方面的监测。各机构实际监测的内容各不相同。一些服务机构使用家长调查监测其中的一些内容。

在斯洛文尼亚，国家层面没有统一的家长满意度调查。但是家长满意度（调查）可以作为自我评估的一部分。

在瑞典，由瑞典学校督导部负责开展的外部监测包括各市组织的自我评估。各市要求报告幼儿园质量的各个方面，比如自我评估结果，幼儿园的工作、规范和价值，儿童适宜性环境。内部自我评估（系统性的质量工作）的领域由机构决定，或者在市级层面决定，监测领域的不同必不可免。表中有关自我评估的数据指常见的监测领域。

在英格兰，家长调查在地方或机构层面进行，调查覆盖的领域各地各机构可能有所不同。

在苏格兰，国家政府不开展针对早期教育与保育员工/教师的家长调查。根据《儿童和青年法案》的规定，地方当局每两年和家长代表进行一次会谈，了解哪种早期学习和校外保育的服务类型满足他们的需求。家长调查覆盖的数据指最常见的监测领域。

来源：经合组织早期教育与保育网络工作组关于"早期学习与发展质量监测在线调查"的数据，2013年11月。

StatLink ᵃˢᵖ *http://dx.doi.org/10.1787/888933243221*

表4.4　督导和同行评审运用的工具/方法

国家或地区	机构类型	工具/方法								
		调查（督导员）	等级评估	核查表	观察（不同于等级评估或核查表）	访谈	员工/教师自评结果	管理者/员工/教师开展的调查结果	家长调查的结果	机构/员工/教师内部文件的分析	档案袋
澳大利亚	所有早期教育与保育机构	I			I	I	I			I	
比利时荷语文化区	日托中心		I	I	I	I	I			I	
	学前学校	I	I		I	I	I	I		I	
比利时法语文化区*	所有早期教育与保育机构				I	I	I			I	
智利	幼儿园			I	I				I	I	
	社区幼儿园			I	I					I	
	为3～5岁儿童提供的学前教育			I	I	I				I	
	为4～5岁儿童提供的学前教育	P		I	I	I; P	I	P		I	
捷克	日间托儿所			I							
	学校注册的公立幼儿园；学校注册的私立幼儿园	I	I	I	I	I	I	I		I	
芬兰	所有早期教育与保育机构	机构/地方政府自行决定使用的工具，没有国家层面的数据									

续表

国家或地区	机构类型	工具/方法									
		调查（督导员）	等级评估	核查表	观察（不同于等级评估或核查表）	访谈	员工/教师自评结果	管理者/员工/教师开展的调查结果	家长调查的结果	机构/员工/教师内部文件的分析	档案袋
法国	家庭日托			I	I	I		I		I	
	社区托儿所			I	I	I		I; P		I	
	学前学校				I	I		I		I	
德国	儿童日托中心		I	I	I	I	I			I	
爱尔兰	全天看护服务			I	I	I				I	
意大利*	早期儿童综合服务，如父母与婴儿中心或活动中心；托儿所								I		
	学前学校				I	I		I	I	I	
日本	所有早期教育与保育机构	m	m	m	m	m	m	m	m	m	m
哈萨克斯坦	所有早期教育与保育机构	I	I; P	I; P	I; P	I; P	I; P	I; P	I; P	I	P
韩国	儿童保育中心	I	I	I	I	I	I	I		I	I
	幼儿园	I	I; P	I	I; P	I	I	I	I	I	I; P
卢森堡	家庭日托；日托中心				I	I				I	
	儿童早期教育项目；义务制学前教育				I	I				I	
墨西哥	为0~3岁儿童提供基于家庭的联邦早期教育				P	P					
	为0~5岁儿童提供基于中心的联邦社会安全保育	I		I	I						
	为0~5岁儿童提供服务的公立儿童发展中心和义务制幼儿园			I	I		I				

续表

国家或地区	机构类型	工具/方法									
		调查（督导员）	等级评估	核查表	观察（不同于等级评估或核查表）	访谈	员工/教师自评结果	管理者/员工/教师开展的调查结果	家长调查的结果	机构/员工/教师内部文件的分析	档案袋
荷兰	游戏小组和儿童托管	I	I	I	I	I					
	为弱势家庭儿童服务的儿童看护、游戏小组/幼儿园	I	I	I	I	I	I				
新西兰*	所有早期教育与保育机构		P				P			P	P
挪威	所有早期教育与保育机构	机构/地方政府自行决定使用的工具									
葡萄牙	幼儿园	I			I	I		I		I	
斯洛伐克	幼儿园	I	I	I; P	I; P	I; P	I; P	I; P	I; P	I	P
斯洛文尼亚*	学龄儿童托管	I		I		I				I	
	幼儿园（针对1～5岁儿童的一体化早期教育与保育机构）	I		I	P	I	I		I	I	
瑞典*	教育关怀（如家庭日托）				I	I	I	I	I	I	
	幼儿园和学前班				I; P	I; P	I; P	I; P	I; P	I	P
英格兰（英国）	所有早期教育与保育机构	I	I			I	I			I	
苏格兰（英国）*	儿童托管	I	I			I	I		I	I	
	与地方政府合办的私立幼儿园										
	地方公立幼儿园	I	I			I				I	

I=督导（inspections） P=同行评审（peer reviews）

注：在比利时法语文化区，儿童保育项目的评估者经常和早期教育与保育机构的员工/教师分享他们对质量和表现的观点。

在意大利，上表中提到的是最常见的实践中用到的工具。早期教育与保育机构可以自由选择所使用的工具。同行评审并不常见。

在新西兰，工具的使用因机构的不同而不同，但是雇佣合格注册教师的机构，根据新西兰教师协会的注册教师标准，必须评估教师的表现。

在斯洛文尼亚，自我评估的工具和方法在国家层面没有统一的规定，因此幼儿园使用的工具和方法各不相同。但是幼儿园每年必须出具自我评估报告，督导时会对其进行检查。

在瑞典，各市使用的工具可以不同，它们可以自由选择使用的工具。

在苏格兰，同行评审是非正式的，由早期教育与保育机构的个别管理者对员工/教师进行评审。因此有关同行评审工具的信息无法获得，各个机构使用的情况各不相同。

来源：经合组织早期教育与保育网络工作组关于"早期学习与发展质量监测在线调查"的数据，2013年11月。

StatLink 㯏㗡 *http://dx.doi.org/10.1787/888933243230*

例如，在德国柏林，外部评估人员为早期教育与保育机构提供教学过程、员工/教师组织与协作以及与家长合作等方面的专业反馈。督导由柏林幼儿园质量发展研究所（BeKi）代表柏林教育、青年和科学部协调组织。评估需要考虑早期教育与保育机构、管理者、员工/教师个人和家长的观点。评估人员采用访谈或书面问卷的方法，还包括对物质材料以及儿童与员工/教师互动的观察。基于数据分析，早期教育与保育机构和员工/教师团队会获得面对面的反馈意见和书面评估报告，报告陈述机构已达到的质量水平、需要改进的领域，以及质量提升的具体建议。督导不涉及惩罚或奖励，以建议的形式告知评估结果。此外，督导结果不公开，除非早期教育与保育机构自行决定公开（另见第二章的专栏2.1）。

在智利，教师评估综合运用各种方法，包括员工/教师自我评估、同行评审面谈、第三方监测报告和教师表现档案袋等。根据智利优秀教学框架（Good Teaching Framework）规定的参考标准对教师进行评估。档案袋展示的是教师的最佳教学实践，包括一套教学材料、一份幼儿园的一日规划及实践反思、一份授课实录。四种方法的综合运用可以全面展示学前教师的表现，基于结果他们会得到一个介于不满意到优秀之间的等级。

专栏4.2　葡萄牙对员工/教师参与的监测

1998年，葡萄牙教育部获得了早期有效学习（Effective Early Learning, EEL）项目的版权。早期有效学习项目是在英国发起的，在葡萄牙改为质量发展联盟项目（Desenvolvendo a Qualidade em Parcerias，DQP），聚焦学前教育机构评估和质量改进模式的实施。该项目用于幼儿园教师的培训与幼儿园教学实践的监测和反思。DQP运用的工具之一是成人参与量表，由学前教师用于评估自己的实践，以及在同行评审中监测其他同事的过程质量。成人参与量表评估幼儿园教与学过程的有效性和成人干预的质量。该量表侧重于师幼互动的类型，从以下三个领域来划分互动：

● 敏感性（sensitivity），指员工/教师关注儿童的感受和情绪健康。敏感指标包括同情、真诚和真实。这方面的观察侧重于学前教师对儿童多样化需求的反应方式，包括：向儿童传达他们被重视和接纳的感觉；倾听孩子并意识到儿童渴望得到注意；注意并回应儿童的不安全感和不确定性；用爱心关爱儿童；赞美和支持儿童。

- 激励（stimulation），指成人如何激励儿童的学习和发展过程。侧重于观察员工/教师发起的以下行动：提议一个活动，提供信息，支持活动的开展以鼓励行动、推理或交流。

- 自主性（autonomy），指员工/教师给予儿童进行实验、发表意见、选择活动、表达自己想法的自由程度。还包括成人如何支持冲突的解决、规则的建立和行为的管理。侧重于观察以下几个方面：孩子选择活动的自由程度；孩子进行实验的机会；选择和决定如何开展活动的自由；员工/教师对孩子工作、想法和意见的尊重；儿童独立解决问题和冲突的机会；孩子参与规则制定和遵守规则的情况。

成人参与量表的结果可用于探讨、分析和改进员工/教师的实践，或通过公开对话改进同事的实践。在职前教育和职业发展中进行了对幼儿教师使用DQP和成人参与量表的培训，并且还开发了DQP手册来支持员工/教师。

来源：葡萄牙教育部编写的案例研究，在线来源http：//www.dge.mec.pt/recursos-0，由经合组织秘书处编辑。

家长调查

家长调查不仅是一种监测，它本身就是一个工具。一半以上对员工/教师质量进行监测的国家或地区（24个中有13个）都表示使用家长调查。然而，家长调查大多在机构层面进行，调查收集的数据通常不在国家（地区）层面汇总。因此，一个国家（地区）的家长对早期教育与保育机构的满意度在国家（地区）层面往往是不清楚的。在国家（地区）层面汇总数据还需要标准化的家长调查，但大多数国家或地区的早期教育与保育机构都可以自行设计并开展这样的调查，因此不同机构、地方和国家或地区的家长调查各不相同。

同行评审

有关同行评审所使用工具的信息很少，国家或中央层面对工具的使用没有规定。然而，各个国家或地区最常用的方法是对员工/教师实践和教学方法进行观察、访谈、管理者和/或员工/教师开展调查的结果，以及督导档案袋（见表4.4）。督导由督导员完成，内部文件分析和核查表通常不用于同行评审。在荷兰，一些机构有时在同行评审中会开展视频互动培训，即把工作实况拍摄下来与同行讨论以改进员工/教师的表现。尽管如此，这种做法也并不常用。

专栏4.3　智利员工/教师质量的外部同行评审

　　在智利，开展员工/教师质量监测时，教育部首先要求早期教育与保育机构的负责人提交一份教师的专业表现报告。随后由一名其他早期教育与保育机构的教师开展外部同行评审。这位外部评估人员将和被评估教师面谈，并对他/她进行评估。通常情况下，外部评估人员与被评估教师的受教育程度和教学领域相同。教育部对评估人员进行同行评审的培训，为他们能够完成工作任务做好准备。

　　同行评审通过一份结构性问卷完成，该问卷涉及被评估者教学活动的一系列领域。问卷调查包括13个全国统一的标准化问题。针对每个问题，评估者根据四个水平对教师的表现进行评分。调查、访谈和观察的结果写入最终的评估报告，在8个月后反馈给被评估者本人及其所工作的早期教育与保育机构。

　　最终的评估报告由五部分组成，包括：（1）被评估教师和评估人员的基本信息；（2）评估人员对一系列领域和标准（如列出的13个问题）的评分；（3）被评估教师过去的表现，包括该教师是否接受过评估、评估后的改进，以及当前表现与以前评估结果的对比；（4）背景信息；（5）被评估教师优缺点的定性评估。市评审委员会将这些结果作为员工/教师和机构表现的背景信息，并用于向教师提供反馈。教师评估是当前智利正在进行的教育改革的核心环节。

　　来源：经合组织早期教育与保育网络工作组关于"早期学习与发展质量监测在线调查"的数据，2013年11月。

自我评估

　　自我评估经常使用自我反思报告或日志，以及自评调查。一半国家或地区还喜欢用档案袋和核查表进行自我评估。只有少数的4个国家使用视频反馈作为评估工具，但是这种做法在这几个国家也并不普遍（见表4.5）。许多国家或地区都指出，不同机构使用的自评工具差异很大，因为机构通常可以自由选择使用哪些工具进行自我评估。此外，尽管自我评估经常开展，但在许多国家或地区通常是非强制性的。

表4.5　自我评估使用的工具/方法（按机构划分）

国家或地区	机构类型	工具/方法				
		自评问卷/调查	自我反思报告/日志	档案袋	核查表	视频反馈
澳大利亚	所有早期教育与保育机构	a	a	a	a	a
比利时荷语文化区	日托中心				×	
	学前学校	机构自行决定使用的工具				

续表

国家或地区	机构类型	工具/方法				
		自评问卷/调查	自我反思报告/日志	档案袋	核查表	视频反馈
比利时法语文化区	托儿所	机构自行决定使用的工具				
	幼儿园				×	
智利	幼儿园	×				
	为3～5岁儿童提供的学前教育	×				
	为4～5岁儿童提供的学前教育	×	×			
捷克*	学校注册的公立幼儿园；学校注册的私立幼儿园	×	×	×	×	×
芬兰	所有早期教育与保育机构	机构自行决定使用的工具				
法国*	社区托儿所；家庭日托	×	×			
	学前学校	a	a	a	a	a
德国	儿童日托中心	机构自行决定使用的工具				
爱尔兰	m	m	m	m	m	
意大利*	托儿所		×		×	
	学前学校	×	×		×	
日本	托儿中心	a	a	a	a	a
	幼儿园	m	m	m	m	m
哈萨克斯坦	所有早期教育与保育机构	×		×	×	
韩国	所有早期教育与保育机构	×	×	×	×	
卢森堡	家庭日托		×			
	日托中心；儿童早期教育项目；义务制学前教育		×			
墨西哥	为0～3岁儿童提供基于家庭的联邦早期教育	×	×			
荷兰	所有早期教育与保育机构				×	
新西兰*	所有早期教育与保育机构		×	×		
挪威*	所有早期教育与保育机构	×	×	×	×	×
葡萄牙	幼儿园	×	×	×	×	
斯洛伐克	幼儿园	×		×	×	×
斯洛文尼亚*	幼儿园（针对1～5岁儿童的一体化早期教育与保育机构）	×	×	×	×	
瑞典*	幼儿园	×	×	×	×	×
	学前班	×	×			

续表

国家或地区	机构类型	工具/方法				
		自评问卷/调查	自我反思报告/日志	档案袋	核查表	视频反馈
英格兰（英国）	所有早期教育与保育机构	机构自行决定使用的工具				
苏格兰（英国）	所有早期教育与保育机构	m	m	m	m	m

注：在捷克，机构可以决定实际使用的工具。表中列出的是常见的工具。

在法国，地区和部门使用的工具各不相同。

在意大利，表中提到的工具有意大利版，在早期教育与保育机构开展自我评估的过程中，大学会给予支持。表中的信息不是来自国家层面相关内容的调查，而是来自大多数常见做法的相关政策。因此，各地实际中会使用其他工具。

在新西兰，数据指最常用到的工具。机构实际使用的工具会有所不同。

在挪威，机构决定使用哪些工具，表中列出的是常用的和正在使用的工具。

在斯洛文尼亚，表中列出的这些工具在幼儿园的使用是不同的。

在瑞典，表中提到的工具实际上在各地区和机构的使用情况不一样，因为机构可以自行选择工具。

来源：经合组织早期教育与保育网络工作组关于"早期学习与发展质量监测在线调查"的数据，2013年11月。

StatLink 📊 *http://dx.doi.org/10.1787/888933243243*

例如，瑞典在国家层面对自我评估没有统一的规定：早期教育与保育机构可以自由决定是否开展自评，但是幼儿园管理者基于其他考虑还是鼓励自我评估。各市开展的自评实践和所采用的评估方法是不同的。瑞典幼儿园的自我评估通常每年开展一次，但是也可以根据实际情况增加次数，比如连续性评估或在员工/教师开展特定科目或主题活动一段时间后。自我评估主要聚焦全体员工/教师的工作，包括以下内容和问题：（1）我们应该从课程的哪些领域/目标着手？儿童的需求和兴趣是什么？在上一次自评中我们看到了什么？我们是否达成了目标，是否满足了儿童的需求和兴趣？（2）我们期望工作达成什么样的结果？我们计划促进儿童获得哪些知识、技能、兴趣或体验？我们是否取得了结果，是否促进儿童获得了我们所期望达到的知识、技能和兴趣？（3）我们如何评估？作为自评程序的一部分，考虑由家长完成调查问卷，并与儿童进行讨论。照片和视频的使用很普遍。

如何监测过程质量？

一些经合组织国家会监测过程质量，如表4.6所示。对过程质量监测领域的分析，提供了有关不同国家或地区过程质量构成的信息。一般来说，各个国家或和地区在评估过程质量时监测以下几个领域。

- 师幼关系和互动：该领域与过程质量紧密相关，因为它指出早期教育与保育员工/教师和儿童之间的互动与沟通，以及这些关系是如何建立和发展的。《强壮开端Ⅲ》（OECD, 2012）指出，师幼互动是儿童早期学习和发展的关键，而且在提供高质量的保育和教育方面至关重要。

- 教师和家长之间的合作：家长参与和融入其子女的早期发展过程，有助于促进儿童的早期学习，特别是阅读（OECD, 2012）。教师和家长之间的信息交流可以为双方互补儿童发展的信息，帮助教师和家长根据孩子的需要调整教育方式（OECD, 2006）。

- 同事（早期教育与保育员工/教师）之间的合作：早期教育与保育员工/教师之间的合作至关重要。他们可以互相学习（同伴学习）与分享经验，并交流最佳教育实践和儿童发展的信息。同事之间的高效协作能够帮助每个员工/教师，而且还能改进过程质量。

- 敏感性：指积极回应儿童的行动和实践，通过鼓励儿童发挥当前自己最大的能力，帮助员工/教师了解儿童的想法，并丰富他们的活动。敏感性还指员工/教师对孩子的关心，以及他们的回应所给予的温暖。

- 对儿童个别需求的反应：指发现每个儿童的独特性，并针对儿童的需要、技能和能力调整实践、活动和语言。

- 年龄适宜性实践：意味着员工/教师运用相关儿童发展的知识，制订适合儿童年龄和发展阶段的方案和实践。

- 教学法：指早期教育与保育员工/教师使用的教育和保育方法。教学法不仅指员工/教师的实践，而且包括他们的实践路径，如何在活动中适时介入，小组活动和实践的组织方式，以及日程安排。教学法作为过程质量的构成要素之一，是早期教育与保育员工/教师的直接行动，并被证实对儿童的发展至关重要（OECD, 2012）。

- 课程实施：该领域也是过程质量的一部分，指员工/教师实施国家、地区或地方课程的方式。课程文件详细说明了期望员工/教师与儿童小组讨论的主题，还包括具体或广泛的学习目标以及为员工/教师实践提供的建议。员工/教师理解课程、调整课程满足儿童特定需求、如何最好地使用课程文件的方式都与课程实施有关。

表4.6　过程质量的监测

国家或地区	机构类型	教学/指导/保育的整体质量	员工/教师与儿童的关系/互动	员工/教师和家长的合作	同事（员工/教师）之间的合作	敏感性（温暖、关心等）	回应儿童的个别需求	年龄适宜性实践	教学法	课程实施
澳大利亚	家庭日托和家庭看护；幼儿园；校外看护 临时看护	×	×	×	×	×	×	×	×	×

续表

国家或地区	机构类型	教学/指导/保育的整体质量	员工/教师与儿童的关系/互动	员工/教师和家长的合作	同事（员工/教师）之间的合作	敏感性（温暖、关心等）	回应儿童的个别需求	年龄适宜性实践	教学法	课程实施
比利时荷语文化区	家庭日托；日托中心			×		×	×	×		
	学前学校	×			×		×		×	×
比利时法语文化区*	幼儿园	×	×					×	×	×
智利	幼儿园和社区幼儿园									
	为3～5岁儿童提供的学前教育；为4～5岁儿童提供的学前教育	×	×		×					
捷克*	日间托儿所；依《贸易法》建立的私立儿童保育机构	m	m	m	m	m	m	m	m	m
	学校注册的公立幼儿园；学校注册的私立幼儿园	×	×	×	×	×	×	×	×	×
芬兰*	所有早期教育与保育机构	×	×	×	×	×	×	×	×	×
法国	社区托儿所；学前学校	×	×	×	×	×	×	×	×	×
德国	儿童日托中心	×	×	×	×	×	×	×	×	×
爱尔兰	全日看护服务	×	×							
意大利*	m		m	m	m	m	m	m	m	m
日本	m		m	m	m	m	m	m	m	m
哈萨克斯坦	所有早期教育与保育机构	×	×	×	×		×		×	×
韩国*	所有早期教育与保育机构	×	×	×	×	×	×	×	×	×
卢森堡	家庭日托	×		×		×	×	×	×	×
	日托中心	×	×	×		×	×	×	×	×
	儿童早期教育项目；义务制学前教育	×	×	×	×	×	×	×	×	×
墨西哥*	为0～3岁儿童提供基于家庭的联邦早期教育		×	×	×		×		×	×
	义务制幼儿园	×	×	×	×		×	×		×

续表

国家或地区	机构类型	教学/指导/保育的整体质量	员工/教师与儿童的关系/互动	员工/教师和家长的合作	同事（员工/教师）之间的合作	敏感性（温暖、关心等）	回应儿童的个别需求	年龄适宜性实践	教学法	课程实施
墨西哥*	为0～5岁儿童提供基于中心的联邦社会安全保育		×	×			×		×	×
荷兰	m	m	m	m	m	m	m	m	m	m
新西兰*	所有早期教育与保育机构	×	×	×					×	×
挪威*	所有早期教育与保育机构	a	a	a	a	a	a	a	a	a
葡萄牙*	幼儿园	×	×	×	×	×	×	×	×	×
斯洛伐克	托儿所；母婴中心/儿童中心	m	m	m	m	m	m	m	m	m
	幼儿园	×	×	×	×	×	×	×	×	×
斯洛文尼亚	学前儿童托管	a	a	a	a	a	a	a	a	a
	幼儿园（针对1～5岁儿童的一体化早期教育与保育机构）	×	×	×	×		×	×	×	×
瑞典	幼儿园；学前班	×	×	×	×		×	×	×	×
	教育关怀（如家庭日托）	m	m	m	m	m	m	m	m	m
英格兰（英国）	所有早期教育与保育机构	×	×	×	×	×	×	×	×	×
苏格兰（英国）	与地方政府合办的私立幼儿园；地方公立幼儿园	×	×	×	×	×	×	×	×	×
	家庭托管	m	m	m	m	m	m	m	m	m

注：在比利时法语文化区，过程质量的督导是整个机构质量监测的一部分，而不是员工/教师监测的一部分。每个机构过程质量的监测由机构管理者负责开展。上面表中列出的是常见的监测领域。

在捷克，根据《贸易法》成立的日托中心和私立机构，其过程质量的监测在国家层面没有统一的规定。因此这方面没有相关的数据。

在芬兰，监测领域由各市自行决定，没有国家层面的统一要求。上表列出的是常见的监测领域。

在意大利，对过程质量很少监测，但是一旦监测，一般在机构层面进行，并由机构自行决定监测领域。过程质量的监测不在国家层面进行，常见的督导实践也一般包括这方面的监测。

在韩国，员工/教师的质量监测包括过程质量的监测，其监测范围在幼儿园和托儿所非常相似。监测领域集中在员工/教师和儿童的互动，例如尊重和平等地对待每一个孩子，干预孩子之间的矛盾，或激发儿童的学习动机和好奇心。在幼儿园，帮助孩子适应幼儿园，随时关注儿童的发展并体现在课程实施或与家长的对话中，或者询问孩子激发他们的好奇心和动机/参与，这些都包含在员工/教师过程质量监测的范围内。

在墨西哥，为0～5岁儿童提供基于中心的联邦社会安全保育项目（IMSS）教学/过程质量的监测，除了日托服务设施，还包括员工/教师对待儿童的态度，以及计划/组织的活动。中度残疾儿童的保育有一个指南，监测还检查个体的发展计划、整合活动、特殊看护的处理以及根据后续活动确定目标和战略。

在新西兰，上表中的数据主要指监测的主要领域/方面。实际的监测领域因机构的不同而不同。

在挪威，上述监测领域均不适用：教育和研究部通过国家研究委员会资助了一个项目，研究幼儿园对儿童身心发展和学习的影响，这项研究将从2012年一直持续到2017年。研究将用于提供挪威幼儿园过程质量的信息，开发幼儿园质量评估的工具。

在葡萄牙，社会保障机构针对托儿所、儿童托管和家庭看护颁布了《早期教育与保育服务质量手册》，为员工/教师的工作提供指导，包括上述提到的领域，但不是强制性的。

在苏格兰，儿童的学习经验是监测的内容。

来源：经合组织早期教育与保育网络工作组关于"早期学习与发展质量监测在线调查"的数据，2013年11月。

StatLink ᴍ� *http://dx.doi.org/10.1787/888933243259*

保教一体的机构、偏重保育的机构或偏重教育的机构，在监测过程质量的重点领域上没有什么不同。教育为重或保教一体的机构着重关注课程、师幼关系以及教育和保育的整体质量（见图4.2）。所有机构开展的过程质量评估均关注员工/教师实践和保育的整体质量（24个国家或地区中有20个）、员工/教师之间的关系（19个）以及课程实施（18个）。广义的教学或教学方法与实践通常也是过程质量的一部分。员工/教师之间的合作也常常是过程质量的监测领域。16个国家或地区将年龄适宜性的实践和对儿童个别需要的回应作为过程监测的领域，员工/教师和家长之间的关系也是如此。敏感性是监测最少的领域，因其评估非常主观。捷克过程质量监测的详细介绍见专栏4.4。

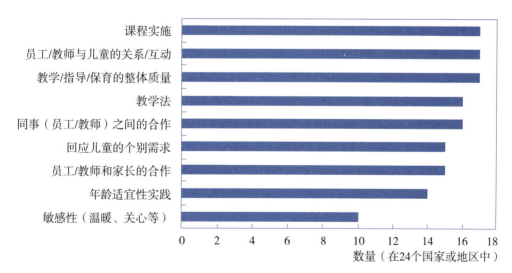

图4.2 学前教育（或保教一体机构）过程质量的监测领域

注：监测领域/内容按照开展相关监测的国家或地区数量的降序排列。

来源：表4.6，经合组织早期教育与保育网络工作组关于"早期学习与发展质量监测在线调查"的数据，2013年11月。

StatLink ᴍ� *http://dx.doi.org/10.1787/888933243316*

过程质量评估广泛使用的一个工具是"课堂互动评估系统"（CLASS）。这是一个评估早期教育与保育中心游戏和教室中师幼互动质量的观察工具，评估领域包括情感支持、课堂组织和教学支持。观察员根据七点量表对每个领域的不同维度进行给分。该工具为机构和教师提供信息，以提高与儿童互动的质量。然而，课堂互动评估系统不评估高质量教学和学习中其他重要的组成部分，如适宜的课程，针对儿童发展和进步开展的持续评估过程，或个性化教学（CASTL, 2011; Litjens, 2013）。参与本研究的国家或地区中，葡萄牙和斯洛伐克使用该工具。

韩国的儿童保育中心和幼儿园通过督导评估过程质量。观察员（负责儿童保育中心）和评估委员（负责幼儿园）访问每个机构并开展现场督导。他们审查相关文件，如课程计划，并观察员工/教师与儿童之间的互动。他们还通过向员工/教师提教学问题来收集更多的信息。该过程有助于评估机构过程质量的水平。

专栏4.4　捷克观察员工/教师的过程质量

捷克的教学方法特别重视儿童的个人选择和主动参与。员工/教师应引导儿童开展活动，激发他们探究、聆听、发现和学习的浓厚兴趣和渴望。促进儿童发展的责任在于员工/教师，而不在于儿童自身。捷克的督导旨在观察员工/教师是否具备开展符合上述期望和目标的实践和活动的能力。

在员工/教师表现的督导过程中，观察表被用于监测他们的工作。员工/教师督导的主要领域是过程质量，包括以下方面：员工/教师的学习和教学方法是否适合儿童的发展以及各年龄段身体、认知、社会和情绪发展的典型先决条件；教育和保育是否满足儿童的个人需要，以及员工/教师是否在儿童需要帮助时向其提供（额外的）支持；教学活动能否促进儿童的发展，员工/教师能否捕捉儿童的学习机会并通过支架教学给予他们回应；员工/教师是否有自发学习和发展的机会。

此外，督导员还要监测活动，监测计划活动和自发活动之间的平衡以及集体活动和个别活动是否开展。

来源：经合组织早期教育与保育网络工作组关于"早期学习与发展质量监测在线调查"的数据，2013年11月。

英国和爱尔兰的督导工作非常重视员工/教师和儿童之间的关系，而其他大多数国家或地区的过程质量监测的范围更广泛，尽管其中大部分也关注员工/教师和儿童之间的互动。这并不奇怪，因为员工/教师与儿童的互动是过程质量的核心。

员工/教师质量监测的时间和频率如何？

员工/教师质量监测的频率，尤其是内部监测的频率在许多国家没有相关的法律规定。在大多数国家或地区，员工/教师质量监测的频率取决于前一次的监测结果，如表4.7所示。在一些国家，如德国，通常由管理者或机构决定员工/教师监测的频率。柏林例外，它每年开展一次内部评估，每五年开展一次外部评估。

斯洛文尼亚规定了自我评估的频率。根据《教育组织和资助法案》的规定，幼儿园负责人每年至少实施一次自我评估。与之相反，在捷克，对员工/教师内部监测的频率没有规定，而员工/教师外部监测和服务质量的评估需要每四至六年开展一次。在新西兰，员工/教师质量的内部监测每年开展一次。

表4.7　员工/教师质量监测的频率（按机构划分）

国家或地区	机构类型	超过每年一次	每年一次	每年一次和两年一次之间	两年一次和三年一次之间	取决于上一次监测的结果
澳大利亚*	家庭日托和家庭看护；全天看护；幼儿园；校外看护					×
	临时看护	m	m	m	m	m
比利时荷语文化区	学前教育和儿童保育机构（家庭日托和日托中心）					×
比利时法语文化区*	日托中心				×	×
	家庭日托；学前学校				×	×
智利	幼儿园；社区幼儿园；为3~5岁儿童提供的学前教育	m	m	m	m	m
	为4~5岁儿童提供的学前教育					×
捷克*	学校注册的公立幼儿园；学校注册的私立幼儿园					每四到六年（外部监测）
芬兰	所有早期教育与保育机构	由地级/市级决定				
法国	所有早期教育与保育机构				×	
德国	儿童日托中心	由机构开办者决定（除了柏林）				
爱尔兰	全日托服务机构			×		
意大利*	早期儿童综合服务，如父母与婴儿中心；托儿所	没有规定				
	学前学校	没有规定				
日本	幼儿园；托儿中心	由地级/市级决定				
哈萨克斯坦*	所有早期教育与保育机构	×（内部监测）				×（外部监测）

续表

国家或地区	机构类型	超过每年一次	每年一次	每年一次和两年一次之间	两年一次和三年一次之间	取决于上一次监测的结果
韩国*	儿童保育中心				×	
	幼儿园		×		×	
卢森堡	家庭日托和日托中心		×			
	儿童早期教育项目；义务制学前教育	×				
墨西哥*	为0~3岁儿童提供基于家庭的联邦早期教育	×				
	义务制幼儿园					×
	为0~5岁儿童提供基于中心的联邦社会安全保育	×				
荷兰	儿童托管；游戏小组；儿童看护		×			
新西兰*	所有早期教育与保育机构		×			
挪威*	所有早期教育与保育机构	没有规定				
葡萄牙	幼儿园		×			×
	托儿所，儿童托管和家庭看护					×
斯洛伐克	托儿所；母婴中心/儿童中心	没有规定				
	幼儿园	没有规定				
斯洛文尼亚*	学前儿童托管					×
	幼儿园（针对1~5岁儿童的一体化早期教育与保育机构）		×（自我评估）			×
瑞典*	所有早期教育与保育机构		×（内部监测）			每五年一次（外部监测）
英格兰（英国）	所有早期教育与保育机构					×
苏格兰（英国）	所有早期教育与保育机构	m	m	m	m	m

注：在澳大利亚，临时看护机构的监测频率未知。

在比利时法语文化区，日托中心至少每三年开展一次监测，如果有需要会更频繁。

在捷克，员工/教师内部监测的频率没有规定。但是，员工/教师和机构服务质量的评估要求每四至六年开展一次。

在意大利，学前学校员工/教师质量的监测没有时间安排表。对于州立学前学校来说，员工/教师的资质审查在入职时进行。对于非州立学前学校来说，员工/教师的资质在机构接受认证评估的过程中进行审查。服务0~2岁儿童的机构的监测频率在国家层面缺乏相关信息，但是可以推测员工/教师的资格审查在机构认证过程中进行，资格审查是法律规定的一部分。

在哈萨克斯坦，外部评估每五年开展一次，如果有投诉可以提前进行。内部评估是连续开展的。

在韩国，幼儿园评估和儿童保育中心的认证每三年开展一次。幼儿园教师的专业发展评估每两年开展一次。

在墨西哥，在为0~5岁儿童提供联邦社会安全保育的机构里，地区协调员开展全面的监测实践，包括对早期教育与保育员工/教师档案袋的审查。日托中心负责人持续观察员工/教师的质量。

在新西兰，一般而言，员工/教师质量的监测由各服务机构每年自行开展；教师注册每三年更新一次。

在挪威，市级督导的频率在法律层面没有规定，因此各市的情况并不相同。内部评估的频率没有明确规定，但是每个幼儿园要求制订年度评估计划。在其他方面，内部评估还明确员工/教师将如何就儿童的保育、培训、游戏和学习开展相关工作以及如何遵守《幼儿园法》，并对其进行记录和评估。

在斯洛文尼亚，基于监测结果，督导员规定了机构纠正违规行为的时限。否则，每五年开展一次对机构的督导。根据《教育组织和资助法》，幼儿园或学校的负责人对每年开展的自我评估负责。

在瑞典，每五年开展一次督导，内部评估至少一年一次。国家教育署每年对员工/教师的资质（受教育和培训水平）进行监测。

来源：经合组织早期教育与保育网络工作组关于"早期学习与发展质量监测在线调查"的数据，2013年11月。

StatLink 🔤🔗 http://dx.doi.org/10.1787/888933243266

在智利，所有为4~5岁儿童提供学前教育的教师每四年评估一次。评为"基本合格"的员工/教师两年后需要接受新的评估，评为"不满意"的员工/教师在一年之内需要再接受一次评估。截至2011年，连续两次评为"不满意"的教师会被取消教职。

如何使用员工/教师质量的监测结果？

表4.8概述了员工/教师质量监测结果的公开情况。在大多数国家或地区，包括澳大利亚、智利、捷克和爱尔兰，员工/教师质量监测的结果必须公布。总体而言，员工/教师质量监测的总体结果可以公之于众，但个人表现的评估结果因保密的缘故而不能公开。在挪威和比利时荷语文化区（仅限于保育机构），这些结果只有在公众要求的情况才会公开，同时需遵守隐私条例。在少数国家或地区，监测结果仍然是保密的且不与公众分享，法国、意大利、墨西哥和苏格兰便是如此。

监测的后果和影响

员工/教师质量监测的最常见结果（见图4.3和表4.9）包括，要求机构或员工/教师采取措施改正不足（24个国家或地区中有20个提到这一点），进行后续评估和监测（24个中的17个），或要求管理者或员工/教师接受进一步的培训（24个中的15个）。在某些国家或地区，机构可能会被吊销营业执照或勒令关闭。总的来说，早期教育与保育机构整体表现不佳，不仅仅取决于员工/教师质量，尽管员工/教师质量监测是更广泛监测工作的一部分。将质量监测结果与员工/教师的涨薪或降职挂钩，这种情况并不常见。积极的员工/教师评估结果通常不会带来工资的增加，反之亦然。与其他早期教育与保育机构相比，员工/教师表现良好的机构，其竞争优势并不明显。这可能是因为公众不了解机构及其员工/教师的表现，或者是因为监测结果没有与公众分享。

表4.8 员工/教师质量监测结果的公开情况

国家或地区	必须公开	根据要求公开	不公开（作为内部文件）
澳大利亚	×		
比利时荷语文化区	×（学前教育）	×（保育机构）	
比利时法语文化区	×（总体结果）		×（个别结果）
智利	×（总体结果）		×（个别结果）
捷克	×		
芬兰*	×（只有国家层面的监测结果）		
法国			×
德国	由机构所有者决定		
爱尔兰	×		
意大利			×
日本	m	m	m
哈萨克斯坦		×	
韩国	×		
卢森堡	×（只有日托中心和家庭日托机构）		×（幼儿教育与保育项目和学前教育学校）
墨西哥			×
荷兰	×		

续表

国家或地区	必须公开	根据要求公开	不公开 （作为内部文件）
新西兰*			×
挪威		×	
葡萄牙	m	m	m
斯洛伐克	×		
斯洛文尼亚	× （总体结果）		
瑞典	×		
英格兰（英国）	×		
苏格兰（英国）			×

注：在芬兰，市级层面的评估结果通常只在市级公开。

在新西兰，教师注册信息在一个在线注册网站上可以找到，该注册网站上列出了所有已注册并持有新西兰职业证书的教师信息，也显示了所有注册被取消的教师信息。

来源：经合组织早期教育与保育网络工作组关于"早期学习与发展质量监测在线调查"的数据，2013年11月。

StatLink ᵃᵐˢᴸ *http://dx.doi.org/10.1787/888933243279*

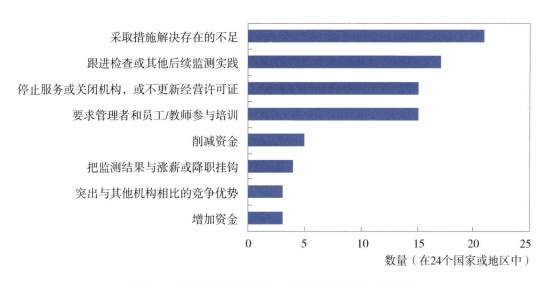

图4.3　早期教育与保育员工/教师质量监测的后续跟进

注：基于监测结果采取的后续措施，按照采取这方面措施国家或地区数量的降序排列。

来源：表4.9，经合组织早期教育与保育网络工作组关于"早期学习与发展质量监测在线调查"的数据，2013年11月。

StatLink ᵃᵐˢᴸ *http://dx.doi.org/10.1787/888933243327*

表4.9　员工/教师质量监测结果的后续跟进

国家或地区	基于监测结果采取的后续措施							
	采取措施解决存在的不足	要求管理者和员工/教师参与培训	跟进检查或其他后续监测实践	资金调整的后续措施		突出与其他机构相比的竞争优势	把监测结果与涨薪或降职挂钩	停止服务或关闭机构，或不更新经营许可证
				削减资金	增加资金			
澳大利亚	×		×			×		×
比利时荷语文化区	×		×					×
比利时法语文化区	×	×	×	×				×
智利	×	×					×	
捷克	×	×	×					×
芬兰*	×	×	×					
法国	×	×	×					×
德国	×							
爱尔兰	m	m	m	m	m	m	m	m
意大利*	×							×
日本	m	m	m	m	m	m	m	m
哈萨克斯坦	×	×	×		×		×	×
韩国	×		×		×	×		
卢森堡	×	×	×	×				×
墨西哥	×	×	×	×				
荷兰	×	×	×					
新西兰*	m	m	m	m	m	m	m	m
挪威	×							×
葡萄牙	×	×	×					
斯洛伐克	×	×	×	×			×	×
斯洛文尼亚	×	×	×					
瑞典	×		×					×
英格兰（英国）	×	×	×	×	×	×	×	×
苏格兰（英国）	×	×	×					

　　注：在芬兰，国家或市级层面没有规定监测后的跟进措施是调整资金投入。但是管理者/员工/教师会接受一些培训，尽管这也不是强制性的。此外，还可以开展跟进检查，各中心必须采取措施解决存在的问题。上述这些后续措施在全国层面都没有统一的规定，各市的做法各不相同。

　　在意大利，幼儿园监测主要基于投诉开展，因此一般会依法采取措施，而且在极端情况下还可以采取法律行动。这一点也适用于招收0～3岁儿童的机构，但是这方面的监测实践通常在地区或地方层面开展，所以没有这方面的信息。

在新西兰，各机构在知道监测结果后采取的措施各不相同，在国家层面没有统一的信息。

来源：经合组织早期教育与保育网络工作组关于"早期学习与发展质量监测在线调查"的数据，2013年11月。

StatLink 🔁 *http://dx.doi.org/10.1787/888933243281*

监测员工/教师质量可能会带来不同的影响和结果，例如影响政府的决策或员工/教师培训的参与。员工/教师质量监测是否对政策或员工/教师整体质量有所影响尚未得到很好的研究。然而，一些国家或地区指出，基于以往的评估观察到一些值得注意的结果。大多数调查结果发现监测影响到了员工/教师的培训和职业发展，如对职业发展表现出更大的兴趣和需求（墨西哥、斯洛伐克和斯洛文尼亚），培训计划更好地满足员工/教师的需求（法国），以及提高员工/教师的职业资格水平、能力和技能（爱尔兰、哈萨克斯坦、韩国、斯洛伐克和苏格兰）。在韩国，员工/教师在质量监测后表现出更好的教学实践和互动技巧。在斯洛伐克，更多的员工/教师由于监测获得了本科或硕士学位。对一段时间内的监测结果进行比较，可以进一步了解员工/教师的质量状况，还可以注意到可能需要支持或需要改进的方面。例如，英国教育标准办公室调查总结了监测的各种影响和结果，详细描述见专栏4.5。

专栏4.5　员工/教师质量监测的发现：资格认证与质量的关系

英国教育标准办公室（Ofsted）是政府的一个非部级部门，其分析显示监测对了解早期教育与保育员工/教师的质量状况是非常有帮助的。教育标准办公室在监测实践的过程中有各种各样的发现。其中一个发现是，高质量员工/教师主导的机构能够更好地支持儿童沟通、语言、识字、推理、思维和数学技能的发展，尤其是30个月至5岁的儿童。

儿童保育和早期教育机构调查的数据显示，6级及以上资格的高级管理者的数量自2008年以来逐渐增加（ISCED level 6，相当于国际教育标准分类的六级水平）。2013年，33%的全日制日托机构的高级管理者拥有6级及以上的资格，而2008年则为17%。研究生领导者基金（Graduate Leader Fund, GLF）的一项评估发现，专业的早期教育研究生培养路径可以提升机构的质量，特别是招收学龄前儿童的机构更是如此。

研究生领导者（a graduate leader）具备早期教育专业教师资质（Early Years Professional Status, EYPS），其管理的机构能显著改进机构的服务质量并改善儿童学习成果的表现。整体质量和不同实践领域都可以看到这种改变，包括积极的师幼互动和良好的语言和读写能力。研究生领导者基金的评估发现，最大的影响因素是研究生（学历的）可以直接和儿童互动。具备早期教育专业教师资质的员工/教师在教室里和孩子在一起待的时间越长，对这间教室所提供服务质量的影响会越大。此外，评估还发现在婴儿/学步儿阶段，学历资格和质量的关系并不明显。

在全日制日托中心的员工/教师中，3级资格（ISCED level 3，相当于国际教育标准分类的三级水平）的比例从2008年的75%上升到2013年的87%，而6级资格的比例从2008年的5%上升至2013年的13%。2013年，托儿所具备6级资格的员工/教师的比例是35%，附设学前班和保育班的小学的比例是40%，附设学前班的小学的比例是45%。孩子照看者的资格水平也进一步提高，3级资格的比例是66%，而2008年的比例是44%。全日制日托中心具备早期教育专业教师资质的员工/教师的数量占59%。

全日制日托机构员工/教师的流动率在2008年至2013年之间小幅下降，从2008年的16%下降到2013年的12%。部分制日托机构员工/教师的流动率在2008年至2013年之间也略有下降，从2008年的11%下降到2013年的10%。2013年，早期教育与保育学校员工/教师的流动率，相比附设学前班和保育班的小学（7%）和附设学前班的小学（8%），托儿所员工/教师的流动率是最高的（9%）。同年，部分制日托机构在所有服务机构中提供的服务时间最长，为6年11个月。全日制日托中心的服务时间在2008年至2013年之间有所延长，从2008年的4年9个月增加到2013年的6年7个月。

2013年，孩子照看者在过去的12个月内平均接受7天的培训，而2008年只有9天，2007年只有7天。全日制和部分制日托机构没有这方面的数据。

来源：英格兰教育部提供的监测案例，经合组织秘书处进行了编辑。

受访者指出，员工/教师表现监测的其他影响还包括员工/教师与家长之间能更好地合作（斯洛伐克）。在墨西哥，为0～3岁儿童提供基于家庭的联邦保育修订了培训策略，为员工/教师开发和确定了内部监测的工具。确定了监测后需采取的行动，并制定了帮助员工/教师了解其日常工作和职责的文件。在瑞典，监测结果显示学前教师的教学职责需得到更多的关注，因此之后明确了他们的职责。此外，课程还增加了学前机构领导职责的新章节。澳大利亚和英格兰发现员工/教师质量随时间的推移而有所改善，而荷兰则表示会对早期教育与保育质量的改进投入更多的政治关注。

一些意想不到的监测影响也受到了关注。在澳大利亚，监测被认为给早期教育与保育机构带来了更大的监管负担。哈萨克斯坦发现，一些早期教育与保育员工/教师因低学历而不能胜任工作，从而降低了所提供质量的水平。这些意想不到的影响引发人们关注员工/教师的质量问题，并采取进一步的政策行动，因为监测结果凸显了监测或早期教育与保育系统所面临的挑战。第六章将更详细地讨论国家或地区开展监测所面临的挑战。

参考文献

Barblett, L. and C. Maloney (2010), "Complexities of assessing social and emotional competence and well-being in young children", *Australasian Journal of Early Childhood*, Vol. 35, No. 2, pp. 13-18.

Center for Advanced Study of Teaching and Learning (CASTL) (2011), *Measuring and Improving Teacher-Student Interactions in PK-12 Settings to Enhance Students' Learning*, Charlottesville, VA.

Cubey, P. and C. Dalli (1996), *Quality Evaluation of Early Childhood Education Programmes*, Occasional Paper No. 1, Institute for Early Childhood Studies, Wellington, New Zealand.

Frede, E., W.S. Barnett, K. Jung, C.E. Lamy and A. Figueras (2007), *The Abbott Preschool Program Longitudinal Effects Study (APPLES)*, Interim Report, National Institute for Early Education Research, New Brunswick, NJ.

Frede, E., K. Jung, W.S. Barnett and A. Figueras (2009), *The APPLES Blossom*: *Abbott Preschool Program Longitudinal Effects Study (APPLES) —Preliminary Results through 2nd Grade*, Interim Report, National Institute for Early Education Research, New Brunswick, NJ.

Fukkink, R. (2011), "Prettiger in een goed pedagogisch klimaat", *Management Kinderopvang*, Vol. 11, No. 4, pp. 12-14.

Goe, L. (2007), *The Link between Teacher Quality and Student Outcomes*: *A Research Synthesis*, National Comprehensive Center for Teacher Quality, Washington, DC.

Isoré, M. (2009), "Teacher evaluation: Current practices in OECD countries and a literature review", *OECD Education Working Papers*, No. 23, OECD Publishing, Paris, http://dx.doi.org/10.1787/223283631428.

Litjens, I. (2013), *Literature Review on Monitoring Quality in Early Childhood Education and Care (ECEC)*, OECD, Paris.

Lockwood, J., T. Louis and D. McCaffrey (2002), "Uncertainty in rank estimation: Implications for value-added modelling accountability systems", *Journal of Educational and Behavioral Statistics*, Vol. 27, No. 3, pp. 255-270.

Margo J., M. Benton, K. Withers and S. Sodha (2008), *Those Who Can?*, Institute for Public Policy Research, London.

Munton, A.G., A. Mooney and L. Rowland (1997), "Quality in group and family day care provision: Evaluating self-assessment as an agent of change", *European Early Childhood Education Research Journal*, Vol. 5, No. 1, pp. 59-75.

Odom, S.L. et al. (2010), "Examining different forms of implementation and in early childhood curriculum research", *Early Childhood Research Quarterly*, Vol. 25, No. 3, pp. 314-328.

OECD (2014), *Education at a Glance 2014*: *OECD Indicators*, OECD Publishing, Paris, http://dx.doi.org/10.1787/ eag-2014-en.

OECD (2012), *Starting Strong III*: *A Quality Toolbox for Early Childhood Education and Care*, OECD Publishing, Paris, http://dx.doi.org/10.1787/9789264123564-en.

OECD (2006), *Starting Strong II*: *Early Childhood Education and Care*, OECD Publishing, Paris, http://dx.doi. org/10.1787/9789264035461-en.

OECD Network on Early Childhood Education and Care (2012), *Draft Position Paper of the Thematic Working Group on Workforce Quality*, background document for the 12th ECEC Network Meeting, OECD, Paris.

Picchio, M., D. Giovannini, S. Mayer and T. Musatti (2012), "Documentation and analysis of children's experience: An ongoing collegial activity for early childhood professionals", *Early Years*: *An International Research Journal*, Vol. 32, No. 2, pp. 159-170.

Sheridan, S. (2001), "Quality evaluation and quality enhancement in preschool: A model of competence development", *Early Child Development and Care*, No. 166, pp. 7-27.

Waterman, C., P.A. McDermott, J.W. Fantuzzo and J.L. Gadsden (2012), "The matter of assessor variance in early childhood education: Or whose score is it anyway?", *Early Childhood Research Quarterly*, Vol. 27, pp. 46-54.

Zaslow, M., J. Calkins and T. Halle (2000), *Background for community-level work on school readiness*: *A review of de nitions, assessments, and investment strategies. Part I: Defining and assessing school readiness—building on the foundation of NEGP Work*, Child Trends Inc., Washington, DC.

附录A4　员工/教师质量监测的工具

表A4.1　员工/教师质量监测的工具

工具名称	所使用国家或地区	年龄段	机构类型			评估目的	工具类型	评估领域	开发者/推广者	网站/参考
			中心/学校	家庭	举例					
成人参与量表	英国、葡萄牙	5岁（也可以用于其他年龄段）	×		m	评估成人与儿童互动的质量	自评	敏感性、激励性、自主性	Laevers, Bertram, Pascal	Bertram, A.D. (1996), "Effective Educators of Young Children: Developing a Methodology for Improvement", doctoral thesis presented September 1996, Coventry University; Laevers, F. (1994), "The Leuven Involvement Scale for Young Children" [manual and videotape]. Leuven: Centre for Experimental Education; Pascal, C. and A.C. Bertram, F. Ramsden, J. Georgeson, M. Saunders, and C. Mould (1996), *Evaluating and Developing Quality in Early Childhood Settings: A Professional Development Programme*, Worcester; Amber Publications

续表

工具名称	所使用国家或地区	年龄段	机构类型			评估目的	工具类型	评估领域	开发者/推广者	网站/参考
			中心/学校	家庭	举例					
早期教育项目评估档案袋（A PECP）*	美国	0～12岁	×	×	早期教育；学前儿童项目；家庭托儿所	确定项目的优势；有待改进的领域；认证/许可	核查表（课堂观察、文件审查、教师访谈时使用）	评估领域：计划、学习环境、安全与健康、互动化。基于中心的项目：项目管理、人员、食品服务、设施设备、项目发展。基于家庭的保育实践：互动、学习环境、健康与营养、安全、户外环境、专业责任	美国质量保证公司（Quality Assist）	www.qassist.com/pages/research-and-evaluation
看护人互动量表（CIS）	美国，英国	0～5/6岁	×	×	早期教育与保育	评估看护人互动的质量	观察教室机构教师填写等级量表	敏感、严格、公正、宽容	Arnett	http://fpg.unc.edu/sites/fpg.unc.edu/files/resources/assessments-and-instruments/Smart Start_Tool6_CIS.pdf
课堂互动评估系统（CLASS™）	美国采用质量评级与改进系统（QRIS）的各州，葡萄牙	0～17岁	×		PK-12的课堂	评估师幼互动的质量和课堂质量，为中心和教师提供信息；向学校和社区、学校提供针对性的反馈以改进互动质量	师幼互动的观察（CLASS™的认证观察员在七点量表上给每个领域的每个维度评分）	师幼互动的领域：婴儿：回应性照顾（关系）、教师的敏感性、促进探索、支持。学步儿：情感和行为支持（积极消极因素、教师的敏感性、儿童视角、行为指导；学习支持（促进学习和发展、反馈质量、语言模型）	教学和学习高级研究中心（Center for Advanced Study of Teaching and Learning, CASTL），弗吉尼亚大学科里教育学院	http://teachstone.com/the-class-system/

续表

工具名称	所使用国家或地区	年龄段	机构类型			评估目的	工具类型	评估领域	开发者/推广者	网站/参考
			中心/学校	家庭	举例					
课堂互动评估系统（CLASS™）								Pre-K：情感支持（积极/消极因素、教师的敏感性）课堂组织（行为管理、儿童视角、产出）和教学支持（概念形成、反馈质量、语言模型）K-3：同Pre-K 小学高年级阶段：情感支持（积极消极因素、教师的敏感性、儿童视角），课堂组织（行为管理、产出、消极氛围），教学支持（指导性学习方式、内容理解、分析与调查、反馈质量、教学对话和学生参与）中等教育：同小学高年级	（University of Virginia's Curry School of Education）Teachstone（教育基石系列）/ 布鲁克斯出版（Brookes Publishing）	
儿童早期教育环境评估量表（修订版）(ECERS-R)*	美国，加拿大，欧洲，亚洲和南美洲的国家	通常2.5~5岁	×		幼儿园，学前班，儿童保育班级	观察过程质量；信息、数据收集；为项目改进做出明智的选择	使用量表进行观察（7个子量表共43个评估项）量表可用于：项目负责人的监督和方案改进，机构员工/教师的监测，员工/教师的自评，教师培训	空间和设施 保育流程 语言—推理 活动 互动 项目结构 家长和员工/教师	Harms, Clifford, Cryer/ 环境评定量表协会（Environment Rating Scale Institute, ERSI）	www.ersi.info

续表

工具名称	所使用国家或地区	年龄段	机构类型 中心/学校	家庭	举例	评估目的	工具类型	评估领域	开发者/推广者	网站/参考
儿童早期教育评估量表（第三版）(ECERS-3)*	美国，加拿大，欧洲，亚洲和南美洲的国家	通常3~5岁	×		幼儿园，学前班，儿童保育班级	观察过程质量，关注师幼互动和环境规定；信息；数据收集；为项目改进做出明智的选择	使用量表进行观察（6个子量表共35个评估项）量表可用于：项目负责人的监督和方案改进，机构员工教师的监测、员工/教师的目评、教师培训以及美国的质量等级和改建系统	空间和设施 保育流程 语言与读写 学习活动 互动 项目结构	Harms, Clifford, Cryer/环境评定量表协会（Environment Rating Scale Institute, ERSI）	www.ersi.info
早期语言＆读写课堂观察（ELLCO）*（美国）	俄亥俄州（美国）	3~8岁	×		早期教育班级，K-3班级（pre-K, K-3）	评估教学实践，班级环境的质量；改进项目和促进专业发展	课堂观察，教师访谈（由督导员、校长、项目负责人、管理者、教师开展）	课程，图书和阅读，语言环境，教室规划，印刷和早期书写	布鲁克斯出版（Brookes Publishing）	www.brookespublishing.com/resource-center/screening-and-assessment/ellco/

续表

工具名称	所使用国家或地区	年龄段	机构类型			评估目的	工具类型	评估领域	开发者/推广者	网站/参考
			中心/学校	家庭	举例					
儿童早期教育环境评估量表(ECERS)(扩展版，包括4个课程子量表)*	英国、美国	3~5岁	×		早期教育与保育	为保育机构的课程设置提供补充信息	使用量表进行观察	读写、数学、科学与环境、多样性	Kathy Sylva, Iram Siraj-Blatchford, Brenda Taggart/教师学院出版社(Teachers' College Press)	www.ecersuk.org/4.html
儿童早期有效学习项目(EEL)*	英国、葡萄牙、荷兰、澳大利亚	0~7岁	×		早期教育机构(有教育任务的)	评估和比较早期学习的质量；质量的改进和学习有效性(四个阶段：评估、行动计划、改进、反思)	自我评估包括:儿童观察和成人的观察，文档分析，同事、对家长、儿童与外来EEL顾问合作，和家长和儿童合作)观察技巧:儿童参与中心的观察)，成人参与量表(成人—儿童互动)	儿童参与的信号：注意力、创造性、坚持力、精力、面部表情和姿势，反应时间、语言满意度	Prof. Christine Pascal, Prof. Tony Bertram(儿童研究中心)；基于Prof. F. Laevers的工作(比利时勒文大学)	www.crec.co.uk/

续表

工具名称	所使用国家或地区	年龄段	机构类型			评估目的	工具类型	评估领域	开发者/推广者	网站/参考
			中心/学校	家庭	举例					
初级评估（initial evaluation）*	智利	0~18岁	m	m	学前教育，基础学校和初级教育	考察初级教师专业教育毕业生的质量与学科知识；向教育机构，大众和毕业生提供教育质量和毕业生表现的信息	教师完成专业测试题（由中外部专家和专业人员设计）	学科和教学主题，书面表达，教学环境中信息通信技术的应用；符合教师部颁布的毕业教师标准	教育部，国家教育发展研究中心（CPEIP）组织专家和专业人员开发试题	www.mineduc.cl/index2.php?id_portal=79&id_seccion=4245&id_contenido=20559
家庭儿童养育环境等级评估量表（修订版）（FCCERS-R）*	美国，加拿大，欧洲、亚洲和南美洲的国家	0~12岁		×	家庭儿童保育项目	观察过程质量；信息量，数据收集；对方案改进做出明智的选择	使用量表进行观察（7个子量表共38个项目）	空间和设施 个人保育流程 倾听和交流 活动 互动 项目结构 父母和服务机构	环境评价量表研究（Environment Rating Scale Institute, ERSI）	www.ersi.info
婴儿幼儿托育保育环境评估量表（ITERS-R）*	美国，加拿大，欧洲、亚洲和南美洲的国家	0~30个月龄	×		中心制儿童保育项目	观察过程质量；信息量，数据收集；对方案改进做出明智的选择	使用量表进行观察（7个子量表共39个项目）量表用于：项目负责人的督导和项目改进，机构员工/教师开展自评，教师自评，教师培训	空间和设施 个人保育流程 倾听和交流 活动 互动 项目结构 父母和员工/教师	环境评价量表研究（Environment Rating Scale Institute, ERSI）	www.ersi.info

续表

工具名称	所使用国家或地区	年龄段	机构类型			评估目的	工具类型	评估领域	开发者/推广者	网站/参考
			中心/学校	家庭	举例					
幼儿园评估量表修订版（KES-R）	德国	3～5岁	×		幼儿园	评估和支持教育、教学和保育领域的教学质量	采用等级评估量表（包括身体、社会、情感和认知领域的指标）开展观察；访谈（由受过培训的观察者完成，机构自评或外部评估）	空间和物质资源　个人保育流程　认知和语言刺激　活动　员工/教师和儿童之间的互动　教学实践的规划和建构　员工/教师的情况以及和父母的合作	德国版ECERS，由Tietze, Schuster, Grenner, Roßbach修订/贝尔茨出版社（Beltz Verlag）	*www.ewi-psy.fu-berlin.de/einrichtungen/arbeitsbereiche/kleinkindpaedagogik/publikationen/index.html*
德国版婴幼儿托育环境评估量表（KRIPS-R）	德国、澳大利亚、瑞士	0～2岁	×		托儿所	评估和支持教育、教学和保育领域的教学质量	采用等级评估量表（包括身体、社会、情感和认知领域的指标）开展观察；访谈（由受过培训的观察者完成，机构自评或外部评估）	空间和物质资源　个人保育流程　认知和语言刺激　活动　员工/教师和儿童之间的互动　教学实践的规划和建构　员工/教师的情况以及和父母的合作	德国版ITERS-R，由Tietze, Bolz, Grenner, Schlecht, Wellner修订/贝尔茨出版社（Beltz Verlag）	*www.ewi-psy.fu-berlin.de/einrichtungen/arbeitsbereiche/kleinkindpaedagogik/publikationen/index.html*

续表

工具名称	所使用国家或地区	年龄段	机构类型 中心/学校	机构类型 家庭	机构类型 举例	评估目的	工具类型	评估领域	开发者/推广者	网站/参考
质量监测*	荷兰	0~4岁	×		儿童保育中心（日托中心）	提高质量水平；分析一个机构的优劣势	员工/教师、管理者通过等级量表进行自评（低、中、高三等），自评他们的表现；还包括一个最佳实践案例（或应避免）的核查表	教学质量，教学员工/教师的互动，员工/教师能关注儿童的需求，结构质量（保育环境的结构方面，机构其他的结构性质量）	荷兰儿童研究协会（Nederlands Consortium Kinderopvang Onderzoek）（荷兰儿童保育研究联合会）（Dutch Consortium of Child Care Research）	www.kinderopvangon derzoek.nl/drupal/ content/nckokwali teitsmonitor-0
幼儿园质量评估（第二版）（PQA）*	美国	0~5岁	×	×	婴儿—学步儿项目，幼儿园项目，家庭儿童保育	评估学习环境和成人与儿童的互动；报告；培训；认证	通过对机构的观察完成等级评估（机构自评或由外部接受过培训的评估者完成）	婴儿—学步儿项目质量评估：观察项目（日程安排和一日生活流程，学习环境，成人与儿童的互动），项目（父母参与和家庭服务，项目管理，员工教师资质和发展）幼儿园项目质量评估：班级项目（一日生活流程，学习环境，课程规划和评估，成人与儿童的互动，学习环境），成人与家庭服务，项目管理，员工教师资质和发展）家庭儿童保育项目质量评估：日常安排，家长参与与家庭服务，员工教师资质和发展）家庭儿童保育项目质量评估：日常安排，安全和卫生的环境，服务提供者与儿童的互动，学习环境	HighScope（美国高瞻教育）研究基金会	www.highscope.org/ Content.asp?Cont entId=79

续表

工具名称	所使用国家或地区	年龄段	机构类型 中心/学校	机构类型 家庭	机构类型 举例	评估目的	工具类型	评估领域	开发者/推广者	网站/参考
保育机构的自我评估工具（SiCs/ZiKo）*	比利时荷语文化区	0~12岁	×	×	日托中心和家庭日托（0~3岁儿童）；校外看护（12岁以下儿童）	确保/提高儿童的幸福和参与，评估和保育环境；提高员工/教师的专业发展	过程导向的内部自我评估：（机构管理者、外部顾问或协调人）通过量表观察儿童表现；员工/教师在小组工作中通过量表对教学方法进行自我评估	儿童的福祉和参与（基础设施和其他活动的提供、小组氛围、儿童自主性、成人工作风格与组织方式，实践人员员工/教师的指导风格）	Kind & Gezin/体验教育研究中心（Research Centre for Experiential Education）（比利时鲁汶大学）（Leuven University–Belgium）	www.kindengezin.be/img/sics-ziko-manual.pdf
国家教师评估体系	智利	0~成年*	×		市（公立）学前教育学校、小学、中学、特殊教育和成人教育	提高教学专业水平，改进教学质量	等级评估量表结合下面的评估：员工/教师的自我评估 同行评审（外部同行，含访谈） 管理者评估（学校校长、评估教师表现的教学主任） 教师表现档案袋（课堂实录、教学计划、课堂实践）	教学和课堂实践，教学决定，专业表现，工作情境	开发和实施：智利天主教大学评估中心（Measurement Centre of the Catholic University of Chile） 协调：教育部	www.docentemas.cl/index.php

续表

工具名称	所使用的国家或地区	年龄段	机构类型			评估目的	工具类型	评估领域	开发者/推广者	网站/参考
			中心/学校	家庭	举例					
家庭日托中心量表（TAS）	德国	0~5岁		×	家庭日托中心	评估和支持教育、教学和保育领域的教学质量	采用等级评估量表（包括身体、社会、情感和认知领域的指标）开展观察（由受过培训的观察者完成，机构自评或外部评估）	空间和物质资源 个人保育流程 认知和语言刺激 活动 社会发展 家庭日托员工/教师的情况以及和父母的合作	德国版FCC ERS-R，由Tietze, Knobeloch, Gerszonowiez修订贝尔茨出版社（Beltz Verlag）	www.ewi-psy.fu-berlin. de/einrichtungen/arb eisbereiche/kleinkind paedagogik/publika tionen/index.html

a=暂无 m=缺失

注：表中提到的各个国家或地区的情况，并不是指全国（地区）范围必须使用这些工具。表中列出的工具也可能在表中以外的其他国家（地区）使用。

表中提到的NCKO Quality Monitor, ECERS-3, ECERS-R, ITERS-R, FCCERS-R, ECERS-E, APECP, ELLCO, PQA, SiCs, TAS, KES-R, KRIPS-R和EEL也可以用于机构服务质量评估。SiCs还可以用于评估课程对儿童的学习成果。

ECERS-E是在ECERS-R的基础上开发的，加强了对机构课程有效的观察。它通常作为ECERS-R的补充。

儿童早期学习效果项目（EEL）还有一个针对更小年龄的婴幼儿早期有效学习项目（BEEL）。

初级评估（Inicia）是智利一个针对初级教师教育改进的项目。

在智利，国家教师评估体系是一个对幼儿园、小学、初中、特殊教育和成人教育教师进行评估的过程。

来源：Bertram, A.D. (1996), Effective Educators of Young Children: Developing a Methodology for Improvement, doctoral thesis presented in September 1996, Coventry University.

Brookes Publishing website, www.brookespublishing.com, accessed 20 March 2015.

Center for Advanced Study of Teaching and Learning (CASTL) (2011), Measuring and Improving Teacher-Student Interactions in PK-12 Settings to

Enhance Students' Learning, CASTL, Charlottesville, VA.

Centre for Research in Early Childhood website, www.crec.co.uk, accessed 20 March 2015.

Colwell, N. et al. (2013), "New evidence on the validity of the Arnett Caregiver Interaction Scale: Results from the Early Childhood Longitudinal Study—Birth Cohort", Early Childhood Research Quarterly, Vol. 28, No. 2, second quarter, pp. 218–233.

Gobierno de Chile, Ministerio de Educación website, www.mineduc.cl, accessed 20 March 2015.

Gobierno de Chile, Ministerio de Educación, Docentemás website, www.docentemas.cl, accessed 20 March, 2015.

HighScope, Program Assessment (PQA) website, www.highscope.org/Content.asp?ContentId=79, accessed 20 March 2015.

House of Commons (2000), Further Memorandum from The Effective Early Learning Project (EY 81), www.publications.parliament.uk/pa/cm199900/cmselect/cmeduemp/386/0061406.htm, accessed 20 March 2015.

Kind en Gezin website, www.kindengezin.be, accessed 20 March 2015.

Kita-Portal Mecklenburg-Vorpommern, Die Kindergarten Einschätz-Skala KES-R, www.kita-portal-mv.de/de/kita-management/qualitaet/instrumente_zur_qualitaetentwicklung_sicherung_und_messung/kes_r, accessed 27 March 2015.

Klaudy, E (20 December 2005), review of Tietze W., J. Knobeloch, E. Gerszonowicz (2005), Tagespflege-Skala (TAS): Feststellung und Unterstützung pädagogischer Qualität in der Kindertagespflege, Beltz Verlag, Basel, in Socialnet Rezensionen, www.socialnet.de/rezensionen/2987.php, accessed 27 March 2015.

Klaudy, E (20 December 2005), review of: Tietze W., M. Bolz, K. Grenner (2005), Krippen-Skala (KRIPS-R). Feststellung und Unterstützung pädagogischer Qualität in Krippen, Beltz Verlag, Basel, in Socialnet Rezensionen, www.socialnet.de/rezensionen/2986.php, accessed 27 March 2015.

Klaudy, E. (25 January 2002) review of: Tietze W., K.M. Schuster, K. Grenner, Die Kindergarten-Skala (KES-R). Feststellung und Unterstützung pädagogischer Qualität im Kindergarten, Cornelsen Scriptor, Berlin, in Socialnet Rezensionen, www.socialnet.de/rezensionen/201.php, accessed 27 March 2015.

Laevers, F. (1994), The Leuven Involvement Scale for Young Children (manual and videotape), Centre for Experimental Education, Leuven.

Litjens, I. (2013), Literature Review on Monitoring Quality in Early Childhood Education and Care (ECEC), OECD, Paris.

National Center for Education Statistics (NCES) (1997), "Measuring the quality of program environments in Head Start and other early childhood programs: A review and recommendations for future research", Working Paper, No. 97–36, Washington, DC.

OECD Education GPS website, http://gpseducation.oecd.org/Home, accessed 20 March 2015.

OECD Network on ECEC, "Online Survey on Monitoring Quality in Early Learning and Development", November 2013.

Pascal, C. et al. (1996), Evaluating and Developing Quality in Early Childhood Settings: A Professional Development Programme, Amber Publications, Birmingham.

Quality Assist website, www.qassist.com, accessed 20 March 2015.

Santiago, P., et al. (2013), Teacher Evaluation in Chile 2013, OECD Reviews of Evaluation and Assessment in Education, OECD Publishing, http://dx.doi.org/10.1787/9789264172616-en.

Sylva et al. (2004), "Technical paper 12, the final report: Effective pre-school education", *The Effective Provision of Pre-school Education (EPPE) Project*, The Institute of Education, London, *www.ioe.ac.uk/EPPE_TechnicalPaper_12_2004.pdf*, accessed 26 March 2015.

Teachers' College Press, ECERS–E, *http://store.tcpress.com/0807751502.shtml*, accessed 26 March 2015.

Teachstone website, *http://teachstone.com*, accessed 20 March 2015.

The University of North Carolina at Chapel Hill, Frank Porter Graham Child Development Institute, *Environment Rating Scales:B. Development of FCCERS-R*, *http://ers.fpg.unc.edu/b-developmentfccers-r*, accessed 25 March 2015.

UK ECERS website, *www.ecersuk.org/index.html*, accessed 26 March 2015.

Unicef (2012), *A Framework and Tool Box for Monitoring and Improving Quality* (draft), *www.unicef.org/ceecis/ECD_Framework_PART_II_june3.pdf*, accessed 20 March 2015.

University of Virginia, Curry School of Education, Classroom Assessment Scoring System™, website, *http://curry.virginia.edu/research/centers/castl/class*, accessed 20 March 2015.

StatLink ᵐˢⁱᵖ *http://dx.doi.org/10.1787/888933243296*

第五章
早期教育与保育儿童发展和学习成果的监测

　　儿童发展和学习成果的监测越来越受到重视，目的是明确儿童的学习需求以促进其发展，提高服务质量和员工/教师表现，并为政策制定提供依据。监测工具的选择非常关键，既要符合监测的目标，又要适合儿童的年龄特点。多数监测由地方决定，而不是由国家（地区）规定。监测工具很多，涵盖了儿童发展的各个领域，有地方自行设计的工具，也有适合各个国家或地区需求并验证过的标准化量表。

　　根据儿童的年龄特点和监测人员所关注领域的不同，无论是一国（地区）内部还是不同国家（地区）之间，监测工具的使用情况差异显著。观察工具用得最多，可以监测比较广泛的领域，如语言和读写能力、社会交往技能。叙事评估也可用于相对广泛领域的监测。直接评估相对来说用得比较少，而且一般关注比较狭窄的领域，如语言技能、健康发展。儿童发展和学习成果的监测主要由员工/教师在日常工作中完成，有时候也由保教机构负责人和外请专家来开展监测。尽管已经做了上述的努力，但接下来还需进一步改进监测工具，保证有适宜的工具来提供更准确的信息以支持儿童、员工/教师和政策制定者。

主要信息

● 越来越多的人认为应该监测儿童的发展和学习成果。在很多国家，这项工作是早期教育机构员工/教师的一项日常工作，外请专家来监测的情况还比较少见。监测不一定在国家（地区）层面开展，但是应该由当地政府或者至少由所在机构进行监测。

● 这些监测主要关注儿童的学习需求，以此来改善儿童的发展。政策制定者也希望通过监测来保证早期教育机构的服务质量和员工/教师的水平，同时提供更多透明的质量信息。为了满足不同的监测目的，各种各样的监测工具都在使用。

● 学前儿童的评估领域通常包括对语言技能的评估、对发展迟缓的识别等。从这个目的来说，已经有了非常成熟且广泛使用的评估工具。为了保证幼小衔接并支持儿童的发展，大多数国家或地区会和小学共享学前儿童的评估记录。

● 最常用的儿童发展监测方法是运用观察工具进行观察。整体叙事评估也比较常见。这些工具常常用于评估语言和读写能力、社会情感技能、运动能力和数学能力等。在很多国家或地区，比起观察和叙事评估，直接评估适用的评估领域更窄。一半以上的国家或地区经常用直接评估来关注技能的评估，如语言和读写技能、健康发展、社会情感和运动技能。

● 各个国家或地区的案例显示，儿童发展和学习成果的监测可能更多地与强调质量改进密切相关，通过政策提高对儿童需求的认识，更好地为他们提供服务。越来越多对儿童想法的监测实践也支持上述结论。研究重点和各个国家或地区的经验证明，仔细选择监测工具并保证工具适合儿童的年龄和发展特点是非常重要的。最适合了解员工/教师日常实践的监测工具，很可能完全不同于为政策制定收集数据的工具。

概　述

儿童发展和学习成果的监测不像机构质量监测那样常见，不过现在也日益受到人们的关注。对21个国家或地区[①]的调查显示，监测儿童的发展和学习成果，可以更好地满足儿童的需求，改善保教机构的服务，支持早期教育和保育政策的制定，促进儿童的发展。监测实践一般来说在地区而不是在国家层面开展。开展儿童发展和学习成果监测的国家或地区使用不同的监测工具，基本上覆盖了儿童发展的各个领域。

本章将首先讨论儿童发展和学习成果监测的优缺点。接着讨论监测的目的，包括参与国家或地区中哪些学习成果被监测，使用哪些工具及工具涵盖的儿童发展领域。我们将提供一些案例，介绍不同国家或地区如何实施监测，监测频率以及哪些方面需要监测。最后，我们将讨论儿童发展和学习成果监测的结果及所产生的影响。

儿童发展和学习成果监测产生了什么影响？

早期教育与保育质量监测的相关文献表明，监测儿童的健康、发展和学习成果对于改善员工/教师的工作实践和服务质量来说非常重要，有助于促进儿童的发展（Litjens, 2013）。为了在日常实践中发挥监测的好处并实现上述监测目标，研究者强调需使用与儿童年龄适宜的监测工具，需考虑监测时儿童的情绪是愉悦还是有压力，还需考虑对儿童开展持续监测（Barnett et al., forthcoming, Meisels and Atkins–Burnett, 2000; NAEYC, 2010; NICHD, 2002; Sattler, 1998）。为了影响政策制定，监测和评估的各个方面应该是相关的，且监测实践操作性强，成本低，结果能反复比较，这是非常重要的（Barnett et al., forthcoming）。一般来说，测试评估不同于叙事评估，它是为特定目的设计的。评估工具和评估目的之间的匹配很重要。例如，用于制定机构问责或确认儿童特殊需求等重要决策的工具可能不适合教师在教室或者活动室中使用（Waterman et al., 2012）。

年龄适宜的多元评估支持员工/教师的实践

儿童发展和学习成果的监测帮助员工/教师明确儿童的需求并支持他们的发展，因而监测是发展、教学或保育的一个重要因素（Barblett and Maloney, 2010）。监测儿童的发展是获取儿童技能和成长信息并影响员工/教师和父母做决定的重要途径。监测信息还能改善员工/教师和

---

① 在24个参与的国家或地区中，有21个报告说在机构中监测儿童发展和/或学习成果，包括以下国家或地区：澳大利亚、比利时荷语文化区、比利时法语文化区、智利、捷克、芬兰、法国、德国、意大利、日本、哈萨克斯坦、卢森堡、墨西哥、荷兰、新西兰、挪威、葡萄牙、斯洛伐克、斯洛文尼亚、英格兰（英国）、苏格兰（英国）。

儿童的互动，帮助他们采用适宜的课程和标准满足儿童的需求。

在某个瞬间及时捕捉儿童的技能和能力是一个有挑战性的课题（Zaslow, Calkins and Halle, 2000）。相比后期的发展，儿童大脑在出生到8岁期间更敏感，发展更迅速（见图5.1）。为了评估每个儿童不同领域能力的发展，建议基于各种不同的信息对儿童学习成果进行监测，而不是开展单一的测试或监测，特别是在将评估结果用于重要决策的制定或对儿童开展早期追踪研究的情况下（NAEYC, 2010; Waterman et al., 2012）。不过，这样广泛而深入的评估会增加监测的成本（Barnett et al., forthcoming）。

另外，保证儿童发展和学习成果监测工具的发展适宜性也很重要（Meisels and Atkins-Burnett, 2000; NICHD, 2002; Sattler, 1998）。监测工具的设计应考虑儿童的年龄，确定他们的健康幸福、学习和发展需求，以及能力和技能的发展状况（Barnett et al., forthcoming; Waterman et al., 2012; Neisworth and Bagnato, 2004）。

研究显示，早期教育与保育机构监测幼儿的发展并支持他们的成长，特别适合采用真实自然的持续观察法，比如儿童作品集或叙事评估（Meisels and Atkins-Burnett, 2000; Meisels, 2007, NAEYC, 2010）。证据表明，观察、儿童作品集或叙事评估档案等非正式监测实践和儿童发展和学习成果之间存在正相关关系（Bagnato, 2005; Meisels et al., 2003; Neisworth and Bagnato, 2004; Grisham-Brown, 2008）。美国一项研究使用一种衡量实践和环境的工具以促进儿童读写和语言能力的发展，取得了积极的效果。如果在课堂上使用基于课程的儿童评估工具，如果儿童作品的收集和联邦早期学习计划的要求相一致，如果儿童评估信息体现在个人和课堂教学计划中，那么课堂质量可以达到更高的水平（Hallam er al., 2007）。

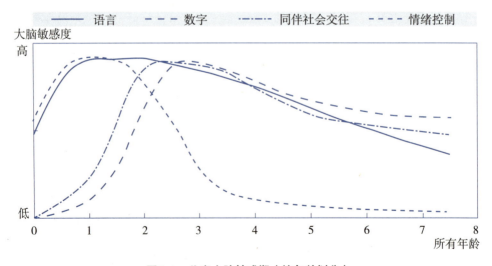

图5.1　儿童大脑敏感期（按年龄划分）

来源：儿童早期发展委员会（2010），Naudeau等（2011）。

StatLink ▦▩ *http://dx.doi.org/10.1787/888933243406*

儿童观点的监测可以提供关键信息

研究显示，儿童的观点是有意义的，因为它能反映很多儿童在早期教育与教育机构和更广泛社会生活中的经历（Clark, 2005; McNaughton, 2003; Sorin, 2003）。在监测早期教育与保育机构质量时考虑儿童观点的重要性已深入人心，不过对监测工具和结果的有效性及其有效实施还需要更多的研究和思考（Clark and Williams, 2008; Meisels, 2007; NAEYC, 2010; Neisworth and Bagnato, 2004）。对儿童自我认知的定量研究发现，儿童观点能提供他们在学术能力、成就动机、社交能力、同伴接纳、抑郁和攻击等方面的发展信息，这些信息与看护人和教师的评分相一致（Measelle et al., 1998）。

使用儿童发展和学习成果监测结果时需谨慎

对儿童学习成果的监测结果的使用应谨慎。例如，虽然诊断工作很重要，但如果它被用来决定推迟入学或拒绝入学的"入学准备"，那么可能会对儿童的发展产生负面影响。诊断的风险是一些儿童可能在学校生涯一开始就被打上了失败的标签。延迟入学并不会让儿童有更好的表现，而且延迟还可能剥夺儿童和同龄人的互动，与同龄人的互动为认知发展提供了关键机会。研究发现延迟入学的儿童会出现更多的行为障碍（Bredekamp and Copple, 1997; Byrd, Weitzman and Auinger, 1997; NAEYC, 2010; Shore, 1998）。

关注幼儿阶段的学习成果与评估还需要注意"小学化倾向"的问题。如果早期教育与保育机构及其监测等实践和更高一级的学校教育相类似，监测的重点可能就会偏离儿童参与和专门针对幼儿的特殊教学方法（Alcock and Haggerty, 2014; Bennett, 2005; Lazzari and Vandenbroeck, 2013）。上述这些考虑既强调了确保年龄适宜性监测实践的重要性，还强调了考虑整体评估的重要性，评估不能只局限于狭窄的认知领域（参见后面的Barnett et al., forthcoming）。

纵向研究可以研究长期效果

对儿童发展以及前后学习成果的纵向追踪研究，特别适合探讨早期干预与后期学习成果之间或公共投入与"回报"之间潜在的因果关系。这些研究不仅丰富了儿童个体纵向发展的信息，而且还分析了早期教育与保育以外可能影响儿童学习成果的背景因素。这些研究经常为政策制定提供参考（Lazaari and Vandenbroeck, 2013）。北美在目标干预后的纵向研究方面很有影响力，建立了通过早期投入促进儿童认知和非认知技能发展以及成年后在劳动力市场取得成功的案例（Kautz et al., 2014）。如表5.1所示，苏格兰是少数几个近来开展纵向研究以支撑政策制定和实践的经合组织成员地区。

表5.1　监测儿童发展的目的

国家或地区	监测目的								
	问责		为政策制定提供依据	告知公众	提升服务水平	改进员工/教师表现	明确员工/教师的学习需求	促进儿童发展	明确儿童的学习需求
	没有惩罚或奖励	有惩罚或奖励							
澳大利亚		×	×	×	×	×	×	×	
比利时荷语文化区	×		×	×	×	×	×	×	×
比利时法语文化区	×		×		×			×	×
智利	×		×		×				×
捷克	×	×	×	×	×	×	×	×	×
芬兰					×	×	×	×	
法国			×	×	×	×			×
德国						×	×	×	
意大利	m	m	m	m	m	m	m	m	m
日本								×	
哈萨克斯坦	×							×	×
卢森堡	×		×		×	×		×	×
墨西哥	×		×	×	×			×	×
荷兰	m	m	m	m	m	m	m	m	m
新西兰					×		×		×
挪威					×	×		×	×
葡萄牙			×		×			×	×
斯洛伐克		×	×	×	×	×	×	×	×
斯洛文尼亚								×	×
英格兰（英国）		×	×	×	×	×	×	×	×
苏格兰（英国）	×		×	×	×	×	×	×	×

来源：经合组织早期教育与保育网络工作组关于"早期学习与发展质量监测网络调查"的数据，2013年11月。

StatLink 🔗 *http://dx.doi.org/10.1787/888933243334*

考虑儿童发展和儿童早期的环境及其复杂性

　　认识到儿童发展的复杂性及其决定因素是很重要的。儿童发展不仅反映为学术知识、认知技能、身体健康、运动能力、社会情感和学习方式的发展，而且还受到这些发展领域的影响（Barblett and Maloney, 2010; Raver, 2002; Snow, 2007）。儿童发展监测应该以尊重特定社会儿童发展的信念价值观的方式开展，并让家庭和社区成员确保在监测实践中适当考虑文化背景（Espinosa and López, 2007; Oliver et al., 2011）。经合组织早期教育与保育网络工作组在《早期学习与发展：共识》（2015）一文中也强调了这一点。该文还强调了利用儿童天生的好奇心和充沛精力鼓励他们游戏和探究的重要性，鼓励儿童参与家庭真实生活并和家庭成员合作的重要性，尊重多样性、公平性和包容性的重要性，以及知识丰富、反应敏捷、善于反思的有资质（或认证）的专业员工/教师的重要性。

分析儿童学习成果的监测结果时应牢记一点，尽管高质量早期教育与保育服务起关键作用，但学习成果部分是由背景因素决定的，如家庭学习环境、社会经济背景以及父母和社区的参与程度（OECD, 2012; Barnett et al., forthcoming）。儿童发展和学习成果的监测结果不能仅仅被看作是早期教育与保育服务的结果。

专栏5.1 儿童发展和学习成果的纵向评估：苏格兰的例子

苏格兰有一个名为"成长在苏格兰"（Growing Up in Scotland, GUS）的纵向研究项目。该项目自2005年开始追踪了10000名儿童和他们的家庭，从出生到童年：其中大概3500名儿童出生于2004/2005年，另外6000名儿童出生于2010/2011年。研究者通过纵向数据探索早期经历与之后学习成果之间的关系。在这两个出生群体中，研究者还研究了儿童成长环境的变化给儿童成长带来的变化。该项目由苏格兰政府资助，希望能提供一些新的信息来支撑政策的制定，不过该项目的研究发现也为早期教育从业者、对早期教育感兴趣的部门、学术界等提供了信息。

"成长在苏格兰"项目关注的领域比较广泛，覆盖儿童生活的各个方面，并监测儿童学习成果的各个领域。根据儿童的年龄使用不同的监测工具，包括广泛使用的工具和实证测量工具。社会交往、情感和行为发展的测量使用儿童长处与困难问卷（Strengths and Difficulties Questionnaire, SDQ）。认知发展的测量，如词汇量和问题解决能力，使用英国智力量表（British Ability Scales, Second Edition, BASII）。身高和体重的变化也被追踪，使用测量儿童的身体质量指数（Body Mass Index, BMI）。超过接受早期教育与保育的年龄后，儿童7岁时还会被测量他们的主观幸福感——使用许布纳的九项学生生活满意度五点量表（Huebner's nine-item Student Life Satisfaction Scale）。"成长在苏格兰"项目还收集主要看护人的信息，通过面对面访谈和网络收集数据。儿童7岁后可以自己完成问卷。儿童10岁时项目也从他们的老师那里收集一些数据。

"成长在苏格兰"项目会定期发表研究发现。2014年发表了关于学前教育和保育对儿童社会交往和认知发展的影响报告，结果发现儿童的背景因素和他们是否接受高质量学前教育之间没有统计学上的关系。保育督导组认为高质量环境在儿童5岁时对他们词汇技能的发展会有显著作用，但是在3岁时，即使控制儿童背景因素，这种影响也不显著（Bradshaw et al., 2014）。

"成长在苏格兰"项目在苏格兰政府和保育督导组的支持下促进了早期教育与保育的发展，并为国家早期教育与保育指导材料的开发提供了线索。苏格兰早期教育合作联盟（Scotland's Early Years Collaborative）——一个社区规划伙伴联盟（包括社会服务、健康、教育、政策制定和第三方专业机构），也广泛使用这些研究发现，目的是保证为苏格兰的家庭和孩子提供高质量的支持。

来源：苏格兰政府提供了案例，经合组织秘书处编辑；Bradshaw等（2014）的研究。

儿童学习成果的测量可以支撑政策制定

文献研究的焦点是通过儿童学习成果监测得出每个儿童发展状况这种方法的优点和缺点。然而，巴内特等人即将发表的文章，旨在基于为政策制定而收集的国内外儿童学习、发展和健康评估的数据开展决策分析。考虑到上面提到的一些挑战，该文提出了国际研究中选择儿童学习成果评估范围和工具的标准：

（1）评估应该涵盖儿童的学习、发展和健康，这是政策制定者和公众关注的重点。

（2）评估必须是有效的、可靠的、公平的，重要指标符合儿童年龄和发展的特点。

（3）评估必须具有可操作性，而且成本低廉，能负担得起。

（4）监测结果在一国（地区）内部和国家（地区）之间可反复比较，特别是国际研究。

基于对所选择的儿童发展综合评估的批判，作者得出了如下结论："现有评估提供了监测儿童身体发育、社交、情感、语言和认知发展的多种选择，这些选择考虑了儿童年龄、评估模式、被评估者来源及他们的负担。对于儿童执行功能、数学和科学领域认知的评估较少。对儿童艺术和文化发展、儿童学习方法的评估非常少……几乎没有（全面评论）对儿童自尊、自我效能、价值观和尊重或主观幸福感等的评估。"（Barnett et al., forthcoming）从目前各个国家或地区开展的儿童发展和学习成果监测的分析中可以看到这些发现，具体内容会在本章其他部分加以讨论。

为什么监测儿童的发展？

各个国家或地区监测儿童发展和学习成果的原因不同，但都采取类似的模式，各个国家或地区其他质量领域的监测也是如此（见图5.2和本章附录表A5.1）。

与本调查的潜在目的一致，儿童发展和学习成果监测最普遍的原因是促进儿童的发展（21个国家或地区中的16个）和确定儿童的学习需求（16个），接下来是提升服务质量（15个）、支持政策制定（12个），以及改进员工/教师的表现（12个）。问责也是一个原因（12个）。

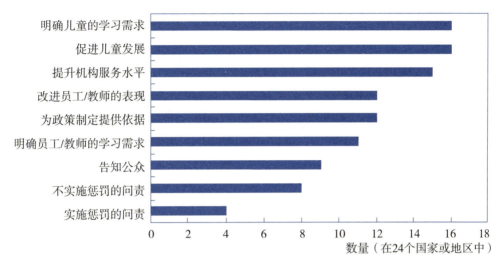

图5.2 监测儿童发展的目的

来源：表5.1，经合组织早期教育与保育网络工作组关于"早期学习与发展质量监测网络调查"的数据，2013年11月。

StatLink ᵃˢᵖ *http://dx.doi.org/10.1787/888933243419*

一些国家或地区，例如苏格兰和捷克，开展监测的原因比较广泛，包括问责，为政策制定提供依据，提升员工/教师的表现以及促进儿童的发展。这意味着儿童发展和学习成果监测所获得的信息形成了整个早期教育与保教领域的"价值链"，涵盖了公众、政策制定者、早期教育服务提供者、员工/教师，当然也包括儿童自己。这对监测方法和实践提出了更高的要求，就如前面所提到的，不同的监测目的常常要求不同的方法和工具。持续的非正式监测可以提高员工/教师的实践，并促进每个儿童的发展。但是这些监测很难提供可比较的可靠信息，为政策制定者制定关于所有儿童和机构的政策提供依据，或者让服务提供者对其所提供的质量负责。

其他国家或地区定义的监测目的比较狭窄，局限在了解早期教育与保育机构的日常工作。比如，德国认为监测目的是提高早期教育服务机构员工/教师的表现，确定他们的学习需求和促进儿童的发展，而日本则认为促进儿童的发展是重点。芬兰提到在早期教育机构监测儿童发展是为了保证每个儿童得到他（她）需要的个别支持，但是没有全国性的监测数据。对于每个机构说，每个儿童的个人发展计划会记录他（她）的发展状况，这是强制性的。

儿童发展和学习成果监测使用哪些方法和工具？

参与调查的国家或地区使用各种工具来测量儿童发展和学习成果，见该部分的介绍和表5.2的总结。相比叙事评估和观察评估，直接评估的使用不那么普遍，观察法是用得最多的方法。不管儿童发展和学习成果是否被评估，也不管使用哪种工具，各个国家或地区各机构的评估目的都是不一样的。令人惊讶的是，根据相关年龄段选用测量工具还未形成明确的模式。在解释各国（地区）回复时必须指出，它们的回复并不意味着开展全国（地区）统一的监测。这里讨论的工具涉及当地早期教育与保育机构中各种常见的监测实践，但不一定包括所有机构，因为每个机构可以自行开展。评估工具大致划分为直接评估、叙事评估和观察评估三类。有关各个国家或地区开展儿童发展和学习成果监测所使用的特定工具，可以在本章附录里看到更为详细的介绍（见附录表A5.4）。

表5.2　儿童发展的监测工具

国家或地区	直接评估		叙事评估		观察评估		关注的年龄段
	儿童测查	儿童筛查	故事讲述	档案袋	等级量表	核查表	
澳大利亚	×	×	×	×	×	×	m
比利时荷语文化区*	×	×	×	×	×	×	m
比利时法语文化区*	×			×	×	×	m
智利	×				×		1~7岁
捷克			×	×	×	×	3~6岁
芬兰*		×	×		×	×	1~6岁
法国			×			×	3~5岁
德国*	×	×	×	×	×	×	4~5岁进行筛查
意大利*	×	×	×	×	×	×	3~6岁
日本*		×					m
哈萨克斯坦*		×	×	×	×	×	根据评估需要有所不同
卢森堡*			×			×	3~6岁
墨西哥*	×	×	×	×	×	×	根据机构需要有所不同
荷兰						×	2.5~6岁
新西兰			×	×			0~6岁
挪威*	根据环境决定使用哪种工具						0~5岁
葡萄牙			×	×	×	×	3~6岁
斯洛伐克			×	×	×	×	3~6岁

续表

国家或地区	直接评估		叙事评估		观察评估		关注的年龄段
	儿童测查	儿童筛查	故事讲述	档案袋	等级量表	核查表	
斯洛文尼亚*	×					×	根据评估工具有所不同
英格兰（英国）*	×	×				×	0~5岁
苏格兰（英国）*		×				×	27~30个月健康复查

注：在比利时荷语文化区，仅指教育部门的信息。

在比利时法语文化区，仅指教育部门的信息。

在芬兰，各类儿童发展的评估工具都有使用，市政府决定使用什么工具，没有全国性的标准化测试。

在德国，儿童发展监测所使用的工具并不针对特定年龄；持续使用的工具有故事讲述、档案袋、等级量表和核查表。在这些工具中，等级量表相对来说用得较少。

在意大利，等级量表用于评估4~5岁的儿童（不是所有3~6岁的儿童，和其他工具一样）。

在日本，幼儿园每年使用一次等级量表（体检）；儿童中心和托儿所每年使用两次（体检）。

在哈萨克斯坦，1~6岁使用直接评估，评估关注的年龄不同；2~6岁使用叙事评估；5~6岁使用观察评估。

在卢森堡，建议使用一种特定的观察工具，但不是强制性的，并为其实施提供具体的培训。

在墨西哥，参与评估的年龄段各不相同：为国家工作人员0~5岁儿童提供基于中心的联邦早期教育与保育（ISSSTE）从评估出生一个月的儿童开始；为0~3岁提供基于家庭的联邦早期教育（CONAFE）评估0~3岁的儿童；为低社会经济地位家庭0~5岁儿童提供基于中心的保育（SNDIF）从评估满45天的儿童开始；为0~5岁儿童提供服务的公立儿童发展中心（SENDI）评估0~3岁的儿童；义务制幼儿园评估3岁的儿童；为0~5岁儿童提供基于中心的联邦社会安全保育（IMSS）从评估满43天的儿童开始。

在挪威，叙事评估和观察评估最常见。直接评估常用于早期教育与保育机构之外的健康检查，或特殊需要的评估。

在斯洛文尼亚，幼儿园评估儿童读写能力和语言技能时使用监测工具。幼儿园自行决定使用什么工具，以及什么时候开展评估。

在英格兰，对2岁儿童和处于早期基础阶段的儿童有一个发展进展检查。

在苏格兰，27~30个月的儿童有一个健康评估。各地使用的工具各不相同，但是包含一系列的核心发展要素（社会交往、情绪情感、行为、口语和语言、大动作和精细动作技能）。

来源：经合组织早期教育与保育网络工作组关于"早期学习与发展质量监测网络调查"的数据，2013年11月。

StatLink 📊 *http://dx.doi.org/10.1787/888933243347*

直接评估

运用直接评估进行监测，也就是说在评估儿童能力和发展状况时没有中介，而是直接进行评估，这种方法在本次参与调查的国家或地区中并不常见。在参与调查的国家或地区中只有12个案例，而且通常也不在国家（地区）层面进行。使用直接评估工具的国家或地区很少，这一事实不仅可以解释为对儿童测试适宜性和可行性的担忧，比如北欧国家的数据，而且还可以说明直接评估的实施成本比较高。假如由外部人员开展直接评估，还需要给他们支付服务费用。使用一些标准化测试工具也需要给工具开发者或所有者支付版权使用费。即使是那些免费的工具，由早期教育与保育机构员工/教师自行开展，也需要额外地投入时间（也就是机会成本）。换句话说，这可能导致员工/教师减少花在儿童身上的时间（也可以参见后面巴内特等人的研究）。直接评估工具可以分为以下两种。

儿童测查

测查是一种正式的评估，通常在纸上或计算机上完成，一般用来测量儿童的知识、技巧/或能力。有9个国家或地区采用儿童测查作为评估方法，包括澳大利亚、比利时荷语文化区和法语文化区、智利、德国、意大利、墨西哥、斯洛文尼亚和英格兰，不过不是系统性评估，也不在全国（地区）或所有机构进行。例如，比利时荷语文化区只对学前儿童（3～5岁）进行测查。德国的测查和筛查（screenings）只用于强制性的语言评估。和我们所知道的义务教育阶段广泛使用标准化评估的情况不同（OECD, 2013），早期教育与保育阶段使用标准工具的情况比较少。标准化测查（standardised test）是这样设计的：问题、使用条件、计分程序和解释都是一致的，并以预定的标准方式对所有被试儿童进行测查和计分。在参与调查的国家或地区中，只有智利幼儿园、墨西哥为0～3岁儿童提供基于家庭的联邦早期教育（CONAFE）和为0～5岁儿童提供基于中心的联邦社会安全保育（IMSS）开展标准化的测查。另外，斯洛文尼亚的一些幼儿园也可以基于自愿使用标准化工具对儿童的读写能力和语言技巧进行测查。在德国，大多数的标准化测查用来测量儿童的发展和学习需求。专栏5.1描述的"成长在苏格兰"等纵向研究通常使用标准化工具进行比较研究。标准化测查的实施可能只需要教师和儿童花一些时间，但是评估儿童，无论是内部评估还是外部评估，都需要巨大的资源保证（参见后面巴内特等人的研究）。

专栏5.2 墨西哥的年龄与发展阶段问卷（ASQ）

墨西哥全国教育发展委员会（Consejo Nacional de Fomento Educativo）在"早期教育项目"中运用各种工具评估儿童的发展，其中一个工具就是年龄和发展阶段问卷（ASQ），经合组织内外的其他国家也在使用。年龄和发展阶段问卷（第三版）（ASQ, third edition）是一个筛查工具，包括涵盖1至66个月龄的21个调查问卷。这些问卷由家长完成，收集到的信息部分用于人口统计，但主要用于了解儿童发展的状况。问题的语言描述简单，家长从固定选项中选择回答"是""有时"或"没有"。调查问卷旨在评估儿童在以下五个领域的发展：

（1）沟通交流；

（2）大肌肉动作；

（3）精细动作；

（4）问题解决技能；

（5）个人社交技能。

每个领域设置一个分值，并和临界值进行比较，结果会反映儿童的发展状况，是需要进一步评估或持续监测，还是发展正常。该工具用来发现儿童某方面发展是否迟缓。

在墨西哥，经济研究与教学中心（Centro de Investigación y Docencia Económicas, CIDE）和世界银行选择该工具，是因为它是一个能够发现儿童社会情感发展优势与劣势的有效工具。在评估墨西哥全国教育发展委员会"早期教育项目（2011—2015）"的影响时使用了该工具。经济研究与教学中心的研究者翻译和改编了该工具，并在墨西哥6个有代表性的州进行了测试：恰帕斯州、墨西哥州、瓦哈卡州、普埃布拉州、克雷塔罗州和维拉克鲁斯州。写这本书的时候正在评估，期望能给墨西哥全国教育发展委员会提供一些建议。

来源：墨西哥国家教育发展部提供了初步的案例研究，经合组织秘书处编辑；见后面巴内特等人的研究。

儿童筛查

筛查（screening）的目的是发现儿童正常发展过程中的问题和发育迟缓，通常通过一个简短的测试来评估某个儿童是否具备他（她）应该掌握的基本学习技能，或者是否存在明显的发育迟缓。筛查工具包括专业人员询问儿童或父母的一些问题（这个需要考虑儿童的年龄）。在评估过程中，专业人员可以通过与儿童的谈话和游戏来看他们是怎么游戏、学习、说话、表现和行动的。筛查测试常常用于确认发育迟缓或学习障碍、言语或语言障碍、孤独症、智力障碍、情感/行为障碍、听力或者视觉损伤，或者注意缺陷多动障碍（Attention Deficit Hyperactivity Disorder, ADHD），随后往往还会开展进一步的评估。9个参与调查的国家或地区使用筛查工具进行评估，包括澳大利亚、比利时荷语文化区、德国、哈萨克斯坦、意大利、日本、墨西哥（见专栏5.2）、英格兰和苏格兰，但是这些评估都不在国家（地区）层面开展。在比利时荷语文化区和其他一些国家或地区，筛查评估适用3～5岁的儿童，而不是更小的儿童（见本章附录表A5.1）。参与调查的国家或地区都没有在国家（地区）层面使用标准化的筛查工具。不过，德国的一些州开展标准化的筛查。与测查类似，不是筛查本身难度大，而是对筛查工具得出的结果进行分析需要巨大的资源保证，这不是所有国家（地区）和机构能负担得起的。

值得注意的是，在早期教育与保育之外的领域，对同年龄段儿童的筛查可能有更多的方法。

叙事评估

叙事评估通过叙事或者讲故事来描述儿童的发展。15个参与调查的国家和地区使用了该评估方法，这是一种更具包容性的评估儿童发展的方法，因为它不仅涉及员工/教师的工作，还包括儿童的作品，以及家长的意见或者反馈。叙事评估整理或打包儿童所做的和学到的东西，比如儿童的绘画和练习作品，员工/教师的反馈、工作计划或实践案例。叙事评估在瑞吉欧·艾米莉亚项目中还是儿童发展监测的基础，通过教学文档了解儿童的学习，并将其作为改善机构服务质量的工具。教学文档可能包括儿童不同时期完成的作品，所以可以了解儿童的学习过程和进度。叙事评估并不局限于看最终的成果，而是要告诉员工/教师、父母和儿童完成某项特定任务的方式，即他们如何计划并完成任务（Katz and Chard, 1996）。正如上面提到的，使用多种资源对儿童进行评估，久而久之特别有助于员工/教师了解实践，并关注不同年龄阶儿童的个体需要和能力。不过，叙事评估的成本也不低，因为需要大量的人员培训和时间来收集和评估儿童的过程性成果和最终成果等。儿童的时间较少受到影响，因为评估被融入日常活动（见后面巴内特等人的研究）。叙事评估可以包括观察的结果，我们会在下面讨论（Litjens, 2013）。叙事评估包括两种常见的形式。

故事讲述

故事讲述（storytelling）通常涉及各种儿童作品和员工/教师、家长的反馈，讲述儿童在一定时期内的成长故事。11个国家或地区使用这个方法，包括澳大利亚、比利时荷语文化区（只在学前学校使用）、捷克、芬兰、德国、意大利、哈萨克斯坦、墨西哥、新西兰、葡萄牙和斯洛伐克。

档案袋

档案袋（portfolios）是儿童的作品集，这些作品讲述儿童的成长故事或展示儿童在某个领域的成就。档案袋比故事讲述更普遍，在14个参与调查的国家或地区中使用，超过一半的国家或地区使用该方法来监测儿童的发展和学习成果。这些国家或地区包括澳大利亚、比利时荷语文化区（只在学前学校使用）和法语文化区、捷克、芬兰、法国、德国、意大利、哈萨克斯坦、卢森堡、墨西哥、新西兰、葡萄牙和斯洛伐克。

观察评估

观察（observation）是一种以局外人的视角去收集儿童信息的方法。18个参与调查的国家或地区使用该方法，它们在使用时会有更具体或特别的目标（比如督导、同行审查），或者根本没有固定的目的（比如为父母提供儿童进步的记录也算）。叙事评估可以使用观察的结果，但是观察工具的使用不能影响儿童的活动，也不能给儿童增加额外的负担。不过，员工/教师或其他评估者必须投入大量时间完成观察工具的表格。无论这些工具是否标准化，对于管理者来说相对简单，通常由与孩子和父母一起工作的员工/教师完成。但是，对于员工/教师和机构来说，他们的工作量可能会因工具使用所需的培训而有所增加。参与调查的国家或地区广泛使用以下两种观察工具。从应用的相对简便性和研究结果可以看出，这两种工具特别有助于指引儿童发展的实践。

等级量表

等级量表（rating scales）是通过收集一组定性或定量的信息来对观察进行编码的方法。有的等级量表有1~10个等级，人们（通常是评价者或评估者）选择一个数值来反映被评估儿童的表现或行为。12个参与调查的国家或地区使用该类工具：澳大利亚、比利时荷语文化区和法语文化区（仅限教育部门）、智利、捷克、芬兰、德国、意大利、哈萨克斯坦、墨西哥、葡萄牙和斯洛伐克。正如德国和意大利的报告中指出的那样，等级量表的使用并不是很普遍，仅限于在地方层面使用。

核查表

核查表（checklist）包括一系列任务、技能和能力，用来评估儿童发展或知识掌握的情况，比如"儿童能数到5"或"儿童能独立游戏"。不过，与等级量表不同的是，核查表只反映儿童是否能完成某项特定任务或具备某项技能，所以结果常常不够具体和详细。核查表是评估儿童发展和学习成果最普遍的工具，17个参与调查的国家或地区使用该工具：澳大利亚、比利时荷语文化区和法语文化区、捷克、芬兰、法国、德国、意大利、哈萨克斯坦、卢森堡、墨西哥、荷兰、葡萄牙、斯洛伐克、斯洛文尼亚、英格兰和苏格兰。使用核查表的案例可以查看专栏5.4介绍的儿童早期发展工具（EDI）。英格兰通过早期基础阶段教育档案袋（EYFS Profile）监测儿童的学习成果，档案袋是在一段时间内使用观察的标准化评估。比利时荷语文化区使用保育机构自评工具（SICS/ZIKO）对儿童学习成果进行监测，还有一个针对家庭保育机构的自评工具（SIVS–Vo/ZIKO–Vo）。

对儿童观点的监测可以整合到其他工具中，而且这已成为普遍做法。事实上，12个参与调查的国家或地区在一些或所有机构中监测儿童的观点：澳大利亚、比利时荷语文化区、捷克、芬兰、法国、卢森堡、墨西哥、挪威、葡萄牙、斯洛伐克、斯洛文尼亚和瑞典。对3岁以上儿童的观点进行监测比较普遍，也有针对年纪较小儿童的，比如北欧的一体化服务机构，或者比利时荷语文化区的家庭日托或日托中心（使用SICS/ZIKO）。在大多数国家或地区，监测儿童观点的方式没有相关规定，但是访谈是最常用的方法。专栏5.3芬兰的案例可以说明这一点。

只有少数国家或地区规定了法律适用的监测工具。在德国，各联邦州的规定各不相同，但主要关注语言评估，而法国的学前教育在国家层面提出了统一的要求。日本的健康检查是由法律规定的，还有墨西哥为0～5岁儿童提供基于中心的联邦社会安全保育（IMSS）的儿童发展评估工具是强制性的。英格兰规定了两项评估：2岁儿童的阶段发展检查和早期基础阶段的档案评估。

专栏5.3　芬兰监测儿童观点的实践

监测儿童观点为政策制定提供依据，芬兰提供了一个有趣的案例。2013年年底至2014年年初，芬兰教育与文化部开展了一项大型的父母调查活动，为早期教育与保育领域一项新法律的制定提供支持。活动过程包括对儿童的访谈，保证儿童的声音被听到。这是第一次在制定一项新法律前先倾听儿童的声音。芬兰的报告中指出，在国家层面强调倾听儿童的声音是联合国《儿童权利公约》的要求。

为了支持法律框架的修订，全国48名儿童在所在的早期教育与保育机构里接受了访谈，访谈者是他们的老师或其他员工/教师。访谈试图揭示儿童在机构里的日常生活如何影响他们各方面的发展。为了表达他们的观点，儿童拍了照片、画了画，并通过照片和画和员工/教师讨论在机构他们喜欢什么，不喜欢什么，以及希望改变什么。

芬兰的报告中指出，儿童在访谈中强调和朋友一起参加活动的重要性。他们特别喜欢自由地游戏和到处走动。他们也喜欢一些身体运动的游戏。关于早期教育与保育机构环境的问题，他们认为床和睡眠室让人不舒服，即活动和自由行动受到限制的房间。他们还认为坐着不能动的时间也让人不愉快。儿童说他们希望得到成人个性化的照顾，小组活动中出现分歧时成人能进行调解。总的来说，儿童喜欢早期教育与保育机构，他们要求能有更多的时间游戏、活动和运动，能够使用现代化技术。员工/教师和成人认为很重要的活动，比如长时间的晨间小组活动，儿童不认为是有意义和重要的。

对于芬兰教育与文化部来说，儿童作为早期教育与保育服务的用户，有责任提供有价值的反馈以促进早期教育与保育服务的评估。儿童观点的监测结果也鼓励芬兰政府在实践中把儿童观点放在更为重要的位置。

来源：芬兰文化与教育部提供了案例研究的初稿，经合组织秘书处编辑。

儿童发展和学习成果监测涵盖哪些领域？

参与调查的各个国家或地区都监测广泛的儿童发展和学习成果领域。在讨论如何评估这些领域之前，即使用所提出的哪些工具，先简单介绍一下我们所指的各评估领域的具体定义。

- 语言和读写能力（language and literacy skills），指儿童各方面对语言的接受能力和输出能力：语法（造句的能力）、词态（构词的能力）、语义（理解词或句的意思）、语音（语音意识）、语用（语言如何在不同情境下使用）和词汇；也指儿童（语言发展初期）的读写技巧，包括与读写相关的所有技巧，比如再认和写出字母和单词、理解图片等。

- 数学能力（numeracy skills），指推理能力、运用简单数字概念与理解数字的能力。基本的数学能力包括了解和认识空间、形状、位置和方向、集合基本性质、数量、顺序和数字概念、时间和变化、数数，以及理解加、减、乘、除等基本数学知识。

- 社会情感能力（socio-emotional skills），指儿童情感和社交能力的发展，包括儿童表达和调节情绪的能力、儿童与他人的交往和游戏（包括同伴）、自我概念、人格发展、自我效能和影响儿童形成思维、感受和行为的个性特征等，也指合作、协商解决问题的能力。社会情感发展的案例中还包括形成和保持积极的人际关系，体验、管理和表达情绪，探索和融入环境等。

- 运动能力（motor skills），指控制复杂肌肉和神经做动作的能力，以及协调身体的能力。既包括精细动作和粗大动作技能的发展，还包括对自己身体的认识。精细动作技能指画画、写字或穿鞋等小肌肉动作。粗大动作技能指走、踢、跑、骑等大肌肉动作。

- 自我管理能力（autonomy），指儿童在没有其他人的帮助下（掌握技能）完成活动和任务、自己做决定、表达自己观点或想法、有安全感并对自己能力有自信的一种能力。

- 创造能力（creative skills），概括地说就是儿童产生思想与感觉并运用想象和各种方式表达想法与经验的能力，包括艺术技能（比如艺术、音乐和舞蹈）。

- 实践能力（practical skills），指儿童主动参与的能力，主要指儿童日常生活中所需要的技能，比如系鞋带、刷牙等。

- 健康发展（health development），指儿童的身体健康状况，包括身体健康，如超重情况下所反映的状况（采用世界卫生组织的标准，2006）。这里不包括心理、情绪和社会性发展，这些领域的发展包含在"社会情感能力"的定义中。

- 幸福感（well-being），可以理解为一种主观感受，即儿童在日常生活中的体验，他们如何看待周围的物质环境，他们的社会关系以及他们自身的能力。

- 科学能力（science skills），不仅指地理和自然科学等科学学科，对自然循环的兴趣和理解，还指科学知识的发展，质疑科学现象的能力，以及对科学学科进行总结归纳的能力。科学还指我们对科技如何塑造并影响物质、知识和文化环境的认识，以及理解我们都是自然循环一部分的能力。

- 信息和通信能力（information and communications technology skills, ICT skills），指运用数字和技术环境促进发展、交流和知识创造的能力。数字环境指电脑（包括笔记本电脑、台式电脑、平板电脑等）和电脑游戏、因特网、电视、收音机等媒体。

各个国家或地区在评估哪些领域及如何评估上存在广泛的差异。直接评估主要用于测量语言和读写能力（10个国家或地区）、健康发展、社会情感和运动能力（8个），接下来是数学能力（7个）、自我管理和创造能力（6个）（见本章附录表A5.1）；评估实践能力、科学能力、幸福感与信息和通信能力的国家或地区较少（见图5.3和本章附录表A5.1）。实践能力和创造能力在实际中如何测量的信息比较少，健康发展的测量较为普遍，例如日本幼儿园每年监测一次，托儿所每年两次；苏格兰对27～30个月龄的儿童进行健康评估；比利时法语文化区定期评估托儿所和托管机构的儿童，幼儿园的儿童每年进行一次健康评估。

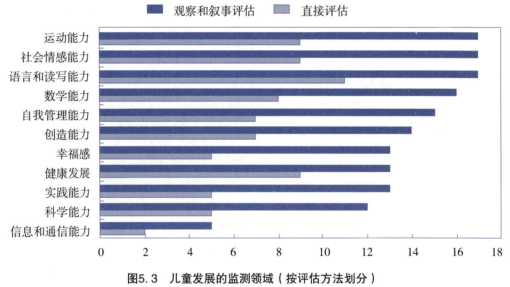

图5.3 儿童发展的监测领域（按评估方法划分）

注：根据使用观察评估和叙事评估的国家或地区数量的递减顺序排列监测领域。基于21个国家或地区使用直接评估、观察评估和叙事评估监测儿童发展领域的信息。

来源：表A5.1，经合组织早期教育与保育网络工作组关于"早期学习与发展质量监测网络调查"的数据，2013年11月。

StatLink ⌨ *http://dx.doi.org/10.1787/888933243423*

监测儿童的幸福感和监测儿童的观点比较相似，儿童观点的监测在专栏5.3的芬兰案例中已经介绍过了。其他国家或地区，像斯洛文尼亚，使用等级量表评估学前儿童的参与度和幸福感，捷克的一些学校把儿童幸福感和快乐的监测作为学校自评的一部分。挪威的研究项目调查了幼儿园对儿童幸福感和学习的影响。

正如上面所讨论的，在参与调查的国家或地区中，通过观察和叙事评估监测儿童发展比直接评估更加普遍和广泛（见本章附录表A5.2）。在语言和读写能力、社会情感能力和运动能力等领域，观察评估的使用最普遍（17个国家或地区的这三个领域都使用）。数学能力（16个）、自我管理能力（15个）和创造能力（14个）的监测也比较普遍。信息和通信能力（5个）的监测是比较少的。所有采用叙事评估的国家或地区的情况也是如此，墨西哥除外。墨西哥为0～5岁儿童提供基于中心的联邦社会安全保育（IMSS）、为国家工作人员0～5岁儿童提供基于中心的联邦早期教育与保育（ISSSTE）和为0～3岁儿童提供基于家庭的联邦早期教育与保育（CONAFE）中，叙事评估的使用都不多。在为0～5岁儿童提供基于中心的联邦社会安全保育（IMSS）中，日常事件报告通常描述每个孩子每天的收获和经历。在为0～3岁儿童提供基于家庭的联邦早期教育（CONAFE）中，叙事评估主要关注非认知能力和社会情感能力的发展，而为国家工作人员0～5岁儿童提供基于中心的联邦早期教育与保育（ISSSTE）则关注语言、读写能力和数学能力的发展。

不是所有的国家或地区都明确规定了各个领域的发展标准，但是哈萨克斯坦等国家对不同年龄段的各发展领域都设定了具体标准。哈萨克斯坦学前教育与培训的国家教育标准（State educational standard of preschool education and training, SES）在每个年龄发展阶段设定了儿童能力的基准标准，例如健康习惯、语言和交流能力、创造能力和社会交往能力等。除了与学校和社会衔接的准备标准之外，每个年龄段还设定了若干发展标准，如表5.3所示。

表5.3　哈萨克斯坦认知能力的发展标准

发展领域/年龄	1～3岁	3～5岁	5～6岁
物体特性的区分	能区分物体的主要颜色、形状、大小、质地	能基于触觉、听觉和嗅觉描述物体特点的差异	作为一种认知活动检查物体的特性和属性
对世界的认识	对人们及其活动产生好奇和兴趣	理解有生命或无生命的自然和社会生活的简单因果关系，能用2～3个句子讨论这种关系	能完成视觉运动和视觉造型的认知任务，能区分异同，能根据各种原因组织和分类
建构能力	能重现一个成人展示的简单结构	独立选择建构材料，试图以优美的方式建构物体	知道几种常见的建构方法，并能用这些方法建构不同的物体
生态文化基础	对野生动物表现出友好和关心的态度	理解自然界特定的行为规则，知道成人需要照顾动植物	理解世界的多样性，动植物的特征和特性以及与环境的关系
基本的数学表述	显示基本的空间定位技能	理解时间、空间、因果关系、数字等基本概念	知道几何形状的结构特征，数量的前后关系

续表

发展领域/年龄	1～3岁	3～5岁	5～6岁
探索和实验工作	用不同的物体进行实验（断开、接上、设计）	有目的地运用新材料实验，模仿环境，思考物体间的常见关系	在实验活动中设定并达成目标
获取信息	对不同的信息来源感兴趣	理解获取新信息的需求	理解如何提供新信息，谁会对这些信息感兴趣

来源：经合组织早期教育与保育网络工作组关于"早期学习与发展质量监测网络调查"的数据，2013年11月。

StatLink ᵃⁱˢᵖ *http://dx.doi.org/10.1787/888933243352*

值得注意的是，无论使用哪种监测工具，以及这些工具如何在实践中运用，不同机构和各级地方开展监测时会有很大的不同，就像德国、芬兰、挪威、葡萄牙和瑞典等国家所报告的那样。本报告不能覆盖各国（地区）报告的所有内容，下面会讨论几个案例。

葡萄牙报告说，每个机构根据课程指南和教学组织使用自己的工具。同样，挪威的报告表明，各种工具或方法的使用只是更全面评估当地儿童身心状况、发展和学习活动的一个部分。根据挪威的课程框架，"所有儿童和个别儿童的身心状况和发展应该……基于持续的观察和评估"（挪威教育和研究部，2006）。挪威在报告中指出，根据国家的抽样调查，95%的幼儿园使用观察评估，教学档案和学习故事等叙事评估也很普遍。所谓"儿童访谈"或"系统对话"现在也比较普遍，三分之一的挪威幼儿园使用这两种方法。为了支持教师和员工/教师开展系统观察，根据地方的决定和需求，可选择和使用的工具多种多样。这些工具可以由专家根据当地实际情况开发或设计，并在不同程度上经过效度的验证。

墨西哥为0～3岁儿童提供基于家庭的联邦早期教育（CONAFE）设计了一个筛查特定能力的工具，称作"继续发展"，用来评估和分析出生至4岁儿童在不同年龄段的发展情况。该工具的设计目的是评估从早期教育项目中受益的儿童，评估早期教育项目本身及其对儿童身体、认知、社会情感发展的影响。该工具承认家庭学习环境对儿童发展的重要性，也评估被试儿童主要看护人的养育能力。墨西哥其他早期教育与保育项目中使用的工具是不同的。义务制幼儿园（3～5岁）每年开展三次筛查，用于评估儿童在过去一学年中取得的能力成就，评估项和项目设计的目标是一致的。为0～5岁儿童提供服务的公立儿童发展中心（CENDI）和为0～3岁儿童提供基于家庭的联邦早期教育（CONAFE），员工/教师主要使用观察评估儿童的发展。为0～3岁儿童提供基于家庭的联邦早期教育（CONAFE）使用的筛查工具和核查表在专栏5.2和5.4中都有介绍。

谁负责直接评估?

监测工作主要由员工/教师负责。然而，正如我们下面将要讨论的，在很多国家或地区，其他一些人员也会参与进来，特别是在使用比较成熟的工具时。儿童发展和学习成果监测主要是内部工作，而且常常和员工/教师的实践相关，但是外部机构在评估工作中也发挥了重要的作用。这反映了一个事实，在大多数国家或地区，与其他领域的监测相比，儿童发展和学习成果的监测更加频繁，而且往往是持续性的监测或者每年开展好几次，正如下面所讨论的那样。如前所述，叙事评估和通过观察工具进行评估是最普遍的。

关于谁开展直接评估，一些国家或地区提供了更详细的信息，这些信息进一步表明了员工/教师的重要作用，但也揭示了一些变化。在英格兰的幼儿园和儿童托管机构、比利时荷语文化区的学前教育机构和法语文化区的所有机构，员工/教师对儿童进行直接评估。智利的幼儿园，德国的日托中心，哈萨克斯坦的所有机构，墨西哥为0～3岁儿童提供基于家庭的联邦保育（CONAFE）、为0～5岁儿童提供服务的公共儿童发展中心（CENDI）和为0～5岁儿童提供基于中心的联邦社会安全保育（IMSS），以及新西兰的早期教育与保育机构也是这样的。墨西哥为国家工作人员0～5岁儿童提供基于中心的联邦早期教育与保育（ISSSTE），机构管理层仅对儿童的发展进行直接评估。新西兰指出，在一些早期教育机构，比如毛利的"语言巢"，父母也可以参与评估。

5个国家或地区由外部的机构和评估者开展直接评估。在比利时法语文化区，医务人员会定期去托儿所和儿童托管机构评估儿童的健康发展和动作能力。在幼儿园，这些能力不但教师要评估，心理医疗人员每年也要评估一次。在智利，国家劳动部和医疗委员会委托第三方机构开展直接评估。全国幼儿园委员会（JUNJI）要求机构员工/教师每年开展抽样评估，第三方评估机构每隔一年评估儿童的发展情况。德国的报告指出，儿童语言发展的测试和筛查常常由内部员工/教师开展，但是在北莱茵–威斯特法伦州和巴伐利亚州，测试由中小学教师和第三方员工/教师一起完成。在巴登–符腾堡州，测试由当地卫生部门负责，某种程度上和日本有点类似，日本完全由校医来负责。第三方评估的其他两个案例来自墨西哥为0～3岁儿童提供基于家庭的联邦保育（CONAFE），其中用到的儿童早期发展工具（EDI）由国家社会健康保护委员负责实施，年龄和阶段问卷（ASQ）则由经济研究和教育中心负责实施。在斯洛文尼亚，一些语言和阅读能力评估的工具可以在特别的场合由心理学家、教育学家、特殊教育学家或其他一些咨询人员来完成，也可以由幼儿园教师和家长来完成。上述这些案例介绍了参与调查的国家和地区广泛开展的评估实践。从机构内部的日常儿童发展监测到使用标准化工具的第三方专业监测，方法的变化很可能会影响监测的结果。

儿童发展和学习成果监测的时间和频率如何？

大多数国家或地区儿童发展和学习成果的监测都是每年至少一次，或者甚至是连续性的监测，这取决于监测目的。儿童发展和学习成果的监测频率很少有相关的法律规定，但是法律规定强烈鼓励连续性的监测（也见本章附录表A5.3）。儿童发展和学习成果的监测应贯穿整个早期教育与保育阶段。

很多国家强调儿童发展和学习成果监测的连续性，这也表明监测结果有助于形成发展性目标。捷克的报告中说，在早期教育与保育领域，教师应该连续监测和评估每个儿童的发展和进步。这个过程可以支撑教师的工作实践，也能支持儿童的发展和学习。事实上每个幼儿园甚至每位教师都可以选择和开发他们自己的监测和评估系统，因为这样可以帮助他们根据儿童的需求采取不同的教育方式、教学工具和教育实践。开展定期监测的同时可以辅以更多预防风险的措施。例如法国的学前教育就是定期监测儿童的进步。基于观察和对结果的分析，某些学生可能需要参加心理学家或校医负责的额外测试，以预防未来可能遇到的困难。正如上面所讨论的，英格兰设计的2~3岁儿童阶段发展检查是为了确认儿童是否达到了所在年龄段的发展要求，帮助确认他们的特殊教育需求和可能需要外部支持的发展障碍。保教实践者必须监测2~3岁儿童的发展，并和家长分享儿童关键领域的发展情况，确认儿童的发展优势以及还没有达到预期的领域。假如检查显示某位儿童需要特别关注，或者确认他/她有特殊的教育需求或发展障碍，员工/教师需要专门为他/她制订教学计划。计划需要和其他领域的专家一起制订，例如适当整合机构提供的特殊教育，目的是支持儿童未来的学习和发展。

虽然小学评估超出了本研究的范围，但是值得关注的是，在入小学前后开展更多总结性评估（summative assessment）的做法比较普遍。例如，澳大利亚在全国范围内运用儿童早期发展工具（EDI）评估一年级的5岁儿童，正如专栏5.4中讨论的那样。法国在报告中指出，尽管早期教育和保育机构会定期告知父母儿童的进步情况，但对5岁前儿童的表现不进行标准化评估。在英格兰，早期基础阶段教育（EYFS）档案袋必须在每个儿童满5周岁的最后一个学期完成。档案袋为家长和看护人、保教实践者和教师提供儿童知识、理解和能力的综合发展情况，与基准相比所取得的进步，以及入小学一年级做好的准备等。档案袋考虑放入持续观察的材料、各机构对儿童发展的记录以及与父母和其他相关人员的讨论等。在德国的各联邦州，学校的入学测试由当地卫生部门或学校行政部门负责，收集有关儿童运动能力和包括注意力、"非言语交流智力"和语言技能在内的各种认知能力的信息等。测试使用一系列工具，收集的数据既不汇总也不用于比较。意大利也会采用一些工具来评估儿童在早期教育与保育结束时入学准备的情况，不过这些工具不会在全国层面使用。例如专栏5.1介绍的苏格兰纵向研究，使得收集儿童在童年、受教育期间甚至更长一段时间里的进步数据成为可能，为早期经验和之后学习成果之间的关系研究提供了证据。

关于多大年龄儿童的发展应该被评估，各国（地区）普遍存在差异。不过，各国（地区）使用的工具所适宜年龄的差异并不显著，这可能会引发对工具适宜年龄的质疑。各国（地区）的报告都反映，从3岁开始监测儿童的发展和学习成果比较普遍，特别是在早期教育与保育二元管理的地区，这里通常指更正规的教育机构（见本章附录表A5.1和A5.2）。值得注意的是，并非所有监测儿童发展的国家（地区）对各类机构和各年龄段儿童都采取同样的做法。具体的细节在一些国家（地区）案例中会予以描述。在比利时法语文化区，儿童发展的监测一直持续到学前教育结束，期间教师会运用各种非标准化的监测工具评估儿童的入学准备程度。

以智利为例，该国对不同年龄段的儿童进行抽样监测。智利国家劳动部评估了6个月至7岁年龄段儿童的全国样本。最近的抽样评估是2012年完成的。智利全国幼儿园委员会（JUNJI）和地方教育部门各自评估了1~5岁年龄段的儿童样本。除了上面提到的评估领域，智利还监测儿童的身高、体重和头围。智利还提供了开展各年龄段评估的其他工具的详细信息，包括监测6个月至7岁儿童心智运动功能发展的巴特尔发展量表（Inventario de Desarrollo Battelle, BDI-ST2）。评估2岁儿童的执行功能使用"铅笔敲击"和"甜点延迟满足"两个任务；评估3~6岁儿童使用"头、脚趾、膝盖和肩膀"的测试。对3~6岁和年龄较大的儿童还可以采用其他测试，比如专栏5.2讨论的年龄与发育阶段问卷（ASQ）。

在斯洛文尼亚，鼓励语言发展是学前教育的一个关键目标，所以设计了针对不同年龄段儿童读写和语言能力的评估工具。使用这些工具的评估者是心理学家、教育者、特殊教育者和其他咨询顾问，幼儿园或中小学教师和父母在一些情况下也会使用。评估8~30个月龄，3~9岁和7~14岁的儿童有不同的监测工具。在苏格兰，儿童在27~30个月时都需接受公共卫生保育员和卫生访视员的评估，评估领域包括社交、情感和行为发展，也包括营养、生长、养育和家庭关系、父母健康、家庭学习环境与参与早期学习和保育机构的情况。在英格兰，健康儿童项目包括对2~2.5岁儿童的评估，由保健医生对儿童健康和发展的关键领域进行评估。

如何使用或分享监测结果？

确保员工/教师、家长、政策制定者和其他人员收集的儿童发展和学习成果评估信息适当地使用是至关重要的，可以为他们的实践和决策提供依据。使用和分享这些信息是有效使用评估结果的一个前提条件。

三分之二的参与调查的国家或地区会与小学分享儿童发展的信息。虽然只有3个国家依法强制早期教育与保育机构必须和学校共享儿童发展的信息，但在大多数国家或地区这是普遍做法。只有6个国家不共享儿童发展的信息。一些国家强调说，信息共享保证了早期教育与保育机构和学校之间的平稳过渡，尤其是满足有需要儿童的特殊需求。在一些国家，例如捷克、芬兰和挪威，信息共享需要征得父母的同意。儿童发展的信息通常在入小学前或在刚进入小学时能够做到共享。一些国家或地区指出，信息共享的种类和数量可能因地区的不同而有所不同。

儿童发展和学习成果的监测也面临着各种挑战。例如，捷克在使用形成性评估时面临困难，即如何从个性发展的角度预测和回应每个儿童的需求。意大利建议推动儿童学习成果的全国监测，包括儿童幸福感和学习方法等非认知因素。各国报告提到了共同的挑战，即儿童发展和学习成果的监测如何有效地改进员工/教师的实践工作（专栏5.4的塔斯马尼亚案例），或者如何为政策制定者提供信息依据（专栏5.4的加拿大案例或专栏5.1的"成长在苏格兰"项目）。各个国家或地区通常将收集到的儿童学习成果信息和质量改进联系起来（澳大利亚），更好地了解儿童的需求（法国），加大政策力度来改进质量（荷兰），提高儿童各发展领域的能力（斯洛伐克）。

当儿童发展和学习成果监测与问责挂钩时，常常与奖惩相关。例如，澳大利亚、捷克共和国、斯洛伐克和英格兰的监测就与奖惩明确相关。这意味着监测既可以使用指向儿童未来发展和满足儿童需求的形成性评估，也可以使用指向过去的判断儿童进步或学习成果是否达标的总结性评估，可能还可以包括员工/教师和机构对儿童进步的贡献。总结性评估也可用于高风险的决策，如奖励或惩罚员工/教师和机构，并为政策和干预措施的制定提供依据（见后面巴内特等人的研究）。

专栏5.4　儿童早期发展评估的使用和本土化

儿童早期发展评估（Early Development Instrument，EDI）最早由加拿大安大略省开发，是一个入学时对儿童发展或身心状况的人口水平测量。其他国家随后根据各自独特的文化和社会需求开发了本土化的儿童早期发展评估工具。澳大利亚开发了澳大利亚版的儿童早期发展评估工具（AEDI），墨西哥也改编并验证了EDI，被卫生部用于5岁以下儿童神经发展问题的早期筛查。下面将讨论加拿大和澳大利亚的案例。

EDI是一个由教师完成的儿童发展核查表。结果汇总为群体结果（学校、社区、城市等），为儿童发展提供一个基于人口的测量。评估数据不在个别儿童或班级的层面进行报告，意味着EDI不被用作个别儿童的诊断工具，也不被用作儿童入学准备的评估工具。评估结果使当地政府、社区或者早期教育服务提供者能够评估当地儿童相比全国其他社区儿童的发展情况（如果在全国范围使用的话）。

这个核查表测量早期儿童发展的五个关键领域：

- 身体健康和身心状况
- 社交能力
- 情绪情感成熟度
- 语言和认知能力

　　●沟通能力和常识

加拿大的儿童早期发展评估工具

　　在加拿大，EDI在过去十年一直在使用，在泛加拿大和国际的报告中也有使用。加拿大报告说，EDI在10个省和2个地区收集了超过100万儿童的数据。一些省或地区已经有多个EDI数据收集中心，在某些情况下，定期通过EDI收集数据是持续监测、研究和评估的组成部分。从理论上说，儿童早期发展评估适应了通过入学评估监测儿童从出生到青少年期发展轨迹的新兴需求。

　　儿童早期发展评估的结果呈现的是每个领域的平均数，以及入学时易遇到学业和发展挑战的儿童比例（每个领域和整体情况）。根据过去12年积累的数据，超过25%的加拿大在园儿童易遇到学业和发展挑战，例如他们在一个或多个发展领域有困难，比如说精细动作能力、同伴相处能力、沟通能力、早期读写能力和计数能力等。儿童早期发展评估对儿童后期的学业成绩和身心发展有很强的预测性，研究显示在幼儿园得分较低的儿童在后续年级更容易经历学业成绩和社会交往方面的挑战。

　　在过去十年，儿童早期发展研究和政策专家与加拿大各地的幼儿园教师合作，运用EDI对幼儿进入学校后的发展进行监测。所取得的监测结果与社区利益相关者、学校和政府相关部门分享，用于支持社区资源的利用和儿童身心发展的监测。监测结果还有助于确定需求和优势在哪里，以及当前早期教育与保育服务哪方面还存在差距。监测结果也可以用来进行研究和评估。监测结果可以和地理信息系统（GIS）的制图技术、社会经济数据整合，并和地方、省卫生和教育信息库连接，用于深入分析影响儿童发展及其轨迹的各种因素。

　　加拿大强调儿童早期发展评估的潜力，能够激励教育和宣传儿童早期发展的重要性，引导政策和项目促进儿童获得最佳的发展，并帮助评估干预的有效性。儿童早期发展评估是理解、创新和推进政策以及制定儿童早期发展规划的关键资源。

儿童早期发展评估在澳大利亚的运用：塔斯马尼亚案例

　　2003年，联邦政府和州政府、学术界、早期教育实践者达成强烈的共识，即澳大利亚应该改编儿童早期发展评估工具。社区儿童健康中心（Centre for Community Child Health, CCCH）接受联邦政府的资助，在超过60个社区试点工具，并最终形成了本土化的儿童早期发展评估工具（AEDI）。从2009年开始，澳大利亚开始使用该工具，在国家层面收集所有入学儿童健康发展的信息。在第一轮成功运行后，澳大利亚政府开展了一项持续监测儿童健康和身心发展状况的全国性评估。2014年澳大利亚儿童早期发展评估工具（Australian Early Development Instrument, AEDI）项目更名为澳大利亚早期发展普查（Australian Early Development Census, AEDC）项目，将项目和数据收集工具进行区分，同时指出这是澳大利亚版的工具。

塔斯马尼亚岛的案例说明AEDC项目的结果可以用来激励和宣传促进儿童发展的实践。2009年至2012年的结果显示，塔斯马尼亚儿童在一个或多个评估领域上存在发展问题的比例低于全国平均水平。不过，一些社区的结果显示儿童发展问题的比例比较高。塔斯马尼亚全岛屿于2007年在30个小学开展"开始学习"项目，这些小学通常有附属的幼儿园。项目学校的教师会给婴儿、幼儿和家长开展很多活动。他们使用EDI的结果选择适合项目的活动，在发展易遇到挑战的领域给予儿童支持。在塔斯马尼亚教育部的支持下，教师们的专业水平得到进一步发展，能更好地理解EDI数据和相关的发展领域，能和当地父母和孩子一起设计出更好的活动。例如，通过参观一些不熟悉的地方，培养孩子处理信息和解决问题的能力。根据教育部的信息，定期参加"开始学习"项目活动的儿童相比他们的同伴，在进入小学（学前班）后数学发展更好。

来源：澳大利亚政府，2014a, 2014b; Litjens, 2013; 经合组织早期教育与保育网站"早期儿童学习和发展质量监测在线调查"，2013年11月；加拿大儿童早期发展评估工具（EDI）的案例由各省和地区、加拿大政府、加拿大教育部长委员会合作提供；经合组织秘书处进行了编辑。

参考文献

Alcock, S. and M. Haggerty (2013), "Recent policy developments and the 'schoolification' of early childhood care and education in Aotearoa, New Zealand", *Early Childhood Folio*, Vol. 17, No. 2,pp. 21-26.

Australian Government (2014a), *Australian Early Development Census – Australian Early Development Census Community Story – Launching into Learning*, TAS 2014.

Australian Government (2014b), *Australian Early Development Census – History, www. aedc.gov.au/about-the-aedc/history*, accessed 19 January 2015.

Bagnato, S. (2005), "The authentic alternative for assessment in early intervention: An emerging evidence-based practice", *Journal of Early Intervention*, Vol. 28, No. 1, pp. 17-22.

Barblett, L. and C. Maloney (2010), "Complexities of assessing social and emotional competence and well-being in young children", *Australasian Journal of Early Childhood*, Vol. 35, No. 2, pp. 13-18.

Barnett, S., S. Ayers and J. Francis (forthcoming), "Comprehensive measures of child outcomes in early years: Report to the OECD", report prepared for the 16th Meeting of the OECD Network on Early Childhood Education and Care, 18-19 November 2014, Berlin, Germany, OECD.

Bennett, J. (2005), "Curriculum issues in national policy-making", *European Early Childhood Education Research Journal*, Vol. 13, No. 2, pp. 5-23.

Bradshaw, P., G. Lewis and T. Hughes (2014), "Growing Up in Scotland: Characteristics of pre-school provision and their association with child outcomes", Scottish Government, Edinburgh, http://www.scotland.gov.uk/Resource/0045/00453130.pdf.

Bredekamp, S. and C. Copple (eds.) (1997), "Developmentally appropriate practice in early childhood programs", National Association for the Education of Young Children, Washington, DC.

Byrd, R.S., M. Weitzman and P. Auinger (1997), "Increased behavior problems associated with delayed school entry and delayed school progress", *Pediatrics*, Vol. 100, No. 4, pp. 654-661.

Clark, A. (2005), "Ways of seeing: Using the Mosaic approach to listen to young children's perspectives", in A. Clark , A.T. Kjørholt and P. Moss (eds.), *Beyond Listening*: *Children's Perspectives on Early Childhood Services*, Policy Press, University of Bristol, United Kingdom, pp. 29-49.

Espinosa, L.M. and M.L. López (2007), *Assessment Considerations for Young English Language Learners across Different Levels of Accountability*, The National Early Childhood Accountability Task Force and First 5 la.

Grisham-Brown, J. (2008), "Best practices in implementing standards in early childhood education", in A. Thomas and J. Grimes (eds.), *Best Practices in School Psychology V, National Association of School Psychologists*, Washington, DC.

Hallam, R., J. Grisham-Brown, X. Gao and R. Brookshire (2007), "The effects of outcomes-driven authentic assessment on classroom quality", *Early Childhood Research & Practice*, Vol. 9, No. 2.

Litjens, I. (2013), *Literature Review on Monitoring Quality in Early Childhood Education and Care (ECEC)*, OECD, Paris.

Katz, L. G. and S.C. Chard (1996), *The Contribution of Documentation to the Quality of Early Childhood Education*, ERIC Clearinghouse on Elementary and Early Childhood Education, Urbana, IL.

Kautz, T., et al. (2014), "Fostering and measuring skills: Improving cognitive and non-cognitive skills to promote lifetime success", *OECD Education Working Papers*, No. 110, OECD Publishing, Paris, http://dx.doi.org/10.1787/5jxsr7vr78f7-en.

Lazzari, A. and M. Vandenbroeck, M. (2013), *The Impact of Early Childhood Education and Care on Cognitive and Non-Cognitive Development, A Review of European Studies*,

Compagnia di San Paolo e Fondazione Zancan, TFIEY Selected Papers.

MacNaughton, G. (2003), "Eclipsing voice in research with young children", *Australian Journal of Early Childhood*, Vol. 11, No. 1, pp. 36-43.

Measelle, J. R., J.C. Ablow, P.A. Cowan and C.P. Cowan (1998), "Assessing young children's views of their academic, social, and emotional lives: An evaluation of the self-perception scales of the Berkeley puppet interview", *Child Development*, Vol. 69, pp. 1 556-1 576.

Meisels, S. J. and S. Atkins-Burnett (2000), "The elements of early childhood assessment", in J. P.Shonkoff and S. J. Meisels (eds.), *Handbook of early childhood intervention*, Cambridge University Press, New York, NY.

Meisels, S.J. et al. (2003), "Creating a system of accountability: The impact of instructional assessment on elementary children's achievement test scores", *Education Policy Analysis Archives*, Vol. 11, No. 9,pp. 1-18.

Meisels, S.J. (2007), "Accountability in early childhood: No easy answers", in R.C. Pianta, M.J. Cox and K.L. Snow (eds.), *School Readiness and the Transition to Kindergarten in the Era of Accountability*, Paul H.Brookes Publishing Co., Baltimore, MD.

National Association for the Education of Young Children (NAEYC) (2010), *Quality Rating and Improvement Systems (QRIS) Toolkit*, NA EYC, Washington, DC.

National Institute of Child Health and Human Development (NICHD) (2002), "Early childhood education and school readiness: Conceptual models, constructs, and measures", Workshop Summary, Washington, DC.

Naudeau, S. et al. (2011), *Investing in Young Children*: An Early Childhood *Development Guide for Policy Dialogue and Project Preparation*, Directions in development; human development; Africa regional educational publications, World Bank, Washington, DC, http://documents.worldbank.org/curated/en/2011/01/16283743/investing-young-children-early-childhood-development-guide-policy-dialogue-project-preparation.

Neisworth, J. and S.J. Bagnato (2004), "The mismeasure of young children: The authentic assessment alternative", *Infants and Young Children*, Vol. 17, No. 3, pp. 198-212.

Norwegian Ministry of Education and Research (2006), *Framework Plan for the* Content *and Tasks of Kindergartens*.

OECD Network on ECEC (2015), *Early Learning and Development*: *Common Understandings,* OECD, Paris.

OECD (2013), *Synergies for Better Learning*: *An International Perspective on Evaluation and Assessment,* OECD Reviews of Evaluation and Assessment in Education,

OECD Publishing, Paris, http://dx.doi.org/10.1787/9789264190658-en.

OECD (2012), *Starting Strong III*: *A Quality Toolbox for Early Childhood Education and Care*, OECD Publishing, Paris, http://dx.doi.org/10.1787/9789264123564-en.

Oliver, E., L. de Botton, M. Soler and B. Merril (2011), "Cultural intelligence to overcome educational exclusion", *Qualitative Inquiry,* Vol. 17, No. 3, pp. 267-276.

Raver, C. (2002), "Emotions matter: Making the case for the role of young children's emotional development for school readiness", *Society for Research in Child Development's Social Policy Report*, Vol. 16, No. 3, pp. 3-19.

Sattler, J. R. (1998), *Assessment of Children (third edition)*,J. R. Sattler Publishing, San Diego, CA.

Snow, K.L. (2007), "Integrative views of the domains of child function," in R.C. Pianta, M.J. Cox and K.L. Snow (eds.), *School Readiness and the Transition to Kindergarten in the Era of Accountability*, Paul H. Brookes Publishing Co., Baltimore, MD.

Sorin, R. (2003), "Research with children: A rich glimpse into the world of childhood", *Australian Journal of Early Childhood*, Vol. 11, No. 1, pp. 31-35.

Waterman, C., P.A. McDermott, J.W. Fantuzzo and J.L. Gadsden (2012), "The matter of assessor variance in early childhood education: Or whose score is it anyway?", *Early Childhood Research Quarterly,* No. 27, pp. 46-54.

World Health Organisation (2006), *Constitution of the World Health Organisation*, WHO, Geneva.

Zaslow, M., J. Calkins and T. Halle (2000), *Background for* community-*level work on* school *readiness*: *A review of definitions, assessments, and investment strategies. Part I*: *Defining and assessing school readiness-building on the foundation* of *NEGP Work*, Child Trends Inc., Washington, DC.

附录5A　早期教育与保育儿童发展和学习成果监测的背景信息

表A5.1　通过直接评估监测的发展领域（按机构划分）

国家或地区	机构类型	语言和读写能力	数学能力	科学能力	信息和通信能力	实践能力	创造能力	社会情感能力	运动能力	自我管理能力	健康发展	幸福感	其他被监测的发展领域
澳大利亚	所有早期教育与保育机构	×	×	×	×	×	×	×	×	×	×	×	
比利时荷语文化区	学前教育	×	×	×	×	×	×	×	×	×	×	×	

续表

国家或地区	机构类型	语言和读写能力	数学能力	科学能力	信息和通信能力	实践能力	创造能力	社会情感能力	运动能力	自我管理能力	健康发展	幸福感	其他被监测的发展领域
比利时法语文化区	家庭日托；日托中心	×							×		×		
	学前学校	×	×				×	×	×	×	×		
智利	社区幼儿园													执行功能
	幼儿园	×	×					×	×		×		
	为3~5岁和4~5岁儿童提供的学前教育												
捷克	m	m	m	m	m	m	m	m	m	m	m	m	m
芬兰	所有早期教育与保育机构	×	×	×	×	×	×	×	×	×	×	×	
法国	m	m	m	m	m	m	m	m	m	m	m	m	m
德国	家庭日托 儿童日托中心	×											儿童语言技能（如语言行为及观察系统）；一些联邦州使用其他工具
意大利*	m	m	m	m	m	m	m	m	m	m	m	m	m
日本	所有早期教育与保育机构										×		
哈萨克斯坦	所有早期教育与保育机构	×	×	×		×	×	×	×	×	×		
卢森堡	家庭日托；日托中心												
	儿童早期教育项目；义务制学前教育	×	×				×	×	×	×			

续表

国家或地区	机构类型	语言和读写能力	数学能力	科学能力	信息和通信能力	实践能力	创造能力	社会情感能力	运动能力	自我管理能力	健康发展	幸福感	其他被监测的发展领域
墨西哥*	为0~5岁儿童提供服务的公立儿童发展中心												m
	义务制幼儿园	×	×	×		×	×	×	×	×	×	×	
	为0~5岁儿童提供基于中心的联邦社会安全保育	×	×	×		×	×	×	×	×	×	×	
	为0~3岁儿童提供基于家庭的联邦早期教育							×	×	×	×	×	各种其他领域
荷兰	m	m	m	m	m	m	m	m	m	m	m	m	m
新西兰	所有早期教育与保育机构	a	a	a	a	a	a	a	a	a	a	a	a
挪威	所有早期教育与保育机构												
葡萄牙	m	m	m	m	m	m	m	m	m	m	m	m	m
斯洛伐克	m	m	m	m	m	m	m	m	m	m	m	m	m
斯洛文尼亚*	幼儿园（针对1~5岁儿童的一体化早期教育与保育机构）	×											
英格兰（英国）	所有早期教育与保育机构	a	a	a	a	a	a	a	a	a	a	a	a
苏格兰（英国）*	所有早期教育与保育机构	×						×	×		×	×	

a=无法获得　　m=缺失

注：直接评估可以在内部进行，比如早期教育与保育机构员工/教师开展的个别评估，或者也可以在外部进行。

在意大利，地方层面开发和使用的测试不多，这些测试用于监测早期教育与保育结束时儿童的发展和学习成果，主要关注的是认知领域，以及监测儿童社会情感发展的检查表。最近，国家教育制度评估局（INVALSI）使用了一个测查儿童学习方法的检查表，这个工具具有很多的内部一致性，但是需要更多的研究来验证。

在墨西哥，为0~3岁儿童提供基于家庭的联邦早期教育（CONAFE）监测其他的发展领域：个人——

社会关系、语言和沟通能力、探究能力、媒体发展知识、神经系统检查、生物学高危因素、报警警示标志和困难解决。为0～5岁儿童提供基于中心的联邦社会安全保育（IMSS），对所有儿童进行发展监测。对于中度残疾的儿童，课程的调整会考虑每一种残疾的情况，包括全纳性日托中心设施的配置。

在斯洛文尼亚，儿童语言能力的评估不是强制性的，也不是全国所有儿童都必须参与的。只是在幼儿园的一些特殊情况下才会监测。

在苏格兰，所有早期教育机构指所有面对面的早期教育场所，这种场所可能是儿童的家，也可能是健康中心或者是早期学习和儿童保育的场所。入学检查指在27～30个月龄时的健康评估。

来源：经合组织早期教育与保育网络工作组关于"早期学习与发展质量监测网络调查"的数据，2013年11月。

StatLink http://dx.doi.org/10.1787/888933243368

表A5.2 通过观察和叙事评估监测的发展领域（按机构划分）

国家或地区	机构类型	语言和读写能力	数学能力	科学能力	信息和通信能力	实践能力	创造能力	社会情感能力	运动能力	自我管理能力	健康发展	幸福感	其他
澳大利亚	所有早期教育与保育机构	×	×	×	×	×	×	×	×	×	×	×	
比利时荷语文化区	学前教育	×	×		×	×	×	×		×		×	
比利时法语文化区	家庭日托；日托中心	×						×			×	×	
	学前学校	×	×	×				×			×	×	
智利	m	m	m	m	m	m	m	m	m	m	m	m	m
捷克	日间托儿所；依《贸易法》建立的私立儿童保育机构												无明确的法律规定，无系统评估
	学校注册的公立幼儿园；学校注册的私立幼儿园	×	×	×		×	×	×		×		×	
芬兰	所有早期教育与保育机构	×	×	×		×	×	×	×	×	×	×	
法国	学前学校	×	×					×	×		×	×	
德国	家庭日托	m	m	m	m	m	m	m	m	m	m	m	
	儿童日托中心	×	×			×	×	×	×	×		×	重点是社会情感能力和基本学习技能/态度

续表

国家或地区	机构类型	语言和读写能力	数学能力	科学能力	信息和通信能力	实践能力	创造能力	社会情感能力	运动能力	自我管理能力	健康发展	幸福感	其他
意大利	学前学校	×	×	×			×	×	×	×	×		
日本	所有早期教育与保育机构												
哈萨克斯坦	所有早期教育与保育机构	×	×			×	×	×	×	×	×		
卢森堡	家庭日托；日托中心	a	a	a	a	a	a	a	a	a	a	a	a
	早期教育项目；义务制学前教育	a	a	a	a	a	a	a	a	a	a	a	a
墨西哥	为0～5岁儿童提供基于中心的联邦社会安全保育（只观察）	×					×	×	×				
	为0～5岁儿童提供基于中心的联邦社会安全保育（只叙事评估）												每个儿童的学习成果和经历的事件
	为国家工作人员0～5岁儿童提供基于中心的联邦早期教育与保育（ISSSTE）（只有观察）	×							×	×			
	为国家工作人员0～5岁儿童提供基于中心的联邦早期教育与保育（ISSSTE）（只有叙事评估）	×	×										
	为0～5岁儿童提供服务的公立儿童发展中心（CENDI）（只有观察）												×

续表

国家或地区	机构类型	语言和读写能力	数学能力	科学能力	信息和通信能力	实践能力	创造能力	社会情感能力	运动能力	自我管理能力	健康发展	幸福感	其他
墨西哥	义务制幼儿园（只观察）	×	×	×		×	×	×	×	×	×	×	
	为低经济社会地位家庭0~5岁儿童提供基于中心的保育	×	×					×					自我调节、自我概念、自信、自尊、语言、保护与预防、自我与社会、艺术处理、数学技能、世界的探究和认识、身体健康
	为0~3岁儿童提供基于家庭的联邦早期教育（CONAFE）（只有叙事评估）							×	×	×	×	×	自我与社会、语言和交流、媒介发展的探索与认识、神经系统检查、生物危险因素、报警标志和问题解决
荷兰	为弱势家庭儿童服务的儿童看护；为弱势家庭儿童服务的托儿所/幼儿园	×	×					×	×				
新西兰*	所有早期教育与保育机构	m	m	m	m	m	m	m	m	m	m	m	m
挪威*	幼儿园	×	×	×	×	×	×	×	×	×	×	×	m
葡萄牙	托儿所；儿童托管；家庭看护	m	m	m	m	m	m	m	m	m	m	m	m
	幼儿园	×	×	×	×	×	×	×	×	×	×	×	
斯洛伐克	儿童中心												
	幼儿园	×	×	×	×	×	×	×	×	×	×	×	
斯洛文尼亚*	学前儿童托管幼儿园（包括1~5岁早期教育机构）	×	×	×		×	×	×	×	×	×	×	

续表

国家或地区	机构类型	语言和读写能力	数学能力	科学能力	信息和通信能力	实践能力	创造能力	社会情感能力	运动能力	自我管理能力	健康发展	幸福感	其他
英格兰（英国）	所有早期教育与保育机构	×	×	×	×	×	×	×	×	×	×	×	注意力、口语、基本卫生、自信、自我意识、对世界的理解
苏格兰（英国）*	所有早期教育与保育机构	×						×	×		×	×	m

a=无法获得　　m=缺失

注：在新西兰，不同早期教育与保育机构之间和同一早期教育与保育机构之内的监测领域各不相同，档案袋和日志是使用得最普遍的工具。国家幼教课程大纲（Te Whāriki）描述的学习成果是知识、技能和态度。这三个方面紧密联系，共同构成儿童的活动，促进他们的学习心智倾向。叙事性评估关注儿童的心智倾向和工作理论，而不是分散的技能或孤立的知识领域。

在挪威，在《幼儿园法》和《幼儿园内容与任务构架计划》下，所有提到的领域都会被持续地观察，而且当使用当地选择的工具时，这些将会成为评估的领域。

在斯洛文尼亚，语言能力的评估既不是强制性的，也不需要在国家层面上评估所有儿童。仅仅只在幼儿园的特殊情况下才开展评估。

在苏格兰，所有早期教育与保育机构指任何开展面对面服务的机构，可能是在儿童的家里，也可能是在健康中心或者早期学习中心和儿童保育机构。

来源：经合组织早期教育与保育网络工作组关于"早期学习与发展质量监测网络调查"的数据，2013年11月。

StatLink　*http://dx.doi.org/10.1787/888933243374*

表A5.3　监测儿童发展的频率（按机构划分）

国家或地区	机构类型	一年多次	一年一次	每年一次到每年两次之间	每两年一次到每三年一次之间	取决于最后一次的监测结果	其他
澳大利亚	m	m	m	m	m	m	m
比利时荷语文化区	m	m	m	m	m	m	m
比利时法语文化区	所有早期教育与保育机构		×				
智利	社区幼儿园；为3~5岁儿童提供的学前教育；为4~5岁儿童提供的学前教育						
	幼儿园	×	×	×			

续表

国家或地区	机构类型	一年多次	一年一次	每年一次到每年两次之间	每两年一次到每三年一次之间	取决于最后一次的监测结果	其他
捷克*	日间托儿所;依《贸易法》建立的私立儿童保育机构						×
	学校注册的公立幼儿园;学校注册的私立幼儿园					×	×
芬兰*							×
法国	学前学校	×					
德国	m	m	m	m	m	m	m
意大利*	学前学校						×
日本	幼儿园		×				
	托儿中心	×					
哈萨克斯坦*	所有早期教育与保育机构	×					
卢森堡	家庭日托;日托中心						
	儿童早期教育项目;学前义务学校	×					
墨西哥*	为0~5岁儿童提供基于中心的联邦社会安全保育（IMSS），义务制幼儿园	×					
	为0~3岁儿童提供基于家庭的联邦早期教育（CONAFE）					×	
	为国家工作人员0~5岁儿童提供基于中心的联邦早期教育与保育(ISSSTE)				×	×	×
	为0~5岁儿童提供服务的公立儿童发展中心（SNDIF）				×		
荷兰	m	m	m	m	m	m	m
新西兰	所有早期教育与保育机构	a	a	a	a	a	a
挪威*	所有早期教育与保育机构						×
葡萄牙	托儿所;儿童托管;家庭看护	×					
斯洛伐克*	托儿所;幼儿园;母婴中心/儿童中心	×				×	×

续表

国家或地区	机构类型	一年多次	一年一次	每年一次到每年两次之间	每两年一次到每三年一次之间	取决于最后一次的监测结果	其他
斯洛文尼亚*	学前儿童托管；幼儿园（针对1~5岁儿童的一体化早期教育与保育机构）						×
英格兰（英国）*	所有早期教育与保育机构				×	×	×
苏格兰（英国）	所有早期教育与保育机构					×	×

a=无法获得　　m=缺失

注：在捷克，"其他"是指日间托儿所和依《贸易法》建立的私立机构，这些早期教育机构不被管理和评估。对于学校注册的公立幼儿园和私立幼儿园，教师会持续监测每个儿童个体的发展和教育进步。监测频率取决于公立幼儿园的需求和特别决定，并没有法律上的规定。在机构层面上，会对每个儿童的个体发展和教育过程进行持续监测。尽管建议更频繁的评估儿童（比如每年2~4次），但是儿童教育进步的评估至少一年一次。

在芬兰，监测儿童发展的频率在国家层面没有规定。儿童发展的追踪评估基于日常活动持续开展。

在意大利，没有特定频率的要求。

在哈萨克斯坦，监测儿童发展的频率差异较大：在学前学校（针对5~6岁儿童），每个月都进行评估；对于其他年龄儿童则是一年两次。

在墨西哥，为0~3岁儿童提供基于家庭的联邦早期教育项目（CONAFE）在管理文件中规定，根据服务运行管理的期限，督导每年至少执行一次以上。监测频率可以在最后一次评估时根据需要进行调整。为国家工作人员0~5岁儿童提供基于中心的联邦早期教育与保育项目（ISSSTE）的评估在三个时间段进行：1）开始：儿童进入日托中心；2）中间：儿童在日托中心待了一半时间时；3）最后：当儿童足够大可以进入高一年级时。最后一年需要进行三次教育评估，每个儿童的情感发展评估则取决于儿童的状态。

在挪威，在幼儿园内容和任务项目框架下，每个年龄段的儿童和单个儿童的健康和发展需要持续地进行观察和评估。

在斯洛文尼亚，没有规定和建议。学前教师监测儿童的发展，对儿童的学习成果没有监测。

在斯洛伐克，监测的频率取决于特定幼儿园的需要和决定。没有相关的法律规定，但是强烈建议每年进行两到三次。

在英格兰，教育标准办公室（Ofsted）要求那些"没有达标"或者"需要改善"的早期教育机构增加监测频率。

来源：经合组织早期教育与保育网络工作组关于"早期学习与发展质量监测网络调查"的数据，2013年11月。

StatLink ▦ᵒₑ http://dx.doi.org/10.1787/888933243388

表A5. 4　监测儿童发展和学习成果的工具（按机构划分）

工具名称	所使用国家或地区	年龄段	机构类型			评估的目的	工具类型（谁负责）	评估领域	开发者/经销商	网站/参考
			中心/学校	家庭	举例					
年龄和发展阶段问卷(第三版)(ASQ)	澳大利亚，芬兰，法国，墨西哥，荷兰，挪威，西班牙、土耳其、北美、南美和亚洲的其他国家	1个月龄到5.5岁	m	m	m	全面监测项目，用于发现儿童发育迟缓问题	在专业支持下完成的父母问卷（父母）	ASQ（第三版）：交流、粗大动作、精细动作、个人一社会领域，问题解决、ASQ（社会情感，第二版）：自我管理、适应功能、自主、情绪反应、社会交往、与他人互动	布鲁克斯出版（Brookes Publishing）	www.brookespublishing.com/resource-center/screening-and-assessment/asq/
行为和情感监测系统（BESS）	美国	3~18岁	×	m	学校，心理诊所，儿科诊所，社区，研究者	评估情感和行为发展的优劣势，促进学生成功	计分系统，包括教师表、家长表和学生表	行为优势和发展问题：内在和外在问题；学校问题；适应能力	Randy W. Kamphaus, Cecil R. Reynolds/培生出版集团（Pearson）	www.pearsonclinical.com/education/produ cts/1000006 61/basc-2-behavio ral-andemotional-screeningsystem-basc-2-bess.html#tab-details
巴特尔发展清单（第二版）筛选测试	美国、智利	0~7岁	×	×	日托中心、托儿所、幼儿园、早期干预项目，开端计划项目	评估儿童发展，入学准备的重要事件，评估干预，责程序	直接评估（以游戏为基础），儿童观察，父母、看护人或教师的干预（专业人员，服务提供者）	适应领域（个人责任，自我照顾）；个人社会领域（与成人互动，同伴互动，社会角色）；沟通领域（接受和表达交流）；运动领域（粗大、精细动作和知觉运动）；认知领域（注意力和记忆力，推理和概念，知觉和概念，推理和学术能力）	J. Newborg/霍顿·米夫林出版公司（HMH-Riverside）	www.riversidepublishing.com/products/bdi2/details.html

续表

工具名称	所使用国家或地区	年龄段	机构类型			评估的目的	工具类型（谁负责）	评估领域	开发者/经销商	网站/参考
			中心/学校	家庭	举例					
英国智能量表（第三版）	英国	3～17岁11个月龄	×	m	教育和医疗机构	评估认知结果、认知功能	单独测试（由临床和教育心理学家负责）	口头表达能力、非言语推理能力、空间能力	Elliot and Smith / GL评估	www.gl-assessment.co.uk/products/bas3
儿童发展清单（CDI）	美国，法国，加拿大	15个月龄到6岁	m	m	m	评估儿童的技能，发现可能的问题	问卷：专业支持下的家长报告（家长）	儿童发展：社会性、自我帮助、粗大动作、精细动作、表达性语言、语言理解、字母和数字	Harold Ireton/行为科学系统公司（Behavior Science Systems, Inc.）	www.childdevrev.com/page15/page17/cdi.html
早期基础教育阶段档案袋（EYFSP）	英格兰	2～5岁	m	m	m	向家长通报儿童的发展情况（对比早期学习标准）和学习特点	基于评估的观察（受过训练的教师）	交流和语言、身体发育、个性与社会情绪的发展、读写能力、数学、了解世界、表现艺术与设计	英国政府教育部	https://www.gov.uk/government/publications/early-years-foundation-stage-framework-2
头、脚趾头、膝盖和肩膀任务（HTKS）	智利，美国	4～8岁	×	m	幼儿园项目	评估执行功能，自我调节	直接评估：要求儿童根据指令做相反的动作，比如实验者摸头时，被评估儿童摸脚趾头	执行功能和自我调节（抑制性控制、工作记忆、注意力）	Ponitz等（2008）	Ponitz, C. C. et al. (2008), "Touch your toes! Developing a direct measure of behavioral regulation in early childhood", Early Childhood Research Quarterly, Vol.23, pp. 141–158.

续表

工具名称	所使用国家或地区	年龄段	机构类型			评估目的	工具类型（谁负责）	评估领域	开发者/经销商	网站/参考
			中心/学校	家庭	率例					
高瞻课程儿童观察记录（COR）	美国、加拿大、智利、印度尼西亚、韩国、墨西哥、荷兰、葡萄牙、南非、英国	0~5岁（幼儿园最后一年）	m	m	m	追踪儿童的努力、学习成果和进步，旨在加强教学和改进学习	基于评估的真实观察（教师）	婴儿/学步儿COR：社会关系、自我意识、运动、创意表现、交流和早期语言、逻辑；幼儿园COR：社会关系、主动性、运动和音乐、数学科学、创意表现、语言和读写	高瞻课程（HighScope）	http://coradvantage.org/
小学国际绩效指标（PIPS）	澳大利亚、荷兰、苏格兰、新西兰、阿布扎比、德国、南非	4~7岁（学校第一年）	m	m	m	评估儿童的能力和发展情况，并评估一年级的进步情况	一对一的计算机测试，辅以教师评分、补充父母报告；教师完成的问卷（受过训练的教师）	认知发展；个性、社会性和情绪发展；身体发育；上下文信息	Peter Tymms 和同事及合伙人：网站 www.ipips.org/the—team www.ipips.org/the—team/投稿人	www.ipips.org/the-ipips-study/the-pips-assessment
鲁汶参与量表（LIS）	比利时荷语文化区、英国、荷兰、澳大利亚、克罗地亚、厄瓜多尔、芬兰、法国、德国、爱尔兰、日本、葡萄牙、南非	0岁到接受高等教育*	×	m	早期教育服务提供	评估儿童的幸福感和参与度，作为儿童发展的指标	扫描：观察儿童，在5点量表上记录结果	福祉（儿童是否自信、自愿和舒适）；参与度（儿童是否参与活动）	Dr. Ferre Laevers 体验教育研究中心（Research Centre for Experiential Education）（比利时鲁汶大学）（Leuven University-Belgium）	

续表

工具名称	所使用国家或地区	年龄段	机构类型			评估的目的	工具类型（谁负责）	评估领域	开发者/经销商	网站/参考
			中心/学校	家庭	举例					
发展状况的家长评估（PEDS）	美国、澳大利亚、英国、英格兰	0~8岁	m	m	m	一个监测和筛查工具，引起家长对儿童发展和健康的关注	家长报告（家长）	m	PEDS测试网址	www.pedstest.com/default.aspx
皮博迪图片词汇测验（PPVT）	美国、智利	2岁6个月到90岁以上*	m	m	m	评估标准美语中的接受性词汇	语言测试计分	标准美语中的接受性词汇	Lloyd M. Dunn, Douglas M. Dunn/培生出版集团（Pearson）	www.pearsonclinical.com/language/products/100000501/peabody-picture-vocabulary-test-fourth-edition-ppvt4.html#tab-details
铅笔敲击任务（PTT）*	智利、美国	3~7岁	×	m	幼儿园、学校	评估执行功能、自我调节	直接评估：实验者敲两次，儿童敲一次，反之亦然（实验者）	执行功能和自我调节（牢记两条或多条规则的能力；抑制控制）	A. Diamond, C. Taylor（基于1966年Luria的工作）	Diamond, A. & Taylor, C. (1996). "Development of an aspect of executive control: Development of the abilities to remember what I said and to do as I say, not as I do", Developmental Psychobiology; Vol. 29, pp. 315–334.

续表

工具名称	所使用国家或地区	年龄段	机构类型			评估的目的	工具类型（谁负责）	评估领域	开发者/经销商	网站/参考
			中心/学校	家庭	举例					
保育机构的自评工具（SiCs/ZiKo）*	比利时时尚语文化区	0～12岁	×	×	日托中心、家庭托管（0～3岁儿童）；校外看护（12岁以下儿童）	保证提高儿童的幸福感和参与度，并评估保育在这方面环境在这方面的经验；提高实践者的专业发展	过程导向的内部自我评估；儿童观察量表（机构管理者、外部顾问或协调者）；实践者在小组活动中通过量表对教学方法进行自评	儿童的福利设施和参与；教学方法（基础设施和活动提供；团体气氛；儿童主动性；成人风格和组织，实践者的指导方式）	Kind & Gezin/体验教育研究中心（Research Centre for Experiential Education）（比利时鲁汶大学）（Leuven University–Belgium）	*www.kindengezin.be/img/sics-ziko-manual.pdf*
甜点延迟任务（SDT）	智利，美国	18～45个月龄	m	m	m	评估自身的控制；自我调节	直接评估：孩子把双手放在有薄脆饼干的桌垫前面；孩子一直等到实验者打铃才可以吃饼干（实验者）	自身的控制和自我调节（等待奖赏的能力）	G. Kochanska	Kochanska, G., M. Murray, T. Jacques, A. Koenig, and K. Vandegeest (1996), "Inhibitory control in young children and Its role in emerging internalization", *Child Development*, Vol. 67, No. 2 (April 1996), pp. 490–507.

续表

工具名称	所使用国家或地区	年龄段	机构类型			评估的目的	工具类型（谁负责）	评估领域	开发者/经销商	网站/参考
			中心/学校	家庭	举例					
长处和困难问卷（SDQ）*	英国、澳大利亚、丹麦、芬兰、德国、意大利、日本、西班牙、瑞典、美国	2~4岁，4~17岁	×	m	在苏格兰成长项目（纵向研究）中的临床案例	临床评估、评估结果、流行病学、筛选研究（社会、情感和行为发展）	行为筛查问卷（由家长、教育工作者或11~17岁的学生完成；影响补充后续问题）	5个量表包括了25个心理发展指标（情绪症状、行为问题、多动/注意力不集中、同伴关系问题、亲社会行为）	Robert Goodman/Youthinmind	www.sdqinfo.org/
儿童行为问卷（CBQ）	美国、中国、日本	3~7岁	m	m	m	评估儿童的气质	问卷	气质的15个维度：活动水平、愤怒/挫折、方法、注意力集中、不适、恐惧、下降反应度、高强度快感、冲动、抑制控制、低强度快感、知觉灵敏度、悲伤、害羞、微笑和大笑	Mary Rothbart 气质实验室（Temperament Lab）	www.bowdoin.edu/~sputnam/rothbart-temperament-ques tionnaires/instrumen t-descriptions/child rens-behavior-quest ionnaire.html
Devereux幼儿心理韧性评估量表（第二版）（DECA-P2）	美国	3~5岁	×	m	m	收集项目实践的信息；促进儿童的复原力	反思性检查表（评估儿童至少应该提前四周了解检查表）	环境、活动和体验、支持性互动、和家庭的合作、每日计划	Devereux	www.centerforresilientchildren.org/preschool/assessments-resources/the-deve reux-early-childhood-assessment-preschool-program-second-edition/

续表

工具名称	所使用国家或地区	年龄段	机构类型			评估的目的	工具类型（谁负责）	评估领域	开发者/经销商	网站/参考
			中心/学校	家庭	举例					
儿童早期发展评估（EDI）	澳大利亚、加拿大、智利、埃及、英格兰、牙买加、肯尼亚、科索沃、墨西哥、摩尔多瓦、莫桑比克、美国	4~7岁	m	m	m	评估儿童入学第一年的发展水平和学习准备	由教师或家长负责的问卷（教师、早期教育工作者）	身体健康和身心状况，社会能力，情绪成熟性，语言和认知能力，沟通能力和常识	奥福德儿童研究中心（Offord centre for child studies）	www.offordcentre.com/readiness/index.html
作品取样系统	美国	3~8岁	m	m	vm	追踪儿童的努力、学习成果和进步；旨在加强教学和改进学习	检查清单（教师）	语言和读写能力，科学性思维，数学性思维，个性研究、性发展、艺术、社会研究、健康与安全、身体发育	Meisels, Jablon, Dichtelmiller, Dorfman and Marsden, 1998/培生出版集团（Pearson）	www.pearsonclinical.com/childhood/products/100000755/the-work-sampling-system-5th-edition.html#tab-details

注：GL Assessment是英国最大的教育科技公司之一和在线评测系统的领导者。主要产品是学生在线评估系统，通过评测系统可以让学生家长和教师更加有针对性地对学生进行教学和辅导。

表中提到的国家或地区并不在全国（地区）范围内使用这些工具。表中列出的工具也可能在表以外的国家或地区实施。

请注意保育机构的自我评估工具（SiCs/ZiKo）还是评估机构服务质量和保教员工/教师质量的工具。

鲁汶参与量表（LIS）通过幸福感和多与度两个相同的指标评估早期教育，小学、初中、高中教育的质量。

皮博迪图片词汇测验（PPTV）设置了两个不同的难度等级。

长处和困难问卷（SDQ）开发了不同版本的版本满足医疗员工/教师，教育工作者和研究者的不同需求。每个版本包含以下一项、几项或全部：25个心理学发展指标、影响指标、后续问题。

"铅笔敲击任务" 也称为 "钉子'吓'击任务"。

来源：

Barnett, S., S. Ayers and J. Fancis (forthcoming), Comprehensive Measures of Child Outcomes in Early Years, report prepared for the 16th Meeting of the OECD Network on Early Childhood Education and Care, 18–19 November 2014, Berlin, Germany, OECD, Paris.

Brookes Publishing website, www.brookespublishing.com, accessed 20 March 2015.

Child Development Review website, www.childdevrev.com/page15/page17/cdi.html, accessed 20 March 2015.

Devereux website, www.centerforresilientchildren.org, accessed 20 March 2015.

Diamond, A. and C. Taylor (1996), "Development of an aspect of executive control: Development of the abilities to remember what I said and to do as I say, not as I do", Developmental Psychobiology, Vol. 29, pp. 315–334.

Early Childhood Ireland, Ferre Laevers Seminar: From Welfare to Well–Being, www.earlychildhoodireland.ie/policy–research–and–media/previous–events/ferre–laevers–seminar–from–welfare–to–well–being/, accessed 25 March 2015.

GL Assessment, British Ability Scales, third Edition, www.gl–assessment.co.uk/products/bas3, accessed 27 March 2015.

HighScope, COR advantage website, http://coradvantage.org, accessed 20 March 2015.

HMH–riverside publishing, Battelle Developmental Inventory™, Second Edition (BDI–2™), www.riversidepublishing.com/products/bdi2/details.html, accessed 30 March 2015.

iPIPS website, www.ipips.org, accessed 20 March 2015.

KAPLAN/Devereux (n.d.), Enhancing Social and Emotional Development: Devereux Early Childhood Assessment Program, www.centerforresilientchildren.org/wp–content/uploads/DECA–Program–Info–Pak.pdf, accessed 20 March 2015.

Kind & Genzin website, www.kindengezin.be, accessed 20 March 2015.

Kochanska, G. et al. (1996), "Inhibitory control in young children and its role in emerging internalization", Child Development, Vol. 67, No. 2, pp. 490–507.

Mary Robhart's Temperament Questionnaires website, www.bowdoin.edu/~sputnam/rothbart–temperament–questionnaires/instrument–descriptions/children–behavior–questionnaire.html, accessed20 March 2015.

McClelland, M., Cameron, C., Duncan, R., Bowles, R., Acock, A., Miao, A. and Pratt, M. (2014), "Predictors of early growth in academic achievement: The head–toes–knees–shoulders task", Frontiers in Psychology, Vol. 5/599, http://dx.doi.org/10.3389/fpsyg.2014.00599.

Offord centre for child studies website, www.offordcentre.com/readiness/index.html, accessed 20 March 2015.

Pearson website, www.pearsonclinical.com, accessed 20 March 2015.

PEDStest.com website, www.pedstest.com/default.aspx, accessed 20 March 2015.

Plymouth City Council (2011), Observing Learning, Playing and Interactions in the EYFS: Leuven Well–Being and Involvement Scales, www.plymouth.gov.

uk/documents-ldtoolkitleuven.pdf, accessed20 March 2015.

Ponitz, C. et al. (2008), "Touch your toes! Developing a direct measure of behavioral regulation in early childhood", Early Childhood Research Quarterly, Vol. 23, pp. 141-158.

Spinrad, T., N. Eisenberg and B. Gaertner (2007), "Measures of effortful regulation for young children", Infant Mental Health Journal, Vol. 28/6, pp. 606 - 626.

United Kingdom Department for Education (2014), Statutory framework for the early years foundation stage: Setting the standards for learning, development and care for children from birth to five. https://www.gov.uk/government/uploads/system/uploads/attachment_data/file/335504/EYFS_framework_from_1_September_2014_with_clarification_note.pdf, accessed 20 March 2015.

University of Missouri, Evidence Based Intervention Network (2005), EBI Brief for Behavioral and Emotional Screening System (BESS), http://ebi.missouri.edu/wp-content/uploads/2014/03/EBA-Brief-BESS.pdf, accessed 20 March 2015.

Vanderbilt University (2015), "Child assessment measures", https://my.vanderbilt.edu/toolsofthemindevaluation/resources/child-assessment-measures, accessed 30 March 2015.

Youthinmind, Information for researchers and professionals about the Strenghts & Difficulties Questionnaire website, www.sdqinfo.org, accessed 27 March 2015.

StatLink 🔗 *http://dx.doi.org/10.1787/888933243392*

第六章
完善儿童早期教育与保育监测的政策和实践

　　质量监测面临的挑战包括但不限于：定义质量，建立一个连贯的监测体系，确保监测促进政策的改革和质量的改善。服务质量监测面临的挑战包括定义什么是质量，确保教育机构了解最新标准。员工/教师质量监测面临的挑战包括监测课程实施的情况，以及如何将员工/教师质量与整体质量改善挂钩。儿童发展和学习成果监测面临的挑战包括制定准确的、全面的儿童发展轨迹，并认可儿童的个体发展。经验表明，分享优秀实践、确保利益相关者理解质量的含义、建立连贯的监测框架和明确的监测目标至关重要。此外，质量监测应该推动政策的制定，提高利益相关者所关注信息的透明度，容纳不同利益相关者的意见和观点。

主要信息

- 不同国家或地区面临的早期教育与保育的挑战基本体现为以下几点：
  - ❖ 定义质量
  - ❖ 建立一个面向不同教育机构的统一的监测体系
  - ❖ 全面了解教育水平
  - ❖ 确保监测能推动政策改革和质量改善
- 服务质量监测面临的特殊挑战包括：
  - ❖ 定义质量
  - ❖ 持续落实监测流程和实践
  - ❖ 确保员工/教师了解最新的质量标准
- 员工/教师质量监测面临的挑战包括：
  - ❖ 监测员工/教师课程实施的情况
  - ❖ 员工/教师质量监测实践与完善质量挂钩
- 在监测儿童发展和学习成果方面，国家面临的挑战包括：
  - ❖ 准确而清晰地了解儿童发展情况
  - ❖ 监测时考虑儿童的个体发展
- 从这些挑战和为应对挑战而实施的战略中获得的经验表明，分享优秀实践至关重要，能够帮助利益相关者（即评估人员、早期教育与保育员工/教师及管理者）更好地明白质量的含义。
- 建立统一的监测框架至关重要，监测目的应该明确清晰。员工/教师评估应与员工/教师职业发展挂钩，同时不能低估监测对员工/教师的人力要求。
- 此外，监测应推动政策制定，同时提高透明度，员工/教师、父母和儿童等利益相关者能表达自己的意见和观点。通过持续观察和评估来监测儿童发展，能帮助提高教学、保育和养育质量。
- 应谨慎权衡地方政府承担监测责任的优缺点。

概　述

很多国家或地区将注意力转向让更多的儿童接受早期教育与保育服务，并已取得了长足的进展。现在的重点正转向质量的提升。这反映出各个国家或地区对早期教育与保育发展目标的强烈关注，以及对师资人力市场和其他目标的强烈关注。学习其他国家或地区的成功经验，了解它们面临的挑战，可能有助于促进质量的提升。虽然挑战依然存在，但这些国家或地区在早期教育与保育方面积累的经验具有指导意义。

本章主要陈述质量监测面临的挑战以及为应对这些挑战采取的策略，并分别讨论服务质量、员工/教师质量、儿童发展和学习成果监测面临的一些挑战，如表6.1所示。最后以早期教育与保育监测得出的最宝贵经验结尾。

表6.1　早期教育与保育质量监测面临的挑战和应对策略

	挑战	策略
整体监测	定义质量	– 树立清晰而全面的质量目标
		– 制定国家标准或规范
	建立统一的监测体系	– 制定国家层面的监测框架
		– 标准化监测工具
	了解整体的质量水平	– 向父母了解
		– 监测儿童观点
	保证监测推动政策的改革和服务质量的改善	– 收集数据，促进政策和策略提升
		– 为表现不佳的机构和员工/教师提供培训
服务质量监测	确定服务质量监测的领域	– 综合监测过程和结构质量要素
		– 咨询利益相关者
	持续落实监测流程和实践	– 为外部评估人员提供培训
		– 提供在职培训
		– 就如何落实提供专门培训
		– 内部和外部评估相结合
	保证员工/教师了解质量标准	– 推广正在广泛监测的质量标准
员工/教师质量监测	保证监测能带动整体质量的改善	– 采取措施弥补不足
		– 明确员工/教师需求，推动后续学习或培训
	监测课程实施	– 支援员工/教师实施课程
		– 开发一个监测课程实施的工具
儿童发展和学习成果监测	描绘一个准确而全面的儿童发展轨迹图	– 使用多种评估工具
		– 持续评估儿童的发展
	关注儿童的个体发展	– 个别儿童的针对性监测
		– 运用发展适宜性的评估工具

来源：经合组织早期教育与保育网络工作组关于"早期学习与发展质量监测网络调查"的数据，2013年11月。

质量监测面临的挑战及应对策略

各个国家或地区面临着诸多挑战。这些挑战可能出现在不同的层面,包括整体质量、服务质量、员工/教师质量、儿童发展和学习成果。尽管已经取得了明显的进展,早期教育与保育质量的监测工作依然有很大的提升空间。各个国家或各地区遇到的共同挑战包括:

(1)定义质量;

(2)确保建立一个连贯的监测体系;

(3)全面了解监测质量;

(4)确保监测能推动政策改革。

各个国家或地区经常会问这样的问题:"其他国家或地区面临着什么挑战,它们采取何种策略应对这些挑战?""就我们自身的国情来看,哪些替代策略在政治和经济上都行得通呢?"本章将列举各个国家或地区目前尝试的各种方法,帮助它们评估现有策略,寻找替代策略。

共同挑战一:定义质量

早期教育与保育质量并不是一个一般意义的概念,对于不同的利益相关者,不论是政府还是父母,意义也不尽相同。现有研究(OECD, 2012)强调定义质量至关重要,以便保证质量监测的持续性,而且还强调让父母意识到高质量对儿童的意义也是非常重要的。尽管很多国家通过国家标准或规范来定义质量,但质量概念并不是一成不变的,而是随时间变化的。

设定清晰而全面的质量目标

- 澳大利亚所有州和地区政府于2009年7月通过了一项重要的战略,即《国家早期儿童发展战略:投资幼儿时期》,目标是"确保到2020年所有儿童都享有最佳的人生起点,从而为自己和整个国家创造更好的未来"。作为该战略的一部分,所有地区于2009年12月共同签署了"早期教育与保育国家质量议案的全国合作协议",明确了优质、易得、可负担的早期教育与保育服务对于儿童及家庭的重要性。"国家早期儿童发展战略"比"全国合作协议"覆盖面更广,对后者形成支持。

- 比利时法语文化区起草了社区"保育质量规范",为所有招收0~12岁儿童的保育机构制定了保育质量准则。该规范是在法语文化区2003年12月颁布的政府法令里明确提出来的。为了保证优质儿童保育的连贯性,每一家儿童保育机构必须遵照该规范的各项质量准则。

- 葡萄牙劳动与社会团结部于2006年推行了包括儿童保育服务在内的"社会服务质量改进体系"。这一体系由社会安全局创建并落实,目的在于提高社会服务机构的质量。该项目的目标是确保国家公民能够获得满足他们需求与期待的社会服务。这一系统的基础是质量评估的标准和特殊要求，以及顾客满意度。该项目的另一个目标是设定新建筑和已有建筑改造的最低要求，确保建筑的安全与质量。机构符合所有要求后可以申请认证，并获得"质量标志"。根据质量标准的实施情况，认证相应地分为A、B、C三个等级，其中A为最高等级。

- 德国的早期教育与保育系统较为分散，再加上联邦州在机构质量管理上占据了主导权，使得人们担心早期教育与保育质量的差异。2014年11月，德国家庭、老年人、妇女和青年事务部与各联邦州的责任部长展开对话，希望就建立统一共享的早期教育与保育质量标准达成共识，同时也希望各州采取的财政手段能够达成一致。在此基础上成立了由国家、联邦州和地方各级早期教育与保育服务利益相关者组成的工作小组，该小组有望在2016年年底发布报告和建议。福利机构和工会在内的其他利益相关者也参与其中，提出他们对最新计划的看法并对提案置评。

共同挑战二：确保建立一个连贯的监测系统

早期教育与保育的监测系统并不总是连贯的。许多国家或地区的监测系统，特别是监测领域和监测工具，都由地区设定，导致监测存在地区差异。为了保证不同监测系统之间具有一定的连贯性或一致性，各地采取了一些措施，包括定义早期教育与保育质量，如何监测质量及由谁来监测质量等。

制定国家标准或规范

- 澳大利亚已经在"国家质量标准"中对早期教育与保育质量进行了定义，为早期教育与保育设立了国家基准。"国家质量标准"与"国家学习框架"相关联，后者认同儿童从出生就开始学习，并列出了支持促进儿童学习的实践行动。质量评级分为七个领域：教育项目，卫生和安全，物质环境，员工/教师安排及与儿童的关系，与家庭的合作，社区和领导力，服务管理等。每个领域进一步分解了标准和具体要素，便于每个领域提供成果报告。

- 捷克通过法律和"学前教育框架计划项目（2004）"（Framework of Education Programme for Preschool Education, or FEP PE）定义并确保了全国早期教育和保育的最低质量水平。"框架计划项目"定义的是教学质量，而法律一般规定的是早期教育与保育机构组织方面的质量，比如学习设施和卫生要求。

- 在法国，质量指国家层面规定的结构质量标准，即学校规模、员工/教师资质、班级规模、安全管理和卫生要求等。同时，所谓教学标准规定了教师应该教什么，涵盖了儿童早期教育的诸多领域，如语言和写作能力的发展。2013年7月8日，法国推出了新的学前教育质量指导准则。其中第44条指出，早期教育与保育项目的教学应当促进儿童感官、认知和社会性的发展。以新指导准则为基础的新项目在2014年秋季面向教师征求意见，在2015年9月正式实施。此外，因为质量标准和教学标准由国家统一确定，幼儿园教师的职责在职业能力框架中也有了明确的定义，国家统一标准意味着建立一致的职业能力规范和连贯的监测系统。

- 爱尔兰在《2006年儿童保育（暨幼儿园服务）规章》中对早期教育与保育质量进行了规定，涵盖儿童健康、福利和发展，以及管理、人事和儿童发展记录等。爱尔兰还发布了一个早期教育机构的质量框架，包含16条标准和75个质量要素。标准涵盖儿童的各种权利，同时也专门规定了一些质量要素的标准，如学习环境、游戏和课程。该框架通过一个质量保证项目[①]予以落实，该项目已在少数早期教育机构开始实施。

- 意大利的保育与教育相对独立，对质量的定义也不相同。保育（0～3岁）质量由地方政府规定。地方标准只涉及结构质量，如空间容量、儿童人均使用面积、师生比、教师最低资质等。"服务宪章"和"2012国家课程指导准则"都对教育质量进行了定义。"服务宪章"定义行政质量，而"指导准则"定义了学校系统的质量，以及教育第一阶段（3～14岁）的构成，比如推动形成公平的环境，支持儿童的身份认同和需求，并明确更多儿童学习的目标。学前教育阶段提出了更多的学习目标或"经验领域"，包括个人和他人、身体和运动、图像、声音、颜色、对话和词语以及对世界的认知等。在新的"国家评估服务"框架下，该国正推出面向学前教育等学校的自我评估报告指导准则。

- 荷兰直到2010年才推出日托机构国家质量框架，同一年，出台了国家质量标准，为所有日托机构设定了统一的质量标准。

- 斯洛文尼亚"2011教育白皮书"把质量定义为教育系统的目标之一。根据该国"学前教育质量评估和保证"的研究，"白皮书"将质量分为三个层次：结构质量、间接质量和过程质量。结构质量指学习小组中的儿童数量、师生比、空间大小（最低规定）、使用的材料和员工/教师最低职业资质等。间接质量涉及主观性因素，如员工/教师满意度、机构与儿童父母及其他幼儿园的合作（针对1～5岁儿童的综合性早期教育与保育机构）。过程质量指课程的计划和实施、与课程相关的活动、游戏、儿童之间的社会交往、儿童和成人的互动等。

- 瑞典"教育法案"对质量进行了定义。该法案规定学前教育机构的目的是在一个安全有爱的环境中激发儿童的发展和学习，所有活动以儿童的想法和需求为基础。所有学前教育机构都应遵守"学前学校课程"，该课程设定了早期教育与保育的全国质量目

---

① 质量保证项目是一个正式的参与性项目，早期教育与保育机构要提供一系列证据，在通过外部评估认证后才能确认该机构达到了质量标准。

标，包括基本价值、任务、目标和指导原则。该课程同时专门规定了在职员工/教师的资质要求，以及员工/教师和班主任的角色。

- 英国教育标准办公室制定了全国质量标准。标准办公室通过督导来评估早期教育与保育的质量。督导人员评估早期教育与保育的整体质量和机构服务标准时会考量三个因素：（1）早期教育服务能在多大程度上满足不同入学儿童的需求；（2）早期教育服务能否促进儿童的身心发展；（3）领导与早期教育服务管理的有效性。为了达成他们的评估目的，督导人员也会评估一系列具体的质量指标，比如学习环境、儿童和老师的互动等。

制定统一的监测框架

- 2013年之前，比利时荷语文化区没有统一的儿童保育监测措施，是该地区公认的弱点。2013年11月该地区出台了质量评估与监测项目（Measuring and Monitoring Quality project, MeMoQ），预计实行三年。其中一项任务是制定一个教学框架，该框架要考虑儿童保育所达成的经济、教学和社会目标。该项目的目的不是出一份评估监测手册，而是制定一个愿景文件，解释什么是"教学质量"，提出教学准则，以及如何为每位儿童提供全面发展的机会。同时还会推出一个"科学工具"，帮助评估荷语文化区儿童保育的质量，为全国整体质量水平的评估提供一个指标。这些措施有助于开发一个供保育督导局使用的评估工具，用于评估所有的保育机构，那么对公立和私立保育机构的监测将会更一致。此外，还要开发一个供早期教育与保育机构使用的自评工具，帮助其明确自己的优势和劣势。

- 在德国，所有保育服务必须符合基本的认证标准，但是早期教育与保育提供机构一直以来享有很大的自由度，可以根据自身的价值观和情况来提供服务和定义质量。这是德国早期教育与保育的特色，也是法律认可的父母选择权的体现。德国早期教育与保育政策制定的基础是合作和共识，而不是自上而下的措施。质量保证的基础是支持和合作，而非控制。因此，每个州都有各自的监测框架，监测由各州具体实施。绝大多数的大型保育机构已经建立了自己的质量评估系统。地方的青少年福利办公室聘请专家顾问和州级监督员，监测被投诉的机构。在州层面推行统一连贯的监测系统，需要在采用统一标准和尊重机构情况和策略之间找到平衡。例如，柏林实施新的监测系统时，机构自身的质量评估系统并不会简单地被替代，而是要符合柏林计划的要求和认证。机构依然允许有自己的服务重点和变化。机构有义务实施质量改进系统，但可以自由选择工具和程序。

- 捷克正在建一个全国质量监测系统，用于监测招收3岁以下儿童的早期教育与保育机构的质量。该系统将制定一个全国教师资格框架，定义优秀教师的特点。根据该框架，教师将接受持续的评估以提高教学水平。捷克"学校督导部"也更改了督导报告的内容结构，现在的报告能更有效地指出各机构的优缺点，并提出改进教育质量的建议。此外，教育部鼓励各机构使用欧洲社会基金项目"质量之路"开发的工具，支持机构自我评估的标准化。

- 芬兰并不监测学校的表现，并在1991年废除了学校督导。芬兰现在更关注儿童学习成果的监测，包括早期教育与保育阶段。2014年之前，教育评估主要有三个机构：芬兰教育评估委员会、芬兰高等教育评估委员会和国家教育委员会。为了整合并统一评估过程，该国教育文化部推出了教育评估计划，在2014年成立了教育评估中心。让一个机构负责评估，可以让评估更清晰，影响更大，保证国家评估更趋统一，有助于和其他国家的监测结果进行比较。

- 意大利之前并没有能覆盖所有早期教育与保育机构的国家监测系统，意识到这一点后，该国正计划制定一个覆盖0～6岁儿童的早期教育与保育的综合系统，该系统包含了专门的质量监测和评估系统。综合系统的目标是将地区分散的体系整合成一个更系统、更统一的国家体系，主要措施有：开发一个质量监测系统，监测内容包括儿童的非认知能力，如身心健康、学习方法等；建立一个将早期教育与保育相关信息传递给决策机构的机制；规划一个能持续改进机构服务而不是干扰机构服务的监测系统。

- 挪威也意识到综合监测系统的缺乏，意识到缺少足够的信息去了解幼儿园的质量。意识到这一点，挪威教育培训委员会在2013年受命制定一个幼儿园国家质量评估系统。评估系统的目的之一是获取更多质量方面的可靠信息，为各层面的深入讨论提供基础；另一目的是在网上发布幼儿园的质量数据指标。

标准化的监测工具

- 比利时荷语文化区从1991年开始使用标准化工具CIPO（Context, Input, Processes and Output）模型评估幼儿园，该模型是2010年通过的教育质量法令决议的一部分。CIPO模型由背景、投入、过程和产出四部分组成。每个部分分解为许多影响教育质量的指标，这些指标来自研究或经验得来的质量因素。该模型帮助督导人员在评估产出时，不会因为过程指标的影响而变成过程评估。这使得尊重学校的自主权、教学项目和活动成为可能，同时能够以标准化的方式评估一所所各具特色的学校的产出。

- 在智利，2013年以前机构服务的质量监测使用"表现性标准"。现在国家质量局制定了一个由一系列参考指标构成的表现评估指导框架，还为教育机构和利益相关者提供指导以改善机构管理程序。这些标准针对学校管理的四个方面——领导力、教育管理、培训和资源管理，总共包含12个标准化的监测指标。这些标准同时符合国家教育质量保证系统的规定。

- 德国教育机构可以自由选择质量评估工具或项目，但通常它们会选择与自身价值和服务重点相关的标准化监测工具。其中一个标准是由国际标准化组织制定的DIN ISO 9000。国际标准化组织是一个独立的非政府机构，也是世界上最大的国际标准制定机构。ISO 9000标准涉及质量管理的各个方面，能够为教育机构提供指导和工具，确保它们的产品和服务能够不断地满足客户的需求，质量得到不断地提升。德国标准化研究所（Deutsche Institut für Normierung, DIN）是德国参与国际标准化组织的国家机构。另外一个工具是幼儿园评估量表（Kindergarten-Einschätz-Skala, KES），由德国教育学教授沃夫冈·蒂策修订的德国版"儿童早期教育环境评估量表"（ECERS）。幼儿园评价量表在2001年推出了修订版（KEN-R），现在仍在进一步修订。幼儿园评价量表（修订版）目前包含43个不同的等级指标，涉及身体、社交、情绪和认知等领域。该工具的目标是找出所有影响儿童在早期教育与保育机构获取经验的直接因素。德国还使用婴幼儿托育环境评估量表（KRIPS-R）来支持早期教育与保育机构教学质量的改进，该工具以美国婴幼儿托育环境评估量表（ITERS）为基础，包含41个指标，帮助全面评估日间托儿所的教学过程。此外，德国还使用其他的工具，如专门用于评估运用"情境教学法"的机构的质量工具，因为"情境教学法"在德国广受青睐。

- 爱尔兰的国家质量框架用于定义、评估并支持改进贯穿早期教育与保育机构实践方方面面的质量。该框架于2006年推出，在之后的三年里面向50个不同的机构征求改进意见。这些机构代表儿童保育工作员、教师、父母、政策制定者、研究者和其他感兴趣的各方。该框架由三个各自不同但又相互联系的因素构成：规则、标准和质量要素。12条原则描绘了整个框架的愿景，16条标准和75个质量要素确保愿景能切实地应用于早期教育与保育实践的方方面面。

- 英格兰教育标准办公室的督导员，遵循标准办公室所制定文件中详细规定的标准化督导程序。督导员使用一整套标准化的指标来评估教育机构及其表现。

共同挑战三：全面了解质量情况

除了培训过的评估人员，其他的利益相关者，特别是接受教育服务的父母和儿童，也是早期教育与保育质量信息的重要来源。教师、父母和儿童之间的互动合作对于更好地理解儿童发展来说是至关重要的。儿童对待学习的态度，他们参与早期教育与保育机构活动、与员工/教师互动的愉悦状态，以及他们的幸福感是第一手的资源。这些高度相关的信息能够帮助员工/教师和早期教育与保育机构管理者提高实践水平。父母也可以提供重要信息，比如他们孩子的经历，还可以提供教育中心在多大程度上支持他们孩子学习的信息。再次强调一下，共享这些信息有助于明确哪些实践可以进一步改善，从而促进儿童发展。

但并不是所有国家或地区都从父母那里寻求信息，或者试图收集儿童的想法。再者，也没有任何国家或地区强制规定，要求相关利益者提供信息，更典型的情况是取决于早期教育与保育机构主动收集这方面的信息，如果他们这样做的话。也有一些教育机构采取咨询或邀请参与的方式，但这不是普遍做法。

向父母了解信息

- 智利的全国幼儿园委员会（JUNJI）向父母和该委员会资助的私立幼儿园开展了一项调查，旨在了解他们对于该委员会提供的早期教育与保育机构质量的看法。

- 在德国，扩大0～2岁儿童早期教育与保育服务的过程受到了严格的监测。2009年至2013年期间，德国家庭、老年人、妇女和青年事务部每年都要求向议会提交儿童支持法（Kinderförderungsgesetz, KiFöG）报告，汇报已取得的进展。这些报告的信息来源于面向家长代表的调查，以及儿童青年福利统计部提供的年度数据。家长调查涉及对儿童保育的需求和偏好、能否获得早期教育与保育服务以及对服务的满意度等。此外还有面向儿童托管机构和地方青年福利办公室的调查，旨在更全面地了解扩大早期教育与保育服务过程中的挑战、策略和质量水平。

- 德国巴伐利亚州在早期教育与保育服务管理的相关地方规定中，明确要求早期教育与保育服务机构每年进行一次父母满意度调查。每个机构可独立设计调查问卷，自行决定评估内容。

- 近年来，芬兰开展了两次全国性的家长调查。在这些调查中，政府要求家长从他们的角度回答相关话题，诸如整体服务质量、早期教育与保育机构的质量以及教学质量等。在没有政府统一规定的情况下，各地方政府纷纷自发地就类似话题进行了多次调查。在制定新早期教育与保育法律的过程中，政府第一次要求家长参与。11266名父母通过网络调查的方式回答了有关问题，包括早期教育与保育的重要性、早期教育与保育的活动和环境、父母参与、父母与员工/教师合作并建立教育伙伴关系等。同时父母要求明确表达是否满意孩子接受的早期教育与保育服务。

- 2010年开始，法国国家福利基金（Caisse Nationale d'Allocations Familiales，CNAF）根据家长对托儿所和儿童托管的满意度调查制定了一个晴雨表。家长代表是早期教育委员会的总领事会成员，且拥有话语权。幼儿园并没有系统的家长问卷，但是选举产生的家长代表可以在一年三次的园务会议上对幼儿园的服务质量提出意见。如果对幼儿园服务不满意，家长也可以请求对幼儿园进行检查。家长代表定期与地方政府会面，并在国家教育总督学进行督导期间接受访谈。

- 尽管挪威计划在2016年推出一个全国性的家长满意度调查，但该国依然缺少国家层面的系统的家长调查。许多地方政府和幼儿园会自行展开调查，内容涉及服务质量的总体满意度、室内室外环境的质量、自然环境的质量，员工/教师指导/教学/保育的质量、员工/教师或管理者与父母沟通分享信息的情况、父母参与的可能性、开放时间、儿童体验或学习成果等。

- 瑞典国家教育部门通过全国性的调查（最近一次是在2013年）来了解父母对于幼儿园的满意度。调查内容包括服务质量的总体满意度、员工/教师指导/教学/保育的质量、员工/教师或管理者与父母沟通分享信息的情况、父母参与的可能性、开放时间、儿童体验或学习成果等。

关注儿童的观点

- 比利时荷语文化区的家庭日托机构和日托中心都在关注儿童的看法。这不是强制性的要求，但日托中心和家庭日托机构能够借助一些工具评估儿童的体验。"保育机构自我评估工具"首先查看儿童的身心健康和参与程度，帮助确定环境中影响儿童的因素。"档案袋"最早是一个针对家庭保育机构的自评工具（Ziko-Vo），帮助所有儿童服务机构的实践者监测儿童的发展。这两种工具都能帮助机构监测每一个儿童的情况，并找到适当的方法来满足每一个儿童的需求。此外还有一个面向3～5岁学龄前儿童的更全面的监测系统，称为过程监测系统（Process-Oriented Monitoring System, POMS）。

- 捷克的公立机构把儿童的看法当作学校外部评估的一部分，外部评估也会评估儿童的身心发展状况。基于这些评估报告得出的学校氛围的评语会出现在公立学校的督导报告中。学校内部的自我评估也会监测儿童的发展和幸福。

- 芬兰计划让更多的儿童参与质量监测。政府在起草新早期教育与保育质量监测法案时征求了儿童的意见。48名儿童接受了访谈，他们通过拍照或是画画的方式发表意见，他们还和员工/教师讨论早期教育与保育机构中他们喜欢的地方和他们希望改进的不喜欢的地方。

- 在卢森堡，儿童早期教育项目和学前义务教育的评估报告都以儿童的学习过程和发展为结尾。儿童在学习过程中的主动参与是必不可少的一部分。因此，许多教师会在官方报告上附加档案袋，记录儿童取得的进步。每位儿童有很多机会展示和评论自己的档案袋。

共同挑战四：监测助力政策改革

制定一个平衡的、持续的监测系统并非易事，确保监测结果切实改善服务质量和整个监测系统的表现，也不是一件容易的事。尽管所有国家或地区都在开展某种监测，但监测并不影响对机构的资助（减少或增多），也不改变员工/教师的薪酬。然而，许多国家或地区表示监测结果确实能影响政策并提高早期教育与保育质量。

根据监测结果采取措施或惩罚的困难是要在法律框架下执行。例如，在2013年以前的爱尔兰，学校督导部门必须向法院诉讼，才能关闭学校。而且关闭机构可能会带来风险，导致早期教育与保育机构数量减少，父母无法找到替代机构而只能辞职照顾孩子。此外，经济惩罚会进一步影响机构提供的服务质量。

收集数据改进政策和策略

- 在澳大利亚，保证早期教育与保育的公共投资投向真正需要的地方，需要强有力的证据去指导政策决策，这是共识。证据之一是澳大利亚早期发展普查（AEDC）收集的数据。通过这些数据可以了解儿童如何取得进步，敦促政策和项目推进儿童早期发展，以及帮助评估长期策略的成效。澳大利亚联邦政府、州政府和地方政府已经意识到社区需要儿童早期发展的信息，并同意将早期发展普查（AEDC）作为一个衡量发展的国家措施。澳大利亚儿童早期发展评估工具（EDI）是评估儿童早期发展的工具，是衡量入学后儿童发展的一个人口指标。早期发展评估工具通过教师完成的核查表和人口统计信息来收集儿童早期发展五个领域的信息，检查表是基于教师对班里学生的了解和观察完成的。儿童早期发展评估工具主要衡量五个发展领域：（1）身心健康；（2）社交能力；（3）情绪稳定；（4）语言和认知能力（基于机构服务）；（5）沟通技巧和基本常识。从2009年第一次收集数据开始，各级政府和社区组织一直运用这些数据为儿童早期发展的政策和实践提供信息。

- 在捷克，幼儿园督导获得的质量信息会编制成一份国家报告。政策制定者据此制定国家教育策略。

- 德国的儿童和青年福利统计部每年会收集早期教育与保育的数据。统计部会统计有关结构质量的信息，比如员工/教师的资质、师生比、班级规模等；同时也会统计早期教育与保育部门关注的其他发展指标，比如在校人数。儿童和青年福利统计部在对早期教育与保育部门的监测中发现，德国各州和同一地区的不同地方对质量要素（如师生比）的理解存在巨大差异。继而引发了是否需要在国家层面制定质量标准的争论，以及是否需要推出一个国家质量框架的讨论。一个全国性的质量框架，除了制定核心质量标准（如师生比）之外，可能还要包括系统收集早期教育与保育服务质量方面数据的方法；同时，对早期教育与保育的关注导致统计指标不断地分化和细化。最近早期教育与保育的管理也受到关注。

- 在法国的早期教育领域，社会事务部定期对托儿所员工/教师、家庭日托中心育婴助理以及机构的可用和占用空间进行调查。每几年还会对父母进行调查（最近是在2002年、2007年和2014年），并在此基础上进行深度研究。教育部也会定期分享早期教育与保育数据，并提供详细的政策简报，如3岁以下儿童接受早期教育与保育的比例、学前教育或幼儿园教育结束时儿童的发展情况等。这些信息和数据能够让家长、早期教育与保育利益相关者以及政策制定者了解最新的早期教育与保育情况。

- 挪威利用国家、地方对早期教育与保育员工/教师和人员供给的监测数据，推动政策的制定和问题的解决，例如制定提高早期教育与保育员工/教师资质和录用标准的策略。
- 瑞典国家教育部门负责收集有关学前教育体系的数据。该部门每年都会收集儿童、员工/教师和成本方面的数据，旨在全面了解早期教育与保育的服务，并为国家或地方制订必要的行动计划提供依据。在国家和地方层面收集有关早期教育与保育员工/教师和人员供给的数据，有助于解决该领域面临的问题，例如幼儿园老师紧缺问题。大学学前教育专业开始扩招。国家教育部门在2008年对幼儿园开展评估，继而在2010年修改了课程标准，对语言、数学、自然科学和技术等课程提出了更加清晰的儿童发展目标。此外，学校督导部在2012年的质量审查中指出，早期教育与保育员工/教师需要接受更多的在职培训来提高知识水平。在《助力学前教育（2012—2014）》（Boost for Preschool 2012—2014）的框架下，员工/教师已经接受了持续的专业发展培训，培训内容中明确并增加了2010年版课程标准的学习，尤其是语言、数学、自然科学和技术方面儿童是如何发展的，同时支持员工/教师加强对母语和跨文化政策的学习，以及后续开展的评估工作。

为表现不佳的机构或员工/教师提供培训

- 在智利，几种不同的监测工具被用来评估员工/教师的表现，为每位员工/教师打出一个综合的分数。以分数为准，员工/教师在极端情况下被开除，或需要参加额外的培训，或有机会接受测试，测试分高者涨薪。
- 捷克的教育法规定，在内部评估方面，幼儿园园长对教育质量负责。以自我评估为基础，幼儿园园长要采取措施来改善质量，并和机构所有老师一起讨论可行的策略。在外部评估方面，捷克学校督导部负责发布外部评估报告。一旦报告指出学校存在质量问题，它们需在督导部规定的时间内采取行动解决问题，例如为教师提供进一步的培训等。督导员会密切关注出现问题的学校，并进行后续督导。如果学校不采取行动，学校负责人会受到惩罚，或者有可能被革职。
- 在法国，幼儿园督导是为了监测每个老师的表现。在两小时的直接观察后，督导员会访谈被观察的教师，一起分析观察到的实践表现；同时督导员会评估教师的专业水平并提出改进意见，以及讨论其他可行的教学活动。督导员还会给教师推荐进一步的培训或其他职业发展的建议。基于督导过程，地方督导部门会向地方学术机构（雇佣方）提交一份报告，地方学术机构随后会对教师进行优势评定，并给他们提出培训或其他的建议。
- 德国的早期教育与保育机构在接受监测后，机构及员工/教师会借助监测结果来确定需要改进的方面，商讨可行的策略、目标和培训需求。

- 在爱尔兰实施"种子"质量保证项目（Síolta Quality Assurance Programme）的机构里，员工/教师首先接受基本的评估，了解自身开展实践的情况，并根据评估结果制订自我提高计划。之后他们必须拿出一系列证据展示他们如何提高实践质量。

- 在韩国，在幼儿园教师专业发展评估中获得优秀的教师，可以获得自我发展的额外资金，供他们休教学假或是接受更多的培训。

监测服务质量面临的挑战

不同国家或地区在监测服务质量时面临几点共同的挑战：一是难以定义服务质量监测的领域；二是难以持续落实监测流程和实践；三是需要确保员工/教师充分了解质量标准。

挑战一：定义服务质量监测领域

监测服务质量受到很多相互关联指标的影响，这些指标大体可归为两类：过程质量指标和结构质量指标。结构质量指标指确保早期发展项目质量的整体结构要素，比如领导力、管理和物理环境等。过程质量指标指影响早期教育和保育机构性质以及直接影响儿童日常发展和社会经验的要素，包括成人和儿童的互动、早期教育和保育的教育支持及学习成果等。

结构质量指标通常指输入性措施，更容易被量化，因此与早期教育与保育质量相关的大部分数据都涉及结构质量指标。过程质量指标通常通过外部评估或系统的自我评估来进行定性评估，因此过程质量监测更耗时耗力。

结构质量和过程质量相互补充

- 在德国，早期教育与保育的质量监测会使用一系列的质量标准。幼儿园评估量表修订版（KES-R）就是其中一个，它由七个领域的指标构成，既包含过程质量指标，又包含结构质量指标。七个领域包括：空间和材料、日常保育流程、认知和语言刺激、活动、员工/教师—儿童互动、儿童—儿童互动、教学实践的计划和安排、早期教育与保育机构和父母的合作。

- 在荷兰，市卫生服务局（GGD）开展对早期教育与保育机构的年度督导。督导包括过程质量要素的监测，如教学实践，还包括对监测的过程质量要素的评估，督导结果最后会形成报告出版。

- 新西兰教育审查办公室推出的评审框架/指标涉及质量的方方面面，包括治理和管理、领导力、课程设计和实施/教学过程等。评估涉及的主要问题是早期教育与保育服务如何配置能有效促进所有儿童的学习成果？在国家层面提供广泛的可供选择的指标，反映现有研究、理论和实践的成果。这些指标覆盖了内部和外部评估过程中的过程质量要素，并为评估中如何使用指标提供重要的程序性意见。此外，该办公室还负责检查违规的问题。

- 斯洛伐克的督导包含结构质量要素和过程质量要素，如教育活动的空间、材料和条件，以及专业教学能力。再者，督导过程包括观察、听课、调查和采访，以及参加管理者会议等，这些方式为监测和报告过程质量提供了更多机会。
- 斯洛文尼亚的幼儿园质量读本里包含了一系列用来评估幼儿园质量的调查问卷和评级工具，涉及过程质量和结构质量。如父母问卷包括了一系列质量内容，如父母对与早期教育与保育机构沟通交流的满意度。

咨询利益相关者

- 澳大利亚成立的国家利益相关者会议小组在过渡到澳大利亚国家质量议程（National Quality Agenda, NQA）期间和之后的实施期间都担当重要的咨询角色。咨询团队成员代表各类早期教育与保育及学龄保育机构，包括高峰组织、教师协会、学术机构、培训组织和特殊利益群体等。澳大利亚政府委员会（The Council of Australian Governments）就提高早期教育与保育质量的措施征求公众意见，邀请公众就质量改善措施发展评论和意见，包括修订监管标准等。

挑战二：持续落实监测程序和实践

服务质量的监测通常通过督导或父母调查等外部评估来实现。督导本质上是主观行为，因此督导员能否持续地了解服务质量变得至关重要。但许多国家或地区依然缺少标准化的质量框架，督导员在监测早期教育与保育机构的时候没有参考。此外，缺少标准化的监测程序和工具意味着无法对早期教育与保育机构进行持续的督导评估。还有不同的员工/教师自我评估方式可能导致内部评估程序的不一致。

为外部评估人员提供岗前培训

- 苏格兰的教育督导员在负责督导之前会接受长达九个月的培训。保育部门的督导员也会接受岗前培训项目。确保所有的评估人员/督导员接受统一的培训。
- 在挪威，内部评估由幼儿园教师负责，他们在入职培训时会接受相关的培训。
- 澳大利亚开发了一套正式的培训项目，确保实现不同地区评估的一致性。只有通过一项高水平的专业测试才能成为评估人员。
- 在智利，外部评估人员评估他们所工作的早期教育与保育组织的对应机构（如全国幼儿园委员会）。例如，全国幼儿园委员会（JUNJI）评估人员评估其对应的机构。任何机构的评估人员都要接受岗前培训。

- 根据捷克学校法的规定，完成高等教育且拥有至少五年教育或教育心理学领域工作经验的人可以成为督导员。督导员开始工作后，首先会接受岗前培训，学会如何处理投诉和提供建议，了解有关捷克教育的国际调查和关键数据，同时还接受如何使用复杂的捷克学校督导系统进行数据收集的培训。
- 英国教育标准办公室督导员必须全面了解早期基础阶段立法框架（Early Years Foundation Stage Statutory Framework）涵盖的方方面面内容，包括儿童学习和发展的方式，以及安全的情感依恋对儿童身心健康的意义。督导员接受机构质量督导的全面培训，培训由资深督导员和政策制定高级官员全权负责。

提供在职培训

- 新西兰教育审查办公室聘用的大部分评审员来自教育相关领域，有在学校或早期教育服务方面的管理、领导和教学经验。评审员会接受持续的在职培训。
- 在瑞典，外部评估人员的背景丰富，如拥有学前教育教师资质、幼儿园管理经验或是拥有本科学历。评估人员接受资深同事组织的内部培训，同时通过内部研讨会和指导接受培训。
- 卢森堡的所有教师都会接受在职培训，以便起草学校发展计划，定期评估目标达成情况。
- 墨西哥有不同的早期教育和保育项目，这些项目都会为评估人员提供在职培训，特别是墨西哥为0～5岁儿童提供基于中心的联邦社会安全保育项目（IMSS）。该项目的内部评估人员被称为"地区协管员"，他们通过培训课程接受持续的全国性的一年一次的培训，既有视频会议，也有在墨西哥社会保障局培训中心的面授。

就如何实施提供专门培训

- 在比利时荷语文化区，保育督导部门的督导员会接受包括督导在内的各个领域的培训。他们会学习督导规定以及如何评估机构是否违规。督导方式、观察和沟通技巧都属于培训内容。
- 智利的早期教育与保育组织培训评估人员的实施技巧，确保他们可以正确使用监测工具评估早期教育与保育服务。同时，该国质量部门也培训评估人员有关质量督导的理论和技术知识、实施技巧以及如何解读监测结果。

内部和外部评估相结合

- 新西兰认为服务质量的内部和外部评估程序高度关联，互为补充，因此十分强调二者的结合。新西兰教育审查办公室开展的外部评估取决于并作用于机构的自我评估。证据显示外部评估可以激励、扩充、证实内部评估的结果，而内部评估可以深化外部评估内容并提供重要的见解。审查办公室据此开展外部评估，利用外部评估程序来提高早期教育服务机构开展内部评估的能力，通过后者来实现问责并达到改进的目的，让评估深化到管理者和教育人员的日常工作中。

挑战三：确保员工/教师了解质量标准

许多国家或地区表示早期教育与保育员工/教师经常不清楚质量标准或规定的变化。为了让他们持续地了解与他们工作相关的质量标准，国家（地区）应采取措施推广质量标准。

推广监测广泛的质量标准

- 在澳大利亚，所有重要的文件均可在澳大利亚儿童教育与保育质量（Australian Children's Education and Care Quality Authority）的网站（www.acecqa.gov.au）上获取，包括评估评级文件和法规。澳大利亚还运用一系列策略向相关部门推广宣传新标准，包括公众演讲活动、公共咨询论坛和针对特定对象的材料等。
- 比利时荷语文化区推出了最低标准的质量保证手册，包含：（1）质量保证政策，包括儿童保育机构的任务、愿景、目标和价值观念；（2）儿童保育机构发展、实施和维持的质量体系的要素；（3）儿童保育机构如何进行质量规划；（4）质量保证政策的负责人；（5）地方政府怎样通过机构的实地考察来核实和评估儿童保育机构落实规定的情况。荷语文化区政府已经制定了一个质量保证手册，强制所有服务19名以上儿童的机构执行。
- 韩国每年会出版儿童保育指导手册，并分发至所有儿童保育中心和家庭日托机构，便于它们了解最新的规定。全国70家儿童信息中心在网站上公布最新的规定和政策。对于幼儿园来说，全国17个省市的教育办公室和177个地区教育办公室通过公文和官网公布最新规定和指导准则的详细变化。

监测员工/教师质量面临的挑战

监测员工/教师质量主要面临两大挑战：确保监测员工/教师质量能改善早期教育与保育质量；在评估员工/教师的同时监测课程的实施情况。

挑战一：确保监测员工/教师质量推动整体质量的改善

本书认为有效监测员工/教师是不断提升早期教育与保育服务的核心。但是，目前很难衡量监测员工/教师质量对于改善其他方面的具体影响，如服务质量等，因为质量各方面紧密相关并共同发挥作用。因此，员工/教师质量和对员工/教师质量的监测至关重要。虽然绝大多数国家或地区都监测员工/教师质量，但并不是所有国家或地区都是为了提升早期教育与保育质量而开展员工/教师质量监测的。因此，员工/教师质量监测面临的挑战是如何利用员工/教师质量监测的结果来推动整体质量的改善。

采取措施弥补不足

- 智利所有教师每四年一次接受评估系统开展的评估，该评估系统名为"教师评价"（the Evaluación Docente）。被评为"基础"的教师需每两年接受一次评估；被评为"不满意"的教师需在第二年接受再评估。从2011年开始，连续两年被评为"不满意"的教师会被调离教学岗位。同时，2011年教育质量公平法案规定，学校负责人每年有权解雇高达5%的在最近评估中被评为"不满意"的教师。因此评估可以改善员工/教师表现和质量。

- 在斯洛伐克，如果督导员发现员工/教师质量存在问题，私立服务机构可能面临资助的削减。如果员工/教师质量存在严重问题，机构可能被吊销执照或被关闭。这样可以保证运行良好的机构存活下去，保证优秀的员工/教师得到嘉奖。最终，该国希望员工/教师质量监测有助于实现更高水平的早期教育与保育质量。

- 在韩国，儿童保育机构在达到所有规定的质量标准后可以获得一块认证奖牌。但如果员工/教师质量不高，机构可能会失去认证，因此它们有动力去维持符合标准的员工/教师质量。

- 比利时法语文化区的生育和儿童事务部为教学顾问安排了专门的任务，即根据学前教育学校的督导结果来监督和协助员工/教师反思他们的实践活动。希望通过定期提供信息和解决疑问的方式，帮助员工/教师改进实践，提高质量水平。

- 在北欧国家，教学顾问（pedagogical advisors）在地方一级全面开展活动，旨在改善所有服务机构的教学质量，为机构提供有关教学方法的最新信息，支持机构开展团队评估和记录等内部质量的提升工作。

确认需要进一步学习或培训的员工/教师

- 智利教育部要求机构负责人评估教师的专业表现，并提交报告。教育部也会邀请另一机构的教师来评估机构每一位教师的表现。这位同行评估人员是一线教师，接受过教育部的培训和认证，与被评估教师教授同年龄段的儿童和相同的教学领域。对教师专业表现的评估采用结构性问卷，涵盖了教师专业活动（和教学取向）的一系列领域。机构负责人和同行评估人员将被评估教师的表现划分为四个水平。报告包含五部分：（1）教师和评估人员的基本信息；（2）评估人员通过一系列领域和标准（13个问题）来评级；（3）教师过去的表现（是否接受过评估；上一次评估后评估人员采取的行动；

现在的表现和上一次评估的比照）；（4）背景信息；（5）教师优势和劣势的定性评估。报告收集的信息也可用作评估结束后给教师提供的书面反馈。

- 在法国，督导员也是教育和培训顾问。学前教育机构（école maternelle）督导的重点是评估每位教师的表现。督导员首先在教室进行两小时的直接观察，接着与教师讨论分析他观察到的实践。根据观察和讨论的情况，督导员会向被评估教师指出需要进一步培训的领域，或是建议观察其他教师的教学实践。
- 德国早期教育与保育机构利用监测结果确定员工/教师需要改善的地方，再与员工/教师共同商讨确定策略、目标和培训需求。

挑战二：监测课程实施的情况

监测课程实施的情况面临诸多挑战：因为课程不是强制性的，或是缺乏系统框架，一些国家或地区很难监测课程的实施情况，例如德国大部分州的课程被看作是指导准则。只有巴伐利亚州、柏林市、萨克森州和图林根州的法律规定，早期教育与保育中心的课程计划必须包括主要目标、原则和学习领域。

尽管不少国家或地区采用一系列监测教育机构质量的工具，但却很少关注课程实施的情况，或为此开发相应的工具。有时课程实施的监测甚至被看作是消极行为，因为其结果并不能够支持后续的质量改善。而监测的替代办法，如支持员工/教师实施课程被视为更积极的措施，使得早期教育与保育质量的改进更显著。但是，将员工/教师表现和课程挂钩以保证课程实施的有效性，这也是一大挑战。

支持员工/教师实施课程

- 比利时荷语文化区学前学校的教师在"教学咨询服务"部门的支持下实施课程。
- 在比利时法语文化区的幼儿园和保育机构，教学顾问和早期保育协调员一起工作，并与机构负责人和其他员工/教师一起致力于改善课程实施。"母亲学校"也有类似的教学顾问。
- 德国各州采用一系列支持员工/教师实施课程的策略，包括强制的员工/教师培训，额外的有关课程领域的专业培训，免费为早期教育与保育机构提供读本、指导和网络材料，安排专业顾问提供帮助等。另一个有效策略是邀请员工/教师通过工作组和循环反馈的方式参与课程开发。同时还鼓励早期教育与保育机构相互提供专业的建议和支持。在早期教育与保育服务中担任同行顾问的被称为"咨询顾问"。早期教育与保育中心一般被视为在特定课程领域开展良好实践的榜样。
- 爱尔兰国家课程和评估委员会与一些早期教育服务机构一起制定了称作"旅程行动"（Aistear in Action）的课程工具箱，供早期教育与保育机构使用。

- 葡萄牙教育科学部为学前教师准备了课程实施的指导准则，同时为早期教育与保育员工/教师提供专业的培训。

- 在斯洛文尼亚，学前教师可选择多种关于课程实施的在职培训，包括：研讨会，通过或长或短的培训课程获得新技能和最新知识；主题会议，关注服务机构的具体需求和实践经验；研究小组，面向员工/教师的短期在职培训，聚焦经验的交流和了解课程的最新变化和创新。

- 瑞典推出了学前教育在职培训助力项目（2009—2011年，2012—2014年），旨在提高学前员工/教师的教学技能。修订后的课程有了更清晰的目标和指导准则，员工/教师需接受培训来熟悉相关知识和技能的变化。该项目促进了校长、教师和其他参与人员在课程特定领域的专业发展，特别是儿童语言、数学、自然科学和技术领域的发展以及后续的支持和评估工作。

开发课程实施的监测工具

- 爱尔兰的"种子"质量保证项目（the Síolta Quality Assurance Programme）为早期教育与保育机构开展自我评估提供了标准化的流程，由"种子"协调员帮助机构完成每一个步骤。最开始进行的是基准评估，要求员工/教师对照"种子"项目课程框架的75个质量要素，借助专门的自我评估工具反思自己的实践。员工/教师根据自我评估结果制订具体的质量提升计划，围绕课程框架的质量要素和标准展开工作。员工/教师建立档案袋记录实践工作的质量，之后提交档案袋。最后由专家级评估人员评估档案袋的所有材料，档案袋的质量有助于机构整体服务质量的评级，机构的评级结果会公布在认证证书上。

- 新西兰的幼儿学习与评估项目（Kei Tua o te Pae）要求教师开展有效的评估活动以达到国家幼教课程大纲的要求。新西兰政府为早期教育与保育员工/教师提供相关评估的培训。课程项目的评估关注课程提供的活动和人际交往能否促进儿童的早期发展。儿童和家长可以帮助确定项目和课程的评估过程。

监测儿童发展和学习成果面临的挑战

监测儿童发展及学习成果主要面临两大挑战：（1）怎样全面而准确地了解儿童发展的情况；（2）怎样认识儿童的个体发展。下面列出了各个国家或地区面对这些挑战时的做法。

挑战一：准确而全面地了解儿童发展的情况

早期教育与保育服务对儿童的发展和学习成果至关重要，但也不能忽略其他环境因素的作用。然而，对员工/教师和家长来说，在早期教育与保育机构监测儿童的发展和学习成果是非常重要的，因为可以帮助他们收集有关儿童技能和发展的信息和知识。但是，通过一次的监测了解儿童技能和能力的发展状况是很困难的，这也是监测面临的众多挑战之一。而且一次的监测也无法对一名儿童当前的发展和学习需求提供有效的预测。因此，建议早期教育与保育机构的员工/教师利用各种工具和信息来源持续地评估儿童发展和学习的情况。儿童发展的监测是一项耗时的复杂任务，对儿童而言也是巨大的压力。

不同工具多管齐下

- 在德国，语言发展被视为儿童学习成果极其重要的部分，因为良好的德语能力为儿童良好的学校生涯奠定基础。随着以德语为第二语言的移民家庭儿童数量的增多，德国大部分州开始使用17个标准化的或非标准化的工具（包括观察、筛选、测试等）对语言进行评估。此外，早期教育与保育机构持续监测儿童的一系列发展领域，如社交、情感、认知以及动作发展等。16个州的早期教育与保育课程强调观察和记录儿童的发展和学习成果。每个机构采用不同的评估工具，最常见的是学习故事，即将学习融入到故事框架中，并包括对学习的分析。

- 墨西哥有一系列监测儿童发展和学习成果的工具。由经济研究和教学中心推出的年龄和发展阶段问卷评估五个不同的发展领域：沟通交流、粗大动作、精细动作、问题解决及社会性和个性发展。此外，墨西哥版的儿童早期发展评估工具被称作儿童发展筛查量表，用于5岁以下儿童神经发育问题的早期筛查。这个筛查工具是墨西哥自己设计和验证的。儿童发展筛查由卫生部管理实施，每年面向3～5岁的义务制幼儿园儿童进行三次筛选。在为0～5岁儿童提供服务的公立儿童发展中心（CENDI），针对0～3岁的儿童，教育人员和助教通过观察评估儿童技能的发展情况。他们还制定了评估儿童学习成果的评估检查表。

持续评估儿童发展

- 澳大利亚的服务机构需要定期记录每个儿童的发展成果，在评估和等级评定过程中的记录文件也会受到监测。

- 在捷克，教师持续地监测和评估每个儿童的发展和学业进步，因为长期系统的监测和评估能够帮助教师根据学生的发展情况来给予引导。持续的评估可以帮助发现儿童潜在的问题和弱项，必要时也可以就儿童的进一步发展咨询专家。

- 在英国，当儿童2～3岁时，员工/教师必须评估他们的发展情况，并向父母或看护人提交一份简短的儿童主要领域发展情况的书面总结报告。报告必须指出儿童的发展优势，以及尚未达到发展预期的领域。如果发现严重的发展问题或需要特殊教育，或是确认存在缺陷，员工/教师必须制订针对性计划来支持儿童未来的学习和发展，适当的时候邀请父母或看护人以及其他专业人士（如特殊教育需求协调员或健康专业人员）参与。在儿童5岁那年的最后一学期，每个儿童的早期基础阶段教育档案袋必须在6月30日之前完成，帮助父母、看护人、员工/教师全面了解儿童的情况，包括知识掌握程度、理解力和综合能力是否达到预期标准，以及是否准备好开始一年级的学习。档案袋必须包含以下内容：持续的观察记录，机构保存的所有相关记录，与父母、看护人以及其他成人（教师、父母或看护人认为能够提供有用信息的人）的交流。

- 比利时法语文化区持续评估儿童发展的情况。教师会使用不同的非标准化工具评估即将从幼儿园毕业的儿童，看他们是否准备好开始小学的学习。

- 在挪威，课程强调幼儿园的日常互动是支持儿童学习和发展的关键因素，因此持续地观察和评估儿童的身心健康和发展状况。一项国家调查显示95%的幼儿园通过观察来实现这一目的，其他方法还有"故事讲述"和"教学记录"等。儿童访谈法的使用也有所增加，37%的幼儿园在某种程度或很大程度上会使用这种方法。

- 墨西哥为0～3岁儿童提供基于家庭的联邦早期教育项目（CONAFE）的管理文件规定监测每年至少开展一次，在机构运行的特定期间进行。在为0～5岁儿童提供基于中心的联邦社会安全保育项目（IMSS）中，儿童在入学时、学习期间以及学习结束进入下一级时都会接受评估。

- 在瑞典，幼儿园教师对每个儿童的学习和发展负责。这是一个定期的、系统的记录和分析的过程，为评估幼儿园如何根据课程目标和意图为儿童提供发展机会提供了依据。幼儿园必须记录、追踪、分析以下内容：与儿童及儿童之间的交流和互动，他们的参与及影响，儿童在幼儿园的经历是否有趣和有意义；儿童的知识和技能随时间发生的改变；儿童在记录和评估中的参与和影响；儿童在何处以及如何发挥影响作用，他们的视角、探索、问题和想法如何被应用；父母在评估中产生的影响，在何处以及如何发挥作用，他们的观点如何被使用等。

挑战二：意识到儿童的个体发展

随着政府加大对早期教育与保育的公共支出，寻求政策影响力证据的压力越来越大，即如何证明政策能促进儿童取得更好的发展和学习成果。出于政策目的收集儿童学习成果数据的国家或地区正在不断增加，而另外一些国家或地区则是为了推动儿童的发展和学习。这些数据可以帮助研究者分析政策的有效性，有助于创建更大的数据库。

针对性地监测每个儿童

- 在捷克，教学成果的评估与儿童无关，儿童表现有特定的参照标准，但儿童之间不互相比照。相反，因为个性化教育的要求，幼儿园教师监测每个儿童的发展和学业进步，并记录儿童的重要信息，目的是了解每个儿童，消除他们的发展阻碍，满足他们的发展需求。这种监测和评估在具体情境中进行才有意义，才能达成目的。理想状态是，教师根据每个儿童的教育需求采取不同的监测和评估方法。

- 在芬兰，所有接受早期教育与保育服务的儿童的发展情况都会受到监测，而且语言、社交、情感、认知、身体和心理等各发展领域都会受到监测。在早期教育与保育和学前教育阶段的课程中，观察是至关重要的一环。观察结果通常记录在每个儿童的早期教育与保育计划中。每个儿童在入学时会建立个人的早期教育与保育计划，由员工/教师和家长讨论确定，计划充分考虑儿童的个性和家长对教育与保育的看法。员工/教师根据计划有意识地开展活动，并关注每个儿童的需求。同时，员工/教师系统观察儿童的发展，并在规划活动和制订儿童个人计划时考虑到这些观察结果。员工/教师定期监测评估儿童个人计划的实施情况，并及时地和家长协调沟通。

运用发展适宜性的手段

- 哈萨克斯坦的学前教育机构，根据儿童的年龄，通过不同的发展能力对儿童的发展和表现进行监测。举例来说，1~2岁儿童的认知能力包括辨别物体的颜色、形状、大小和材质。3~5岁儿童则需要根据触觉、听觉和嗅觉描述物体的特点和不同点，同时，社交能力、创造能力和语言能力也受到监测。

- 墨西哥为0~3岁儿童提供基于家庭的联邦早期教育项目（CONAFE）制定了一个能力监测工具，帮助识别和了解0~4岁儿童在每个年龄段的发展特点。该监测工具设计用于监测一些不同的发展领域，包括身体、认知和社会情感发展等。

质量监测的经验

各个国家或地区经常问"我们可以从其他国家学到什么？"本调查要求所有参与国家或地区报告学到的经验，下面是提到次数最多的九条经验：

（1）平衡监测目标；

（2）突出优秀实践，理解质量的内涵；

（3）制定面向不同机构的统一监测框架；

（4）仔细考量是否让地方政府承担质量监测的责任；

（5）设计一个既能促进政策制定又能让大众了解信息的监测系统；

（6）员工/教师质量监测与员工/教师专业发展挂钩；

（7）不要低估监测对员工/教师的人力要求；

（8）倾听员工/教师、父母和儿童的意见；

（9）持续监测儿童的发展，提高教学、保育和养育质量。

经验一：平衡监测目标

一些国家或地区指出，监测目的是问责还是促进儿童发展，两者之间可能会出现矛盾，在监测或评估结果要求机构或个别员工/教师承担后果时尤为如此。但是一些国家或地区也指出，当机构员工/教师一直参与评估或对评估有贡献时，这种矛盾会有所缓解，而且还可以减少对外部评估的抵触情绪。然而，如果监测的目的是问责，那么当评估主要由机构自身驱动的时候，就会产生利益冲突。因此要平衡监测目的，并详细清晰地告知所有参与人员及因监测受到影响的人。

经验二：突出优秀实践，理解质量的内涵

芬兰、爱尔兰和新西兰在报告中指出，对早期教育与保育质量的认知是一个变化的过程。芬兰指出这导致持续监测和培训教师变得很困难。爱尔兰指出，确保对质量认知的一贯性，有效地突出好的实践是一个好的办法。督导员和机构需很好地了解质量要素，并对符合质量标准的机构进行监测。澳大利亚也表示这是一条重要的经验。

经验三：制定面向不同机构的统一监测框架

德国作为一个联邦制国家，缺乏一个全国性的监测体系，各联邦州采用不同的质量标准。不同地区早期教育与保育的质量差异是个大问题，因此国家、州及地方的利益相关者展开对话，共享质量标准。

比利时荷语文化区之前没有规定儿童保育监测的统一措施，这是该地区公认的弱项。2013年11月该地区出台了质量评估与监测项目（MeMoQ），预计实行三年。其中一项任务是在综合考虑经济、教学和社会目的的基础上制定儿童保育的教学框架。教学框架不是一份使用手册，而是一个明确愿景的文件，解释什么是"教学质量"，提出教学准则，以及描述清楚每个儿童获取全面发展机会的路径。同时该项目还会推出一个"科学化工具"，帮助评估本地区儿童保育的质量，并提供一个衡量整体质量水平的指标。最终在上述基础上开发一个适用于所有保育机构的监测工具，供督导机构使用。比如之前公立和私立保育机构监测之间的差异将会消失。此外还会开发自评工具，帮助早期教育与保育机构确认自己的优势和劣势。

在哈萨克斯坦，得益于标准化的国家质量框架和教育服务，以及中央教育和质量机构与地方教育机构之间的有效反馈体系，服务质量的监测提高了公立机构的服务质量，保证了质量的最低标准和员工/教师受到更好的培训。反馈体系有助于及时发现和改进弱点。然而，没有严格遵循国家质量标准的私立机构依然面临挑战。为了克服挑战，该国计划对私立机构的

早期教育与保育管理者和员工/教师进行监测标准的培训。

经验四：仔细考量是否让地方政府承担质量监测的责任

地方部门应该被赋予更多的自主权，以监测早期教育与保育的质量。日本、墨西哥和葡萄牙都认为此举可以推动地方项目的开展。地方部门更了解本地区人口的教育情况，从而有助于开展更严格的监测和评估。但这些国家也承认存在风险，即不同的地方部门可能设定不同的监测标准。另一个挑战是如何正确地收集和处理数据，否则很难在国家层面整合数据以维护国家标准。此外，墨西哥认为地方有关部门有时候没有足够的人力和物力来开展监测。

经验五：设计一个既能促进政策制定又能让大众了解信息的监测系统

服务质量的监测结果不仅影响质量水平，还能为实践改进、政策制定和父母等相关利益者提供信息。挪威指出，虽然并不缺少早期教育与保育质量的数据，但由于监测体系较为分散，难以助力国家和地方形成有效的政策。换句话说，国家和地方机构没有像预期那样有效地利用监测信息。一个理想的监测系统应收集信息和数据推动政策的制定，并提供相关政策问题的答案。

在新西兰，监测服务质量是为了告知父母信息以及改进实践。每个早期教育服务机构的监测报告都会在网上公布，帮助父母详细地了解早期教育与保育机构的服务质量，确保早期教育与保育机构的服务更加透明、可靠。通过对教育部门表现的国家评估，教育审查办公室也从系统层面评估和报告一些典型的重要教育议题，以及一些优秀的早期教育实践。一些全国性报告专门关注优秀实践，而有些报告则在介绍优秀实践案例的同时，也会包含一些在数据收集时表现不好的案例。2013年教育审查办公室最新出版了一个名为《早期教育中儿童学习的重点：优秀实践》的实践报告。早期教育与保育服务机构可以基于教育审查办公室发布的全国性报告进行反思，评估并改进自身的实践。

斯洛伐克发现监测服务质量确实能影响政策的制定。尽管监测成本高昂，但监测揭示了儿童早期教育的重要性，并帮助维护高质量的结构标准。监测能帮助政策制定者了解哪些方面需要并值得额外的资助或改善。在捷克，督导过程中收集的信息和数据会被编制成一份总的国家报告，政策制定者据此起草国家教育策略。

经验六：员工/教师质量监测与员工/教师专业发展挂钩

捷克之前没有针对教师的评估标准，包括早期教育与保育教师。教育部随后修改了教师职业发展体系。该体系包含一个全国的教师资格框架，描述好老师的重要特征。在该框架下，教师将接受持续的评估，以帮助他们提高教学水平。捷克学校督导部也更改了督导报告的内容，现在的报告能更清楚地指出教师工作中的优缺点，同时还包括给他们提出的提升教育质量的建议。

韩国幼儿园教师专业发展评估旨在通过自我评估、同级评估和父母满意度调查等来推动教师的专业发展。自我评估不是为了提高教师的评估分数，而是帮助教师反思自己的实践行为。通过评估结果确定教师在哪些领域需要培训，从而促进他们的专业发展，或是选一批教师进行一年的休假学习。

经验七：不要低估监测对员工/教师的人力要求

韩国和德国等国家表示，监测过程需要员工/教师付出大量的时间和精力，也会增加员工/教师的工作量和压力，特别是在监测每个儿童的发展以及监测过程需要父母参与时尤为如此。

挪威也意识到最新开发的国家质量评估体系对员工/教师的能力和工作量都有很高的要求。幼儿园园长负责幼儿园活动计划、记录和评估等工作的实施和领导。教学主任负责他们所负责儿童活动的计划、记录和评估工作。他们需要确保员工/教师都明确了解幼儿园的教学框架和活动目的；员工/教师能够就目的达成共识；同时父母能够得到足够多、足够可靠的信息去了解幼儿园的活动。

巴内特等在即将面世的评审报告中指出，在选择和设计儿童发展和学习成果评估工具时，政策制定者必须考虑人力成本。参与评估的教师必须花费额外的时间来收集和分析数据，这很可能会导致教师牺牲与儿童互动的时间。具体的人力成本视不同的评估工具而定。评估工具的使用需要对员工/教师进行培训，实施也需要时间，如延长观察或叙事评估等。最终会影响儿童在早期教育与保育机构获得的经验。

经验八：倾听员工/教师、父母和儿童的心声

在韩国，除了三个重要的监测系统（儿童保育认证系统、幼儿园评估系统、幼儿园教师专业发展评估系统），还有一个方法是通过咨询早期教育与保育专业人士来提高服务质量。90%的早期教育与保育机构教师对咨询感到满意，87.5%的教师认为咨询能提供有效的建议。这也表明质量监测系统总的来说能有效改善服务，促进教师的专业发展。

在捷克，早期教育与保育机构开展自我评估时可能会听取父母的意见。根据学前教育框架计划项目（FEP PE）的观点，当父母和教师相互信任、理解、尊重和合作时，父母参与会达到最大效果。因此建立相互信任的关系至关重要，同时要尊重父母的意见，因为他们可以帮助服务机构确认优缺点并提高质量。在法国，幼儿园和儿童保育机构的家长代表会加入地方决策机构，确保父母的意见影响政策的设计或制定。

芬兰强调监测质量时调查父母意见的重要性。2014年年初起草新的早期教育与保育立法时，该国对11266名父母进行了网上调查，目的是了解父母对早期教育与保育服务、活动、父母参与以及父母与员工/教师建立合作伙伴关系等重要性的认识，也涉及父母对早期教育与保

育服务的满意度。这是家长参与新立法过程的第一个实例。父母调查是芬兰在国家层面开展的最大范围的数据收集和分析活动，之后政府会发布相关报告。在此过程中，政府也试图听取儿童的意见，与48名儿童和员工/教师交流他们喜欢的服务，以及想要改变的服务。

卢森堡认为儿童参与也是他们学习中必不可少的一环。幼儿园要制定一个能持续记录儿童学习进展的档案袋。儿童有很多机会来展示和评论自己的档案袋，他们可以表达自己的意见。比利时荷语文化区的家庭日托机构和日托中心分别使用"个人档案"和"保育机构自我评估工具"来监测儿童的意见。这两个工具都是非强制性的，可以用于帮助评估儿童在早期教育与保育机构中获得的体验，以及帮助机构和员工/教师调整活动来提高实践质量。

经验九：持续监测儿童的发展，提高教学、保育和养育质量

英国早期教育基础阶段的立法框架设定了儿童早期发展的预期水平。儿童的发展是否符合预期发展水平将受到持续地评估。员工/教师必须评估所有2～3岁儿童的发展情况，并向父母或看护人提交一份早期教育基础阶段儿童主要领域发展情况的书面总结报告，包括交流与语言、身体发展，个性、社会性和情绪情感发展。这个评估过程必须指出儿童的发展优势，以及尚未达到预期发展的领域。如果儿童出现严重的发展问题或需要特殊教育，或是确认存在发展缺陷，员工/教师必须制订针对性计划来支持儿童未来的学习和发展，适当的时候需邀请父母、看护人或其他专业人士（如特殊教育需求协调员或健康专业人员）共同参与。在儿童5岁那年的最后一学期，教师必须在6月30日之前完成每个儿童的早期教育基础阶段教育档案袋，帮助父母、看护人、员工/教师全面了解儿童的知识、理解能力和其他能力是否达到了预期标准，是否做好了接受一年级教育的准备。档案袋必须反映持续的观察结果，包括机构保存的所有记录、与父母和看护人的交流，以及与教师、父母和看护人认为能够提供有用信息的其他成年人的交流。

澳大利亚在全国运用儿童早期发展评估工具（EDI）持续评估儿童的健康和身心发展状况。基于评估清单，儿童的健康和身心发展、社交能力、情绪调控能力、语言和认知技能、沟通技能以及基本知识等都要被评估，评估结果汇总为基于人口的整体评估。地方政策制定者和员工/教师通过评估结果判断社区内有多少儿童在一个或多个发展领域发展滞后，以及与国家平均水平相比的情况。之后员工/教师可以为在一些发展领域滞后的儿童选择合适的活动。

捷克意识到每个儿童都有自身的短板、需求和发展路径。早期教育与保育机构的员工/教师需持续监测和评估每个儿童的发展和教育情况。所有幼儿园和教师可以自行选择或设计监测和评估系统，使用便捷的方法和工具。但缺乏一个统一的监测和评估系统可能意味着难以对评估结果进行比较，难以评估儿童发展监测的有效性。

墨西哥采用年龄与发育进程问卷（ASQ）这个专门的能力监测工具来了解和评估儿童发展的特点。该问卷面向4岁以下的儿童，主要评估早期教育项目对儿童身体、认知、社会情感

等方面的影响，具体包括沟通能力、粗大动作、精细动作、问题解决及社交和个性发展等领域。使用该问卷的目的是在儿童快速成长的过程中定期地、准确地评估儿童的发展情况。

在芬兰，所有接受早期教育与保育的儿童都会受到持续的监测，因为儿童每天都会学习新技能，掌握新知识。监测内容包括语言、社交、情感、认知、身体和心理等。观察和记录是重要的监测方法。观察结果通常记录在每个儿童的早期教育与保育计划中。每个儿童在入学时都会制订一份个人早期教育与保育计划表，由员工/教师和家长讨论后确定，充分考虑儿童的个性和家长对教育与保育的看法。员工/教师根据计划表有意识地开展教育，了解每个儿童的需求，同时系统地观察儿童发展的情况，并将观察结果纳入到活动计划和儿童的个人计划表中。员工/教师和父母定期监测和评估计划的实施情况，全面了解儿童的发展情况。

参考文献

Anders, Y. (2014), "Literature review on pedagogy in OECD countries", background document for the United Kingdom review on pedagogy, OECD.

Barnett, S., S. Ayers and J. Francis (2014), "Comprehensive measures of child outcomes in early years: Report to the OECD", report prepared for the 16th Meeting of the OECD Network on Early Childhood Education and Care, 18-19 November 2014, Berlin, Germany, OECD.

Early Years Institute, website: www.eyi.org/, accessed 7 March 2013.

Laevers, F. et al. (2005), *SICS. Well-Being and Involvement in Care. A Process-Oriented Self-Evaluation Instrument for Care Settings*, Kind en Gezin, Brussels.

Laevers, F. et al. (2012), *My Profile*: *Sharing Observations with Parents in the Early Years*, CEGO Publishers, Leuven, Belgium.

Laevers, F., J. Moons and B. Declercq (2012), *A Process-Oriented Child Monitoring System for the Early Years [POMS]*, CEGO Publishers, Leuven, Belgium.

Marjanovicč Umek, L., U. Fekonja, T. Kavčič and A. Poljanšek, (eds.), *Kakovost v vrtcih* [Quality in kindergartens], Znanstveni inštitut Filozofske Fakultete, Ljubljana, Slovenia.

OECD (2011), *Starting Strong III*: *A Quality Toolbox for Early Childhood Education and Care*, OECD Publishing, Paris, http://dx.doi.org/10.1787/9789264123564-en.

Shonkoff, J. P. and A.D. Philips (2000), *From Neurons to Neighborhoods*, National Academy Press, Washington, DC.

术语表

1.（早期教育与保育机构）问责（Accountability）：早期教育与保育机构和员工/教师负责监测和评估早期教育与保育的成效与质量，包括所提供服务、教学/保育和儿童学习与福利（Kilderry, 2012）。

2.（早期教育与保育机构）认证（Accreditation）：由外部机构（如一个认证机构）对早期教育与保育机构，培训机构或员工/教师提供的服务、项目或教学/保育实践进行评估的一个过程，目的是确认它们是否符合某种规定或标准。

3. 自主（Autonomy）：指儿童具备的在没有他人（技术熟练）的帮助下参加活动、任务等，自己做出决定，表达自己观点或想法的一种能力，同时拥有良好的安全感并对自己能力有信心。

4. 评价（Appraisal）：通过集中管理、外部观察或同事评议来检查幼儿教师或教育工作者的工作。检查可以通过多种方式进行，可以是正式的客观评价（例如，作为拥有一套流程和标准的正式行为表现管理系统的一部分），也可以是非正式的自我评价（例如，和教师进行非正式的谈话）。

5. 评估（Assessment）：评估教师个体的进步和目标完成情况，包括以班级为基础的评估，也包括大范围的外部评价和审查。这种评估是将教师知识、技能、态度和信念的发展建立档案袋的过程。评估对象可以是教师个体和全体教师（OECD, 2013）。评估可以直接进行或间接进行，也可以是形成性评估或终结性评估。

直接评估（Direct assessment）：评估学习的具体结果，例如儿童或教师所掌握的可测量、可证明的知识和技能。

间接评估（Indiect assessment）：通过反馈检查与学习和收集信息相关的指标，例如问卷或访谈（美国中部诸州高等教育委员会，2007）。

形成性评估（Formative assessment）：通过经常性的、持续性的（不在一个时间点）和互动性的评估，记录儿童发展和进步的过程，目的是了解和发现儿童的学习需要，并调整教师的教学及其方法（OECD, 2005；Litjens, 2013）。

终结性评估（Summative assessment）：通过测量一定时间内的最终学习结果获得总结性的评价。这种评估方法可以督促教师和机构为高质量的早期教育与保育负责，或是识别儿童是否存在学习困难，等等。

6. 评估者（或评价者）（Assessor or evaluator）：开展评估或评价的个人或组织/机构，他们对某个人或某方面的有效性或者质量等级进行评估，例如服务质量的等级、教师表现、课程实施有效性、儿童发展/学习成果。

7. 注意力（Attention）：对人、事、物高度感兴趣；仔细观察或聆听。

8. 分类财政补贴或拨款（Block grant）：通常由中央或联邦政府将指定数额的经费拨付给州、地区或地方各级政府，支持它们解决各种问题，例如社区发展、公共服务、公共健康或法律实施。接受拨款的政府可以自由决定如何在项目和机构间分配经费，也就是说，地方级政策制定者在一定程度上可以自由决定是否将中央或联邦经费分配给早期教育与服务部门。

9. 基于中心或学校提供早期教育与保育服务的机构（Center-based/school-based provision or settings）：公共管理的早期教育与保育机构是在家庭外提供服务的，可以是全天的，也可以是半天或几个小时的，形式有托儿所、日托中心、育儿所和幼儿园（Eurydice，2014a；OECD，2012）。

10. 核查表（Checklist）：核查表是一个明确评估项目、评估任务和评估步骤的列表。早期教育与保育领域的核查表，遵循一定的评估要求，用于评估或评价儿童的发展状况、教师的表现和服务的质量。早期教育与保育领域的核查表还包括一系列评估儿童发展或知识水平的评估任务、技能或能力，例如"儿童能数到5"或"儿童会独立游戏"（OECD，2012）。

11. 创造能力（例如艺术、音乐、舞蹈和想象）（Creative skills）：儿童获得新想法，产生新感受，发挥想象力，运用多种方式表达想法和经验的各种技能和能力，包括艺术技能（如油画、素描、手工）、音乐技能（如唱歌、演奏乐器、辨别歌曲），还有观察和反思的能力，自我探索的能力，以及自己寻求答案和解决方法的能力。

12. 课程实施（Curriculum implementation）：早期教育与保育机构的教师、管理者和儿童在实践中（实际应用）实际使用课程。课程实施具体包括以下方面：课程理念付诸实践的方式是什么？教师和儿童如何在实践和活动中运用课程理念？课程理念是如何阐释的？在儿童的发展和学习中是如何体现的？课程理念如何影响教学，以及师师、师生之间的关爱和互动？

13. 分权管理体制（Decentralised system）：早期教育与保育的决策机构不是中央的机构，而是由地区、省或市各级的政府机构决定的。中央政府几乎很少或者不能影响早期教育与保育的决策。

14. 专项拨款（Earmarked grants）：拨款方授权的用于支持特定目的的公共财

政资源，举例来说，政府专项拨款用于支付早期教育与保育（ECEC）员工/教师酬金和设施投入的相关运行费用（OECD，2004；Eurydice，2014b）。

15. 早期教育与保育机构（ECEC setting）：指提供早期教育与保育的场所，也指早期教育与保育中心或提供方。早期教育与保育机构一般可以分为两种，一种是基于中心/学校的服务形式，还有一种是基于家庭的服务形式（Eurydice，2013）。

16. 评估（Evaluation）：判断早期教育与保育机构、系统、政策或项目的有效性（OECD，2013）。

17. 评估者（Evaluator）：参见Assessor的定义。

18. 外部监测实践（External monitoring practies）：参见Monitoring practice的定义。

19.（早期教育与保育）免费服务（Free assess）：早期教育与保育机构为需求方提供的免费服务，例如，儿童和家长不需要缴费，由此产生的成本通常由政府承担。

20. 政府（Government）：指负责整个执行的各级政府，包括国家层面、州层面、地区和地方层面。

21. 健康发展（Health development）：指儿童的身体健康状况，仅包括身体健康（WHO，2006）。精神、情感和社会发展等不属于身体健康，而是包含在社会—情感技能里。

22. 基于家庭提供的早期教育与保育服务（Home-based provision）：公共管理的早期教育与保育服务由提供者在家里进行。管理通常要求提供者满足最低的健康、要求和影响标准。家庭式早期教育与保育服务不包括驻家或上门的孩子照看者和临时照看者（Eurydice，2014a）。

23. 信息交流技术（Information and communications technology, ICT）：指教与学中用到的技术和数字技术。提升运用数字和技术环境的创造和开发能力，让技术环境为发展、交流和知识创造服务。数字化环境指计算机（包括笔记本、平板电脑、白板）与计算机游戏、网络、电视机和广播及其他。

24. 督导（Inspection）：评估（检查、调查）早期教育与保育机构、员工/教师、服务和项目的质量和表现的过程，通常由特别任命的督导人员来完成相关的督导职责，但是他们不直接参与被监测早期教育与保育机构的工作。

25. 仪器或工具（Instrument or tool）：指在监测过程中用于监测的方法或材料。监测工具包括评估表、等级评定量表和调查问卷。

26. 一体化管理体系（Integrated system）：早期教育与保育机构由一个权威部

门（国家或地区层面）统一管理，例如教育部、社会福利部或其他部门。

27. 内部监测实践（Interal monitoring practices）：参见Monitoring practices的定义。

28. 语言和读写技能（Language and literacy skills）：儿童各方面生产性和接受性语言技巧的发展：语法（形成句子的能力），词语形态学（形成单词的能力），语义学（理解单词和句子的意思），音韵学（语音意识），语用学（不同语境中语言的使用），词汇学。同时指儿童的前读写技能，换句话说，与阅读和书写相关的技能，例如辨认与书写字母和单词，理解图画等。

29. 学习标准（Learning standards）：指国家或地区层面设定的儿童学习成果或儿童发展的指标。标准明确了儿童在不同发展领域需要达到的目标，如算术、阅读、动作技能。

30. 早期教育与保育的法律义务（Legal entitlement to ECEC）：主要有两种不同的法律义务。

基本法律义务（Universal legal entitlement）：早期教育与保育机构必须承担的法律义务，保证（通过政府公共补贴）在同一地区的所有儿童能够接受服务。家长们可以要求建立早期教育与保育中心，和他们的职业、家庭的社会经济状况无关。

特定法律义务（Targeted legal entitlement）：早期教育与保育机构必须承担的法律义务，保证（通过政府公共补贴）为同一个地区属于特殊家庭的儿童提供服务。特殊家庭是基于各方面确定的，包括家长职业、家庭社会经济状况或家庭状况。

31. 地方或地方政府（Local level or local authorities）：早期教育与保育的管理权在地方是分散的。在大多数国家或地区，早期教育与保育的管理权落在市或镇一级。在其他一些国家或地区，早期教育与保育的管理权由市一级负责。

32. 最低质量标准（Minimum quality standards）：早期教育与保育机构结构要素的最低基准能够保证最低的质量水平。这些结构要素相对容易管理（如师生比、班级规模、机构人员的资质）。

33. 运动技能（Motor skills）：操控复杂的肌肉和神经动作进行运动的能力，以及身体协调的能力。包括精细动作和大肌肉动作，以及对自己身体的认识。精细动作包括画画、写字、爬行或放置鞋子等小动作，大肌肉动作包括走、踢、跑、骑车等大动作。

34. 监测（Monitoring）：系统跟踪早期教育与保育服务、员工/教师、儿童发展和课程实施的过程，着眼于数据的收集、问责和提高有效性与质量。

35. 监测实践（Monitoring practices）：监测的主要活动是如检查（此书多译为

督导，因为许多检查是与改进建议相结合的——译者）或自评。有两种不同形式的监测实践活动。

外部监测实践（External monitoring practices）：由不属于被监测机构的外部评估者负责检查并完成相关调查，或者组织其他机构员工/教师开展同行互评（由其他机构的员工/教师对被监测机构的员工/教师进行评审）。

内部监测实践（Internal monitoring practices）：评估者隶属于被监测机构，监测活动包括员工/教师（教师、管理者、保育人员等）的自评，或者同行互评（本机构内员工/教师互评）。

36. 叙事评估（Narrative assessments）：通过叙述或故事描述儿童的发展。叙事评估是一种更具包容性的评估儿童发展的方法，它不仅仅包括教师的评价，而且包括儿童的作品，还包括家长的补充和反馈。叙事评估是儿童所做所学的综合和档案记录，例如儿童的绘画和练习作品、员工/教师的反馈、员工/教师的计划或实践案例。记录儿童发展的档案袋和成长故事是有名的叙事评估方法（参见Portfolio和Storytelling）。

37. 国家层面/国家政府（也指中央层面/中央政府）（National level/national authorities）：国家管理早期教育与保育的最高层级。各国的管理体制不尽相同，各级政府对早期教育与保育的政策和实施的决策影响也不同，有的可能产生关键影响，有的则不能。在联邦层面管理教育的国家，比如比利时和英国，联邦政府负责早期教育与保育的管理（参见Regional level/regional authorities）。

38. 数学能力（Numeracy）：推理和运用简单数学概念与理解数字的能力。基本的数学能力包括理解并识别空间、图形、定位和方向，集合的基本性质、数量、数字概念和数序、时间和变化，能够数数，理解基本的加、减、乘、除。

39. 观察（Observation）：观察是一种从外部者的角度收集观察对象的信息的方法。观察法常用于特定的目的（如检查、同行评议）或者是开放性的目的（如给家长的关于儿童成长的记录）。

40. 其他私人实体（Other private entities）：包括私营企业和非营利机构，例如宗教组织、慈善组织、商业或劳工协会。

41. 同行评审（Peer review）：指评价同事工作和实践的评估过程。同行评审可以是内部评估（由同机构的同事或管理者进行评估），也可以是外部评估（由其他机构的员工/教师或管理者进行评估）。

42. 成长档案袋（Portfolio）：指记录儿童或员工/教师进步以及特定领域成绩的作品集。

43. 日常技能（Practical skills）：指儿童能够积极参与的那些日常生活技能，

如系鞋带，刷牙等。

44. 私立机构（Private settings）：由非政府组织、私人或私人组织（如教堂、工会、商业或其他）直接或间接管理或拥有的机构。

非政府补贴的私立机构（Private non-publicly subsidised setting）：不接受公共政府拨款的私立机构，它具有独立的财权和管理。它的运转不依靠国家或地方政府的财政支持，而是有其他的资金来源，如学费、馈赠和赞助等。

政府补贴的私立机构（Private publicly subsidised setting）：接受公共政府部分或全部拨款的私立机构。这种私立机构是完全私人化运转的，但是也接受公共资金。

45. 过程质量（Process quality）：指儿童在项目中真实经历了什么，机构中发生了什么，例如教育者和儿童的互动，也包括和家长的关系、材料的可及性和员工/教师的专业技能。

46. 公共机构（Public setting）：由公共教育部门直接或间接管理的机构，它的资金来自公共资源（Eurydice，2013）。

47. 等级评估量表（Rating scale）：一组可以得出定量或定性信息的集合。常见的例子是1～10的等级量表，一名评估人员选择特定的数字等级，以反映被监测对象的质量或表现。

48. 地区层面/地区政府（Regional level/regional authorities）：管理的地方层级。绝大多数国家位于州或省一级，也有的国家指社区、行政区、州等。联邦国家的地方政府通常负责所管辖地区的早期教育与保育。在本报告中，比利时的法语文化区和荷语文化区、英国的英格兰和苏格兰被视为地区政府。

49. 机构/服务注册（Registration of settings/privison）：一个机构在运行和提供早期教育与保育服务前需要登记注册，可以在政府部门注册，也可以在其他专业团体注册。

50. 管理条例/建议（Regulations/recommendations）：指包括早期教育与保育机构指南、职责或建议的各种正式文件。管理条例指公共权力机构制定的用于管理早期教育与保育机构办学行为的法律、规则或其他规定。建议指明确教与学的特定工具、方法或策略如何使用的正式文件，建议不是强制性的（Eurydice，2013）。

51. 评审（Review）：指仔细检查、考虑和判断情形或过程的程序，目的是弄清楚，例如改变势在必行，那么分析优势与劣势分别在哪里，并寻求改进。

52. 科学能力（Science skills）：指地理、自然科学等所有科学学科，例如对自然变化的兴趣和理解、科学知识的增长、对科学现象的质疑以及得出与自然学科相关的结论的能力。科学能力还指思考科学和技术如何塑造和影响我们的物质环境和文化环境，以及理解我们所有人只是自然循环周期一部分的能力。

53. 筛查（Screening）：指用于发现儿童发展问题或迟缓的工具。通常通过一个简短的测试，辨别儿童是否掌握了他应该学习的基本技能，如果不能，就可能是发展迟缓。测试包括专业筛查人员询问儿童或家长（取决于儿童的年龄）一些问题，或者在测试中通过谈话和游戏观察儿童游戏、学习、说话、行为和动作的情况。筛查测试常常用于确定发展迟缓或学习障碍、言语或者语言障碍、孤独症、智力障碍、情感/行为障碍，听力或者视觉损伤，或者注意缺陷多动障碍（ADHD）等。

54. 自我评估（Self-evaluation or self-assessment）：指早期教育与保育机构自己评估自己表现的过程，包括目标或标准的达成情况；也指员工/教师评估自己技能和能力的过程；是机构监测过程，达成目标并促进提升的一个方法。

55. 敏感性（Sensitivity）：指对儿童感受的了解程度，员工/教师对儿童需求和情感的回应，是员工/教师根据儿童年龄提供适宜的回应和互动，以及通过关怀、温暖和关注回应和互动的能力。

56. 服务质量（Service quality）：指机构层面或服务提供者的质量水平。早期教育与保育机构层面的质量水平，指国家/地区/地方政府认为影响了质量、儿童身处环境与儿童早期经验的所有核心特征/要素，质量、环境与经验被认为是有助于儿童成长的。课程的使用、员工/教师的特质、教师或看护人的行为和实践，以及师生互动常常被视为儿童早期教育与保育的核心要素，这些核心要素是文献所指的过程质量。此外，在绝大多数国家或地区，质量主要指机构的结构性特征，如空间、班级大小和其他标准或规则，例如安全标准（NCES，1997；OECD，2006；OECD，2012a）。

57. 社会情感能力（Socio-emotioanl skills）：指儿童情感和社会性的发展，包括情绪表达和管理能力，与人相处（包括同伴），与人游戏（包括同伴），自我认知，人格同一性发展，自我效能以及个性发展。情感和社会性的发展有助于思维、感觉和行为的塑造。情感和社会性发展也指一起合作和解决问题能力的发展，例如，建立和维持积极的关系、体验、情绪的管理与表达和环境的探究与参与。

58. 二元管理体制（Split system）：早期教育与保育服务在国家/地区层面由不同的部门或政府管理。许多国家采取二元管理的方式，"保育"和"早期教育"的相关政策是分开研制的，而且由不同的政府部门负责。儿童保育和早期教育由两个不同的服务机构承担，并为不同年龄段的儿童提供服务。例如，"儿童保育"通常针对的是3岁以下的儿童，而"早期教育"更多地指3岁以上的儿童。

59. 师生比（Staff-child ratio）：指全体员工/教师与学生总人数之比。师生比可以是一个最高规定，指一名全职员工/教师可负责儿童的最大数，或者是一名全职员工/教师可负责儿童的平均数。比例中的员工/教师可以指主要员工/教师（如教师或看护人），也可以包括辅助人员（如助理）。

60. 标准化考试（Standardised test）：指问题、管理要求、评分程序和解释是高度一致的，并以预定的、标准的方式进行管理和计分（OECD，2012；Zucker，2004）。意味着，所有考生以同样的方式参加同样的考试。标准化评估通常适用于大规模的儿童测试，主要目的是测量学习成果和在儿童之间进行比较。

61. 讲故事（参见Narrative assessment）（Storytelling）：通过儿童讲故事的方式评估儿童发展的过程。通过叙述一段时间内儿童发展的故事，常常可以得到各种不同的案例，都是与工作和反馈相关的。

62. 结构质量（Structural quality）：质量包括"在创造儿童体验过程的框架中增加过程特征"。这些特征不仅是儿童参与的早期教育与保育场所的一部分，也是早期教育与保育机构环境的一部分，例如社区。结构性质量往往是早期教育与保育中可以调节的部分，尽管它们可能会包括一些不可调节的变量。

63. 主观幸福感（Subjective well-being）：儿童如何体验自己的生活，例如儿童如何体验他们的物质环境、他们的社会关系和他们自己的能力。

64. 补贴服务（Subsidised services）：机构从国家和其他公共政府机构（如地区/地方政府或直辖市）获得补助和资金以支持早期教育与保育的运转，并保证为家长提供低廉甚至免费的早期教育与保育服务。

65. 测试（Test）：正式评估通常以纸质或机考的方式组织进行，目的是测量儿童掌握的知识、技能和能力。测试可以是标准化的，也可以是其他方式（参见Standardised test）。

66. 工具（Tool）：参见Instrument的定义。

参考文献

Dilger, R.J. and E. Boyd (2014), *Block Grants: Perspectives and Controversies*, Congressional Research Service, Washington, DC.

Eurydice (2013), "Reference Document 2, Key Data ECEC 2014—Questionnaire for Eurydice Figures", internal working document, Education, Audiovisual and Culture Executive Agency, Brussels.

Eurydice/European Commission/EACEA/Eurostat (2014a), *Key Data on Early Childhood Education and Carein Europe: 2014 Edition*, Eurydice and Eurostat Report, Publications Office of the European Union, Luxembourg.

European Commission/EACEA/Eurydice (2014b), *Financing Schools in Europe: Mechanisms, Methods and Criteria in Public Funding*, Eurydice Report, Publications Office of the European Union, Luxembourg.

Kilderry, A. D. (2012), "Teacher Decision Making in Early Childhood Education", PhD thesis, QueenslandUniversity of Technology, Australia.

Litjens, I. (2013), *Literature Review on Monitoring Quality in Early Childhood Education and Care (ECEC)*, OECD, Paris.

Macmillan (2014), *Macmillan Dictionary*, Macmillan Publishers Ltd., London, www.macmillandictionary.com.

Middle States Commission on Higher Education (2007), *Student Learning Assessment: Options and Resources*, Middle States Commission on Higher Education, Philadelphia, PA.

National Center for Education Statistics (NCES) (1997), *Measuring the Quality of Program Environments in Head Start and Other Early Childhood Programs: A Review and Recommendations for Future Research*, Working Paper No. 97-36, Washington, DC.

OECD (2013), *Synergies for Better Learning: An International Perspective on Evaluation and Assessment*, OECD Reviews of Evaluation and Assessment in Education, OECD Publishing, Paris, http://dx.doi.org/10.1787/9789264190658-en.

OECD (2012), *Starting Strong III: A Quality Toolbox for Early Childhood Education and Care*, OECD Publishing, Paris, http://dx.doi.org/10.1787/9789264123564-en.

OECD (2006), *Starting Strong II: Early Childhood Education and Care*, OECD Publishing, Paris, http://dx.doi.org/10.1787/9789264035461-en.

OECD (2005), *Formative Assessment: Improving Learning in Secondary Classrooms*, OECD Publishing, Paris, http://dx.doi.org/10.1787/9789264007413-en.

OECD (2004), *OECD Handbook for Internationally Comparative Education Statistics: Concepts, Standards, Definitions and Classifications*, OECD Publishing, Paris, http://dx.doi.org/10.1787/9789264104112-en.

Rosenkvist, M.A. (2010), "Using student test results for accountability and improvement: A literature review", *OECD Education Working Papers*, No. 54, OECD Publishing, Paris, http://dx.doi.org/10.1787/5km4htwzbv30-en.

World Health Organisation (2006), *Constitution of the World Health Organisation*, WHO, Geneva.

Zucker, S. (2004), *Administration Practices for Standardized Assessments*, Pearson Assessment Report, Pearson Education, San Antonio, TX.

附录 网络工作人员致谢名单

经合组织早期教育与保育网络工作组的许多个人与组织为本书提供了国家（地区）数据、政策信息，或为本书草稿提出了批评意见。以下是详细的致谢名单（按字母顺序排列）。

国家或地区	姓名	组织
Australia	Dr. Russell AYRES	Department of Social Services
	Mr. David DE SILVA	Department of Social Services
Belgium	Ms. Anne-Marie DIEU	Research director at the Observatory on Children, Youth and Assistance to Young People
	Ms. Christele van NIEUWENHUYZEN	Kind en Gezin (Child and Family)
	Ms. Florence PIRARD	Lecturer at Liège University and expert at the Birth and Children Office (ONE)
Canada	Mr. Jim GRIEVE	Assistant Deputy Minister of the Early Learning Division for the Ontario Ministry of Education
Chile	Ms. Eliana CHAMIZO ÁLVAREZ	Ministry of Education
	Ms. María Isabel DÍAZ	Ministry of Education
	Mr. Mario FLORES	Ministry of Education
	Mr. Fabian GREDIG	Permanent Delegation of Chile to the OECD
	Ms. Carla GUAZZINI	Ministry of Education
	Mr. Francisco MENESES	Ministry of Education
	Ms. Francisca RODRÍGUEZ	Ministry of Education
Czech Republic	Dr. Irena BORKOVCOVÁ	Czech Scholl Inspectorate
	Ms. Hana NOVOTNÁ	Czech Scholl Inspectorate
	Mr. Aleš ŽDIMERA	Permanent delegation of the Czech Republic to the OECD
Finland	Ms. Heli NEDERSTRÖM	Ministry of Education and Culture, Counsellor of Education
	Ms. Tarja KAHILUOTO	Ministry of Education and Culture, special government adviser

续表

国家或地区	姓名	组织
France	Ms. Annick KIEFFER	Policy officer at the Ministry of Social Affairs and at the Maurice Halbwachs Centre (ENS, EHESS, CNRS)
	Ms. Marie–Claire MZALI–DUPRAT	Ministry of National Education
	Mr. Gilles PETREAULT	Ministry of National Education
Germany	Ms. Sophie MÜLLER	International Center Early Childhood Education and Care (ICEC) at the German Youth Institute (DJI)
	Ms. Birgit RIEDEL	International Center Early Childhood Education and Care (ICEC) at the German Youth Institute (DJI)
	Ms. Britta SCHÄFER	International Center Early Childhood Education and Care (ICEC) at the German Youth Institute (DJI)
	Ms. Carolyn SEYBEL	International Center Early Childhood Education and Care (ICEC) at the German Youth Institute (DJI)
Ireland	Officials of the Department of Children and Youth Affairs and Department of Education and Skills	
Italy	Mr. Amilcare BORI	Inspector and Advisor Ministry of Education Italy
	Dr.a Giuseppina FECCHI	Inspector and Advisor Ministry of Education Italy
	Dr. Cristina STRINGHER	Italian National Institute for the Educational Evaluation of Instruction and Training (INVALSI) Frascati, Rome
Japan	Dr. Kiyomi AKITA	University of Tokyo
	Mr. Kouichirou BABA	Ministry of Health, Labour and Welfare
	Mr. Jugo IMAIZUMI	Permanent Delegation of Japan to OECD
	Mr. Yohei ITO	Permanent Delegation of Japan to OECD
	Dr. Riyo KADOTA– KOROGI	Seinan Gakuin University
	Ms. Noriko KONISHI	Ministry of Education, Culture, Sports, Science and Technology
	Mr. Takashi MURAO	Permanent Delegation of Japan to OECD
	Ms. Sachiko SAKAI	Ministry of Education, Culture, Sports, Science and Technology
	Ms. Chiharu SHIMATANI	Ministry of Education, Culture, Sports, Science and Technology
	Dr. Masatoshi SUZUKI	Hyogo University of Teacher Education
Kazakhstan	Ms. Zhanyl ZHONTAYEVA	Ministry of Education and Science
	Mr. Serik IRSALIYEV	JSC "Information Analytic Center"
	Ms. Sharapat SULTANGAZIYEVA	Ministry of Education and Science
	Mr. Yerlan SHULANOV	JSC "Information Analytic Center"

国家或地区	姓名	组织
Kazakhstan	Ms. Zhazira NURMUKHAMETOVA	JSC "Information Analytic Center"
	Mr. Azamat YESTAYEV	JSC "Information Analytic Center"
	Mr. Nurzhan YESSIMZHANOV	JSC "Information Analytic Center"
	Ms. Lada BARON	JSC "Information Analytic Center"
	Ms. Shynar SHAYMURATOVA	JSC "Information Analytic Center"
	Ms. Yelizaveta KOROTKIKH	JSC "Information Analytic Center"
	Ms. Assemgul YESKENDIROVA	JSC "Information Analytic Center"
Korea	Dr. Hye-jin JANG	Associate Research Fellow Korea Institute of Child Care and Education
	Mr. Joo-yong PARK	Director Early Childhood Education & Care Policy Division Ministry of Education
	Prof. Dongju SHIN	Department of Early Childhood Education Duksung Women's University
	Ms. Se-jin YANG	Assistant Director Early Childhood Education & Care Policy Division Ministry of Education
	Prof. Ji-Sook YEOM	Department of Early Childhood Education Konkuk University
Luxembourg	Mr. Manuel ACHTEN	Ministry of National Education, Children and Youth
	Dr. Anne REINSTADLER	Luxembourg Institute of Socio-Economic Research (LISER)
	Ms. Claude SEVENIG	Ministry of National Education, Children and Youth
Mexico	Ms. Flora Martha ANGÓN PAZ	Director General of Social Policy, Ministry of Social Development (SEDESOL)
	Mr. Hugo BALBUENA CORRO	Director General of Curriculum Development, Ministy of Public Education (SEP)
	Mtra. Magdalena CÁZARES VILLA	National Council for Educational Development (CONAFE)
	Ms. Norma Violeta DÁVILA SALINAS	Leader of Early Childhood Education, National Council for Educational Development (CONAFE)
	Mr. Armando David PALACIOS HERNÁNDEZ	Leader of Economic and Social Benefits, Mexican Institute of Social Security (IMSS)

续表

国家或地区	姓名	组织
Mexico	Mr. Carlos PRADO BUITRÓN	Head of the Unit of Support for Disadvantaged Population, National System for Integral Family Development (SNDIF)
	Lic. Guadalupe del Consuelo RAMÍREZ VIDAL	National Council for Educational Development (CONAFE)
	Lic. Rosa Imelda VELAZQUEZ LAZARIN	National Council for Educational Development (CONAFE)
	Ms. Maira Lorena ZAZUETA CORRALES	Head of Educational Facilities for Welfare and Development Programmes and Childcare, Institute of Security and Social Services for State Workers (ISSSTE)
Netherlands	Ms. Willeke VAN DER WERF	Ministry of Social Affairs and Employment
	Ms. Wytske BOOMSMA	Ministry of Education, Culture and Science
New Zealand	Ms. Sandra COLLINS	Education Review Office
	Mr. Matthew HICKMAN	Ministry of Education
	Mr. Karl LE QUESNE	Ministry of Education
Norway	Ms. Maria BAKKE ORVIK	Senior Adviser, Directorate for Education and Training
	Mr. Matias EGELAND	Adviser, Directorate for Education and Training
	Ms. Aase GIMNES	Senior Adviser, Ministry of Education and Research
	Ms. Elisabeth GROVAN RUUD	Adviser, Ministry of Education and Research
	Ms. Kristina KVALE	Project Manager, Directorate for Education and Training
	Ms. Tove MOGSTAD SLINDE	Senior Adviser, Ministry of Education and Research
	Ms. Annette QVAM	Head of Department, Directorate for Education and Training
	Ms. Katrine STEGENBORG TEIGEN	Senior Adviser, Directorate for Education and Training
Portugal	Ms. Eulália ALEXANDRE	Ministry of Education and Science
	Ms. Conceição BAPTISTA	Ministry of Education and Science
	Mr. Pedro CUNHA	Ministry of Education and Science
	Ms. Helena GIL	Ministry of Education and Science
	Ms. Liliana MARQUES	Ministry of Education and Science
	Ms. Fátima RAMOS	Ministry of Solidarity, Employment and Social Security

续表

国家或地区	姓名	组织
Portugal	Ms. Alexandra SIMÕES	Ministry of Solidarity, Employment and Social Security
	Ms. Leonor VENÂNCIO DUARTE	Ministry of Education and Science
Slovak Republic	Mr. Matej Dostál	Permanent delegation of the Slovak Republic to the OECD
	Ms. Viera Hajdúková	Ministry of Education, Science, Research and Sport of the Slovak Republic
Slovenia	Dr. Andreja BARLE LAKOTA	Ministry of Education, Science and Sport
	Dr. Mateja BREJC	National School for Leadership in Education
	Ms. Nada POŽAR MATIJAŠIČ	Ministry of Education, Science and Sport
	Mr. Tomaž ROZMAN	Inspectorate for Education and Sport of the Republic of Slovenia
	Ms. Vida STARIČ HOLOBAR	Ministry of Education, Science and Sport
Sweden	Mr. Christer TOFTÉNIUS	Senior Adviser at the Ministry of Education and Research
United Kingdom	Officials from the Children and Families Directorate in Scottish Government	
	Ms. Annette CONNAUGHTON	Department for Education, England
	Ms. Penny CROUZET	Department of Health, England
	Mr. Michael DALE	Department for Education, England
	Mr. Dan EVANS	Department for Education, England
	Ms. Dee GASSON	Ofsted
	Ms. Bev GRANT	Department for Education, England
	Ms. Katie HADDOCK	Department for Education, England
	Mr. Steve HAMILTON	Department for Education, England
	Ms. Rosalyn HARPER	Department for Education, England
	Ms. Caroline JONES	Department for Education, England
	Ms. Maura LANTRUA	Department for Education, England
	Ms. Sibil LYME	Department for Education, England
	Ms. Stephanie MARTIN	Department for Education, England
	Ms. Deborah NICHERSON	Department for Education, England
	Ms. Clare SANDLING	Department of Health, England
United States	Mr. Steven HICKS	United States Department of Education

经济合作与发展组织介绍

经济合作与发展组织（简称"经合组织"），是一个政府间合作的独特论坛，旨在共同应对全球化带来的经济、社会、环境等方面的挑战。经合组织也致力于了解各国面临的新发展和新关切，并帮助它们应对如公司管理、信息化经济和人口老龄化等挑战。该组织为各国政府提供了一个平台，可以比较政策经验、寻求共性问题的答案、确定最佳实践，并着手调整国内外政策。

经合组织的成员国有：澳大利亚、奥地利、比利时、加拿大、智利、捷克、丹麦、爱沙尼亚、芬兰、法国、德国、希腊、匈牙利、冰岛、爱尔兰、以色列、意大利、日本、韩国、拉脱维亚、卢森堡、墨西哥、荷兰、新西兰、挪威、波兰、葡萄牙、斯洛伐克、斯洛文尼亚、西班牙、瑞典、瑞士、土耳其、英国、美国。欧盟参加经合组织的工作。

经合组织的出版物传播广泛，包括数据统计和经济、社会和环境研究的结果，以及成员国一致同意的公约、准则和标准。

OECD PUBLISHING, 2, rue André –Pascal, 75775 PARIS CEDEX 16
(91 2015 05 1P) ISBN 978–92–64–23349–2–2015–17

图书在版编目（CIP）数据

早期教育与保育的质量监测 / 经济合作与发展组织（OECD）教育团队编；胡文娟等译；陈学锋，胡文娟审校. —北京：北京师范大学出版社，2019.1
（强壮开端；4）
ISBN 978-7-303-23748-7

Ⅰ. ①早… Ⅱ. ①经… ②胡… ③陈… Ⅲ. ①儿童教育—早期教育—教育质量—研究 Ⅳ. ①G61

中国版本图书馆CIP数据核字（2018）第104912号

营 销 中 心 电 话 010-58802181 58805532
北师大出版社职业教育与教师教育分社网 http://zjfs. bnup. com. cn
电 子 信 箱 zhijiao@bnupg.com

ZAOQI JIAOYU YU BAOYU DE ZHILIANG JIANCE

出版发行：北京师范大学出版社 www.bnup.com
　　　　　北京新街口外大街19号
　　　　　邮政编码：100875
印　　刷：北京玺诚印务有限公司
经　　销：全国新华书店
开　　本：787 mm×1092 mm　1/16
印　　张：19
字　　数：350千字
版　　次：2019年1月第1版
印　　次：2019年1月第1次印刷
定　　价：58.00元

策划编辑：罗佩珍　张丽娟　　责任编辑：戴　轶
美术编辑：焦　丽　　　　　　　装帧设计：焦　丽　锋尚设计
责任校对：段立超　　　　　　　责任印制：陈　涛